KB105437

직업 윤리와 한국인의 가치관

김 태 길 지음

철학과현실사

머리말

　우리 나라의 전통 사회에서는 가족 또는 가문이 생활의 중심이었고, 가족 또는 가문 안에서의 처신이 그 사람의 인생을 좌우하였다. 처음 만난 사람과 인사를 나눌 때에 우선 족보부터 따지는 것이 상식이었고, "길(吉)자 동(童)자 되시는 분이 저의 고조부이시며……" 하는 식으로 자신을 소개해야 말이 통하였다.

　현대 사회에서는 직장 또는 직업이 생활의 중심이다. 자기를 소개하기 위하여 사용하는 명함에는 으레히 직장과 직위를 밝히는 것이 보통이며, 가문이나 족보에 대한 관심은 크게 줄었다. 심지어 결혼 상대를 구할 때에도 가장 궁금하게 여기는 것이 상대편의 직업이다.

　가족이 생활의 중심이었던 전통 사회에서는 윤리(倫理)의 중심도 가족에 있었다. 가족 윤리를 근간으로 삼고 전체로서의 윤리 체계가 형성되었다. 같은 맥락에서 볼 때, 직업이 생활의 중심을 차지하고 있는 현대 사회에서는 직업 윤리(職業

倫理)가 전체로서의 윤리 체계에 있어서 큰 비중을 차지해야 마땅하다. 옛날에 가족 윤리가 중요했듯이, 현대에는 직업 윤리가 중요한 의의를 가진다고 보아야 한다.

그러나 직업 윤리를 그토록 중요하다고 생각하는 사람은 그리 많지 않다. 직업의 본질과 직업 윤리의 의의에 대한 사람들의 인식이 크게 부족한 것이다.

'직업 윤리'의 문제를 제대로 이해하고 직업에 대한 올바른 태도가 무엇인가를 깊이 알기 위해서는 삶 전체를 대하는 태도 또는 가치관(價値觀) 전체가 바르게 서야 한다. 바꾸어 말하면, 직업 윤리의 문제는 전체로서의 삶의 문제와 연결시켜서 고찰함이 바람직하다. 현재 우리가 어떤 시대에 살고 있으며 우리의 문제 상황(問題狀況)이 어떤 양상을 띠고 있는지를 알게 되면, 우리가 어떠한 자세로 현대를 살아야 하는지가 밝혀지는 동시에, 직업을 대하는 바람직한 태도가 무엇인지도 따라서 밝혀진다.

직업만을 따로 떼어서 직업을 미시적(微視的)으로 분석하여 그 이모저모를 다루는 것도 중요하지만, 삶 전체의 맥락 속에서 직업의 문제를 생각해 보는 기회를 갖는 것은 더욱 중요하다고 보는 것이 필자가 평소에 가지고 있는 생각이다. 이러한 관점에서 엮은 것이 바로 이 한 권의 책이다. 책 제목을 『직업 윤리와 한국인의 가치관』이라고 붙인 것도 같은 맥락에서이다.

이 책의 전반부를 차지하는 「한국의 현실과 새 시대의 직업 윤리」는 본래 삼성경제연구소 정책연구실에서 1994년에 발행한『신경영 연구 시리즈』(비매품) 가운데 한 권으로서 발표되었던 것이다. 이번에 이 글의 전재(轉載)를 허락해 준 삼성경제연구소의 후의에 깊이 감사한다. 그리고 이 책을 만드는 과정에서 수고를 많이 하신 철학과 현실사 전춘호 사장의 호의에도 감사의 뜻을 전한다.

1997년 2월
방배동 철학문화연구소에서
金　泰　吉

차   례

제 1 부
한국의 현실과 새 시대의 직업 윤리

제1장
오늘의 한국과 한국인

1. 국제화 시대와 한국

세상이 눈부신 속도로 변화하고 있다. 필자가 어렸을 때에 '옛날'이라고 하면 수백 년 전을 연상했으나, 지금은 10년 전도 옛날이요 5년 전도 옛날이다. 이 땅에 타이프라이터라는 문명의 이기(利器)가 들어온 지 오래지 않은데, 이제 그것은 컴퓨터에 밀려서 박물관이나 쓰레기통에 어울리는 물건이 되었다.

세계가 날로 좁아지고 있다. '이웃'이라는 말은 본래 '이웃 사람' 또는 '이웃집'을 가리켰고, 기껏해야 '이웃 마을'을 의미하였다. 그러나 머지않아서 '이웃 나라'라는 말조차도 별로 의미가 없는 옛말이 될 전망이다. 이제는 '지구촌'이라는 말이 실감나게 들리고, 세계 여러 나라 가운데 '이웃 나라' 아닌 나라를 찾아보기가 어렵게 되어가고 있다.

이 시대를 사람들은 '국제화 시대'라 부르기도 하고, '세계화 시대'라 일컫기도 한다. 혹자는 앞으로 국경이라는 것이 점차 의미를 잃게 될 것이라고 내다본다. 여기서 우리는 냉철한 정신으로 깊이 생각해 보아야 한다. '국제화' 또는 '세계화'가 우리 한국인에게 무엇을 의미하며 어떤 결과를 가져올 것인가에 대하여 차분하게 생각해 보아야 한다.

국제화의 정신이, 세계의 여러 나라들이 진정으로 상호 협조하고 유무상통(有無相通)하여, 모든 나라들이 고루 잘사는 세상을 만들고자 함에 있다면, 우리는 아무런 걱정도 할 필요가 없을 것이다. 세계화의 근본 정신이, 온 인류가 한마음이 되어 하나밖에 없는 지구를 지키고, 모든 국가 이기주의와 집단 이기주의를 떠나서 자유와 평등과 인간애가 가득한 세계를 만들고자 함에 있다면, 우리는 그저 뜨거운 박수로 내일을 환영하고 새 시대에 동참하기만 하면 될 것이다.

그러나 이 시대의 실상(實相)은 단순하고 소박한 낙관을 허용하기에는 너무나 복잡하고 다단하다. 만약 우리가 안이한 정신과 소극적 자세로 세계의 흐름에 그저 떠내려가기를 일삼는다면, 국제화 내지 세계화의 물결은 우리 민족을 삼켜 버리는 불행을 초래할 염려가 적지 않다. 오늘의 지구 위에 국가 이기주의는 여전히 살아 있으며, 강대국 진영과 약소국 진영이 하나의 공동 목표 달성을 위하여 졸연히 대동단결하리라고 기대하기에는 어려움이 있기 때문이다.

국제화라는 말이 일상 용어가 된 것은 그리 오래지 않다. 그러나 세계의 역사가 국제화의 방향으로 움직이기 시작한 것은 결코 작금에 시작된 새로운 현상이 아니다. 19세기 말엽에 서양의 강대국들이 군함을 앞세우고 동양의 여러 나라를 위협하며 개항(開港) 내지 개국을 요구했을 때, 그것은 이미 국제화를 예고하는 신호탄이었다. 제1차 세계 대전의 종전을 계기로 국제연맹(The League of Nations)이라는 기구가 생겼고, 제2차 세계 대전이 끝난 직후에 국제연합(The United Nations)이라는 기구가 생겼다는 것은 중학생들도 아는 역사적 사실이다.

군함을 앞세우고 개항을 강요한 행위는 말할 것도 없으며, 국제연맹과 국제연합(UN)을 위시한 대부분의 국제 기구가 한 일은 대개 강대국들을 위한 강대국들의 놀음이었다. 그들 국제 기구가 세계의 평화와 국제간의 협력을 위하여 공헌한 바도 적지 않으나, 국제 기구의 주도권을 장악한 강대국들이 최선을 다하여 추구한 것은 각각 자기 나라의 이익이었으며, 자국의 손해를 무릅쓰고 약소국을 위하여 희생 정신을 발휘한 사례는 아직 별로 없다. 아마 앞으로의 국제화 물결도 그 역학(力學)의 근본은 당분간 크게 달라지지 않을 것이다.

우리 한국이 세계의 강대국들과 어깨를 나란히 하고 선두 주자 그룹에 속해 있다면, 우리는 아무런 걱정도 할 필요없이 그저 콧노래나 부르며 국제화 물결을 타기만 하면 될 것이다. 그러나 현재 우리의 좌표는 선진국과 후진국 사이의 중간 지점에 위치하고 있으며, 우리가 하기에 따라서 한국은 정말 용이 되어 하늘로 치솟을 수도 있고, 한낱 지렁이가 되어 땅바닥에 뒹굴 수도 있다.

2. 아시아·태평양 시대와 한국

앞으로 세계사의 중심이 아시아와 태평양으로 옮겨질 것이라고 전망하는 사람들이 있다. 먼 옛날에는 그리스, 이스라엘, 이집트 등 중동의 여러 나라들이 세계의 문화를 주도한 때가 있었다. 그 다음에는 로마 시대를 거쳐서 스페인과 영국 그리고 프랑스와 독일 등 유럽의 여러 나라들이 세계의 패권을 잡았다. 제1차 세계 대전을 계기로 미국이 최대 강국으로 부상하였고, 현재도 미국은 세계 최대 강국이다. 아메리카 대륙의 동해안에 발을 붙이고 건국한 미국이, 서부로 서부로 개척의 영역을 넓히고 마침내 태평양 한가운데 위치한 하와이까지 집어삼키는 발전을 거듭하여, 세계 최대의 강국으로 부상한 것이다.

그러나 논자들에 따르면, 미국도 이제 전성기를 지나서 점차 기울어 가는 조짐을 보이고 있다. 일본은 이미 미국과 어깨를 겨루는 경제 대국으로 부상했으며, 한국과 중국 및 동남아 제국들이 선진 대열을 뒤쫓고 있다는 것이다. 그러니 앞으로 지구 위의 어느 지역에 위치한 나라들이 세계사를 좌우하게 될 것인지는 스스로 명백하다고 논자들은 내다본다.

앞으로 아시아·태평양 시대가 도래할 것이라는 예측에는 그 나름의 논리와 경험적 근거가 있다고 생각한다. 그리고 이 예측은 당연히 우리 한국 사람의 귀에 반갑게 들리게 마련이고, 많은 사람들이 이 낙관적 예측에 입각하여 한국의 내일을 구상하기도 한다. 비관론자보다는 낙관론자들이 미래를 밝게 건설할 공산이 크다는 상식에 비추어 볼 때, 고무적 현상이라고 일단 생각해도 무방할 것이다.

그러나 여기에 우리들이 신중하게 고려해야 할 문제가 있다. 설령 아시아·태평양 시대가 도래한다 하더라도 아시아·태평양 지역에 위치한 모든 국가가 영광과 번영을 누리게 된다는 보장은 없다는 사실에 관한 문제이다. 과거에 유럽이 세계사를 주도했던 시대에도 그 지역의 약소 국가들은 강대국들의 틈바구니에서 매우 어려운 시련을 겪어야 했다. 세계사의 중심이 아메리카 대륙으로 건너간 뒤에도 영광과 번영은 미국과 캐나다에 국한되었고, 남미의 여러 나라들은 그 그늘에서 위축된 처지를 감수해야 했으며, 서인도(西印度) 제도의 작은 나라들도 숨을 죽이고 살아야 했다.

앞으로 아시아·태평양 지역이 세계의 중앙 무대로 부상하게 될 경우, 중국과 일본이 새 시대의 주역으로서의 구실을 하게 될 확률은 매우 높다고 생각된다. 중국은 막대한 자연 자원과 인적 자원을 보유하고 있다는 강점을 가지고 있으며, 일본은 막강한 경제력과 세계 최첨단의 과학 기술을 확보하고 있을 뿐 아니라 국민적 단결력과 높은 질서 의식을 가지고 있기 때문이다.

그러나 우리 한국의 경우는 사정이 좀 다르다. 우리가 어떻게 하느냐에 따라서 새 시대의 주도국으로 상승할 가능성도 있고, 한낱 주변국으로 전락할 가능성도 있다. 우리 한국인에게는 강인한 생명력이 있고, 신바람이 나면 무섭게 타오를 수 있는 정열이 있다. 그러나 우리는 중국과 같이 큰 땅덩어리와 저렴한 노동력을 갖고 있지 않으며, 일본과 같은 경제력과 첨단 기술을 가지고 있지도 않다. 한마음된 노력으로 더 열심히 뛰어야 할 형편인데, 우리는 각자의 작은 '나'만을 생각하는 이기주의와 편하게 살기만을 좋아하는 향락주의에 빠져 있다. 적어도 현재의 객관적 여건으로서는 우리 한국이 중국과 일본보다 불리한 처지에 있다고 보아야 하며, 우리가 중국과 일본 사이에 끼어서 약소한 주변국으로 전락하지 않기 위해서는 심기일전하여 새로운 마음가짐으로 새 시대를 맞아야 할 것이다.

과거의 역사가 미래에도 다시 되풀이되리라고 단언할 수는 없으나, 과거에 있었던 일은 미래를 위한 거울이 된다는 관점에서 우리는 과거의 역사에 대하여 깊은 관심을 갖게 된다. 그런데 지정학적으로 불리한 지점에 위치한 우리 한반도는, 과거에 중국과 일본 두 나라의 부당한 침략 내지 억압으로 인하여, 너무나 많은 고초를 겪었다.

과거와 같은 불행한 역사가 다시는 되풀이되는 일이 없어야 하겠거니와, 과거사의 불행이 되풀이되는 것을 막는 길은 오직 우리 나라가 강대국 내지 선진국의 대열로 합류하는 길뿐이다. 앞으로는 새로운 세계 질서가 확립될 것이므로 국가와 국가 사이에 약육강식의 현상이 일어나지 않을 것이라고 전망하는 것은 아직 성급한 낙관이다. 한 국가가 국가적 이기주의를 버리는 일은 한 개인이 개인적 이기주의를 버리는 일보다도 더욱 어렵다. 개인적으로 만나 보면 사리에 밝은 사람들이 많다는 인상을 주는 나라일지라도, 그들이 집단적으로 행동할 때 매우 부도덕한 면모를 나타내는 경우는 흔히 있는 일이다.

앞으로 이른바 국제화의 시대가 도래할 것으로 예상되기는 하나, 비록 국제화의 시대가 온다 하더라도, 우리 한국은 우리 자신이 지켜야 한다는 상황이 바뀌지는 않을 것이다. 국제적인 교류가 증대하고 이해 관계를 둘러싼 갈등의 기회가 많아질수록, 각국이 스스로를 지켜야 할 부담은 더욱 커질 것이다. 앞으로 우리는 하나의 세계를 건설하는 일에 적극적으로 협조하는 넓은 마음과, 힘에는 힘으로 대항할 수밖에 없다는 모진 각오를 함께 가지고 다가오는 21세기를 맞이해야 하는 이중의 부담을 지고 있다.

3. 통일의 과제와 한국

한반도의 통일 문제는 단순한 민족 정서가 요청하는 문제에 그치는 것이 아니라, 우리 나라가 중국과 일본 두 강대국 사이에서 약소국으로 전락하는 것을 모면하기 위해서도 반드시 이루어져야 할 과제이다. 1945년 전쟁에서 승리한 강대국들의 무책임한 결정에 의하여 남북으로 분단되기 이전에도 우리 나라는 중국과 일본의 틈바구니에서 약소한 국가로서 부당한 억압을 거듭 당해 왔었다. 구한말에서 1945년에 이르는 반세기 동안은 일본 제국에 강점당하였고, 그보다 앞선 조선조 시대와 고려 시대에도 중국과 일본 양국의 억압과 침공을 감수한 것이 우리 나라의 과거였다. 그 이전에도 약소국으로서의 불행한 역사를 오랫동안 가졌던 우리 나라가 다시 남북으로 갈라졌던 것이다.

우리 나라가 강요당한 것은 국토의 분단에 그치지 않았다. 38선 이남에는 미국의 결정적 영향 아래서 미국식 '자유 민주주의' 정부가 수립되었고, 그 이북에는 소련의 절대적 영향 아래서 소련식 '인민 민주주의' 정부가 수립되었다. 이 두 정부는 양립하기 어려운 두 가지 이념을 각각 신봉했으며, 본래 한 국가였던 우리 나라는 서로를 가장 치열하게 적대시하는 두 나라로 갈라졌다. 단순한 냉전 속에서 적대시했을 뿐 아니라, '6·25 동란'이라는 민족상잔의 비극까지도 치러야 했다.

반세기에 가까운 세월이 흐르는 동안 한반도와 그 주변에 많은 변화가 있었고, 남한과 북한은 각각 독립국으로서의 면모를 갖추게 되었다. 이것은 우리 민족이 외세(外勢)의 간섭을 물리치고 우리끼리 다시 하나가 될 수 있는 기회가 도래했음을 의미한다. 그러나 반세기 동안 극단적으로 대립하는 두 체제 밑에서 살아온 남한과 북한은 정치와 경제뿐 아니라 의식 구조와 문화 일반에 이르기까지 모든 분야에 걸쳐서 심한 이질화 현상을 조성하였다. 일반 국민들의 정서는 남북의 통일을 열망하지만 체제의 대립, 경제력의 격차, 사고 방식의 차이 등으로 인하여 통일이 국민들의 순박한 소망대로 간단하게 이루어지기는 어려운 형편에 놓인 것이다.

통일은 어디까지나 평화적으로 이루어져야 한다는 것이 우리들의 기본 원칙이다. 체제가 근본적으로 다른 두 나라가 평화적으로 통일하기 위해서는 여러 단계를 점진적으로 밟아야 하며, 완전한 통일을 목표로 삼는 많은 준비가 선행해야 한다. 그 준비 가운데서 가장 중요한 것은 통일을 감당할 수 있는 경제력을 축적하는 일과 남한인과 북한인 사이에 예상되는 갈등을 극복할 수 있는 슬기로운 마음가짐이다.

동서독 통일의 경우를 통하여 짐작할 수 있듯이, 남북한의 통일에도 막대한 비용이 들 것이다. 통일을 달성할 당시의 서독은 서방 세계 안에서도 굴지의 부국(富國)이었고, 동독은 공산주의 진영에서는 가장 부유한 나라였다. 그리고 분단 시절의 동독과 서독의 대립 관계는 남한과 북한의 그것에 비하면 훨씬 유연한 것이었다. 그럼에도 불구하고, 동독을 흡수한 서독은 그 막대한 통일 비용을 감당하느라 큰 어려움을 겪었고, 빈부의 격차와 사고 방식의 차이에 연유한 동서독 사이의 갈등은 통일의 기쁨을 무화(無化)할 정도로 심각했음이 판명되었다.

독일식 흡수 통일은 한국의 경우에는 바람직하지 않다는 것이 중론이다. 비록 흡수 통일이 아닌 다른 방식으로 통일을 이룩한다 하더라도 막대한 비용이 들 것이며, 그 비용은 주로 남한 사람들이 맡아야 할 것이다. 그런데 현재 우리의 경제력으로는 그 막대한 비용을 감당하기가 어려울 것으로 전망된다. 쉽게 말해서, 순조로운 통일을 위하여 우리는 부강한 나라가 되어야 하며, 부강한 나라가 되기 위해서는 더 부지런히 일해야 하고, 더욱 절약하여 저축에 힘써야 한다.

남한 사람들과 북한 사람들 사이에는 본래 상당한 기질의 차이가 있었으며, 분단 반세기 동안에 사고 방식 내지 인생관을 비롯한 여러 분야에 현저한 이질화 현상이 생겼다. 성적 친화력(性的 親和力)을 가진 한 남자와 한 여자가 결합할 경우에도 성격과 사고 방식의 차이가 크면 갈등이 심각하게 마련이다. 하물며 이질화된 두 지방 사람들이 결합할 경우에는 그 갈등이 더욱 심할 가능성이 높다.

남한 사람들과 북한 사람들 사이에 생길 것으로 예상되는 갈등을 해소하기 위해서는 남쪽과 북쪽 사람들의 의식이 높은

수준에 이르러야 한다. 현재 상태로는 우리가 북한 사람들의
의식 수준을 향상시키는 일에 관여할 수가 없으므로, 우선 우
리 남한 사람들의 의식 구조 내지 생활 태도에 관심을 기울일
수밖에 없을 것이다. 어쨌든 우리 남한 사람들은 통일 후의
한반도에서 주도적 임무를 수행해야 할 것이며, 그 임무를 원
만하게 수행하기 위해서는 현재보다 한층 높은 의식 수준으로
발돋움해야 한다는 것이 식자들의 의견이다.

4. 한국인, 씩씩하고 강인한 기상이 있는가

사치와 낭비 또는 부정과 부패 따위의 고질적 현상이 거듭 나타났을 때, '민족성'에 문제가 있다는 말을 흔히 듣는다. 그러나 민족성이라는 고정불변한 실체가 있는 것은 아니다. 오늘의 한국인의 생활 태도를 두루 관찰하고 여러 가지 두드러진 공통점을 발견한다는 것은 충분히 가능할 것이다. 그런 점을 근거로 삼고 '현대에 국한된 한국인의 민족성'을 편의상 말할 수는 있을 것이다. 그러나 옛날부터 오늘에 이르기까지 변하지 않고 이어져 내려온 '한국인의 민족성'을 단정적으로 말하기는 어려울 것으로 보인다.

이른바 민족성이라는 것이 시대를 따라서 변화하는 가운데서도 예외를 찾아보기 어려운 한 가지 중대한 사실이 있다. 사람들의 기상(氣像)이 강건하고 도덕성이 건전했던 시대에는 사회가 안정되고 국가가 흥기(興起)한 반면에, 사람들의 기상이 연약하고 도덕성이 타락했을 경우에는 사회가 안정을 잃고 국가가 쇠망했다는 사실이다. 특히 지배층의 기강과 도덕성

여하가 국가 전체의 정신적 상황을 좌우하고, 급기야는 국가의 흥망과 성쇠로 연결된 사례를 우리는 동서고금의 역사를 통하여 확인할 수 있다.

돌이켜보건대, 우리 나라의 역사에서 국력이 가장 크게 신장했던 것은 고구려와 삼국 통일을 달성하기까지의 신라였다고 생각된다. 이 두 시기를 우리 나라 역사의 자랑스러운 시대로 만듦에 있어서 크게 기여한 것으로 두 가지 공통된 특징이 있다. 그 하나는 국민의 정신 상태가 질박하고 건전했다는 사실이요, 또 하나는 외세 침공의 위협 앞에서 국민 전체가 하나로 뭉친 단결력이다.

일반적으로 말해서, 질박하고 강건한 국민 정신과 구심점을 향해서 하나로 뭉치는 단결력은 국가의 융성을 위하여 대단히 중요한 필수 조건이라 해도 과언이 아니다.

여기서 우리가 묻게 되는 것은 앞으로 도래할 국제화 시대를 맞이하여, 아시아·태평양 지역이 세계의 중심이 될 가능성이 높은 국제화 시대를 맞이하여, 역사를 주도하는 강대국으로 부상하느냐 또는 주변의 약소국으로 전락하느냐 하는 기로에 놓인 우리 한국이 그 두 가지 필수 조건을 갖추고 있느냐 하는 물음이다.

우리 한국인은 왕성한 생명력을 가진 민족이라고 필자는 생각한다. 고구려 시대에 만주 일대에까지 영역을 넓혔던 사실을 과대 평가해서가 아니다. 중국 대륙과 섬나라 일본으로부터 거듭된 침략을 받았음에도 불구하고, 우리가 아직도 단일 민족으로서의 정체성(正體性)을 지키고 있으며, 우리 민족 고유의 문화를 지키고 발전시켜 왔다는 사실 하나만으로도, 우

24

리 민족의 강인한 생명력을 입증하기에 충분하다. 최근 30여 년 동안에 이룩한 놀라운 경제 발전과 세계 각국으로 퍼져 나간 교포들의 힘찬 생활력을 통해서도, 우리는 우리 한민족의 왕성한 생명력을 확인할 수 있다.

왕성한 생명력은 질박하고 강건한 국민 정신에 의해서 유지된다. 1960년대 중반에서부터 1980년대에 이르는 경제적 도약의 시기에 우리는 저 질박하고 강건한 국민 정신을 크게 발휘하였다. 그러나 최근에 이르러 우리들의 질박하고 강건한 정신이 다소 쇠퇴해 가는 조짐이 보인다. 갑자기 부자가 된 사람들에게서 흔히 볼 수 있는 사치와 유흥의 풍조가 일부에 일면서 호화스러움을 좋아하는 문약(文弱)의 기풍이 일어나기 시작한 것이다.

남자들의 여성화 내지 중성화 현상도 같은 맥락에서 염려가 된다. 여권이 신장되고 남녀가 평등하게 되는 것은 바람직한 일이나, 남성이 무기력하게 되고 가정에서 대들보의 구실을 하던 아버지의 자리가 허물어지는 것은 결코 바람직한 일이 아니다.

그런데 요즈음 우리 젊은 세대 가운데 여성을 연상케 하는 연약한 남자들을 자주 발견한다. 차라리 여성이 남성화하는 데는 바람직한 측면도 없지 않으나, 남성의 여성화는 백해무익하다고 단정해도 좋을 것이다.

현재 우리 나라의 문화적 상황 가운데 남자 아이들의 여성화를 촉진할 수 있는 조건이 적지 않다. 첫째로 가정에서 아이들이 아버지와 함께 보내는 시간이 너무 짧으며, 양육과 교육을 주로 담당하는 어머니들에게는 자녀를 과잉 보호하는 경향이 있다. 둘째로 유아원의 선생님이 거의 여성일 뿐 아니라, 초등학교 교사들도 대부분이 여성이다. 셋째로, 무대 위에 나와서 춤추고 노래하는 연예인들의 몸짓이 남녀를 불문하고 '여성적'이라는 인상을 풍기는 경우가 많으며, 이들 젊은 연예인은 나이어린 학생들의 우상으로서 모방의 대상이 되고 있다.

여자들도 때로는 그렇지만, 특히 남자들은 씩씩하고 강인한 기상을 견지해야 앞으로 다가올 국제화 시대의 치열한 경쟁에서 이길 수 있을 것이다. 자녀를 기르는 부모들과 학교 교육을 담당하고 있는 교사들은 이 점에 각별히 유의해야 한다. 교사라는 직업이 남자들에게도 매력있는 분야가 될 수 있도록 하는 위정자들의 배려도 요청되고 있다.

역대 군사 정권은 "체력은 국력"이라는 표어를 앞세우고 우리 나라를 스포츠 강국으로 만들기 위하여 많은 힘을 기울였다. 이 체육에 치중한 정책의 근본 목적이 국민의 씩씩한 기상을 함양함에 있었다고 말할 수 있을지는 의문이나, 체육의 진흥이 결과적으로 국민의 건전한 기상 함양에 기여할 수 있다는 것은 부인하기 어려울 것이다. 그런 뜻에서 앞으로도 체육에 대하여 응분의 비중을 두는 정책은 어느 정도 계속돼야 하리라 본다.

그러나 소수 정예의 탁월한 선수들을 양성하고, 그들이 뛰고 달리며 싸우는 모습을 국민 대다수가 박수를 치며 구경하도록 하는 종래의 체육 정책은 재고되어야 할 것이다. 소수의 직업적 운동 선수가 뛰는 모습을 보고 대상 만족(代償滿足)을 즐기는 것도 건전한 오락이 될 수 있을 것이나, 그것이 국민에게 씩씩한 기상을 심어 주는 데 있어 크게 기여하기는 어려울 것이다.

체육을 권장하되 국민 모두가 운동장에 나가서 뛰고 달리는 방안을 제도화하는 것이 바람직하다.

5. 한국인, 단결력과 협동심이 강한가

우리가 전통적으로 가지고 있던 씩씩하고 강건한 기상이 최근에 쇠퇴하는 경향을 보이기는 하나, 그 경향이 크게 우려할 정도로 심각하다고는 생각되지 않는다. 일부 계층에 문약(文弱)의 풍조가 일어나고 있기는 하나, 우리 민족의 왕성한 생명력은 아직 건재하다고 보아도 좋을 것이다. 저 문약의 풍조가 경계해야 할 조짐임을 명심하고 빨리 대책을 강구한다면, 늦기 전에 큰 폐단을 막을 수 있을 것이다.

그러나 국가의 융성을 위한 또 하나의 필수 조건인 구심점을 향한 단결력의 문제는 훨씬 더 비관적이다. 우리 민족이 대동단결의 힘을 과시한 것은 임진왜란과 병자호란 같은 국난에 처했을 경우였다. 구한 말기에 일본의 침공을 받았을 때는 왕실이 두 세력으로 분열되는 바람에 난국을 이겨내지 못하는 결과를 불렀다. 주권을 일제에 빼앗긴 뒤의 상황을 단순하게 말하기는 어려우나 일부의 친일파를 제외한다면, 독립을 염원하는 민족 의식은 어느 정도의 응집력을 수반하고 유지된 것으로 생각된다. 다만 일반에게는 '조국의 광복'이 조직적 접근의 목표이기보다는 막연한 희망으로 느껴졌던 까닭에, 응집력에는 뚜렷한 한계가 있었다.

민족 전체가 하나로 뭉치는 단결력이 약화됐을 경우에도 가족을 단위로 한 소규모의 단결은 꾸준히 계속된 것이 우리 나라의 전통이었다. 국가와 민족과 같은 큰 공동체에 대한 관심이 희박한 사람들도 가족 또는 가문과 같은 작은 공동체와 자신을 동일시하는 의식을 강하게 갖고 있었다. 바꾸어 말하면, 저 한 사람밖에 모르는 이기주의자는 우리 나라의 전통 사회에서 흔히 볼 수 있는 인간상이 아니었다. 적어도 해방 이전까지의 한국인은 강한 '우리' 의식을 가지고 살았다.

그러나 해방을 계기로 한국인의 의식 구조에 크나큰 변화가 생겼다. 개인으로서의 '나'가 눈을 뜨기 시작한 것이다. 우리는 알게 모르게 서구식 사고 방식의 영향을 받게 되었고, 서구적 개인주의의 관점에서 볼 때 우리 나라의 가부장적 가족주의는 전근대적 모순으로 가득 차 있었다. '우리' 속에 '나'는 매몰되고, 가부장적 권위에 눌려서 개인의 자유가 실종되는 것이 사리에 맞지 않는다는 것을 느끼기 시작한 사람들이 날로 늘어난 것이다.

일제 식민지 시대를 산 대부분의 조선인은 이중의 억압을 겪었다. 일본 제국주의의 억압뿐 아니라 전통 사회의 봉건적 억압까지 겹쳐서, 젊은 세대와 여성 그리고 소작농을 위시한 서민층은 기를 펴지 못하고 살아야 했다. 그런 상황에서 '해방'이 오고 새로운 세상을 맞이하게 된 것이다. 해방은 자유를 의미한다 하였으니, 새로운 세상은 자유의 세상이 되리라는 기대감이 팽배하였다.

그러나 자유라는 말이 갖는 복잡한 의미를 아는 사람은 별로 없었으며, 이제 모든 구속으로부터 벗어날 수 있는 새 세상이 왔다고 단순하게 기뻐하는 사람들이 많았다. 자유를 곧 방종(放縱)과 다름없는 것으로 생각하는 경향이 지배적이었던 것이다. 이중의 억압 속에 눌려 살던 사람들이 심리적 반동으로 반대의 극단을 향해서 달리기 시작했다.

타율(他律)의 규범 체계가 무너지고 아직 자율(自律)의 도덕은 형성되지 못한 상태였다. 이를테면 '윤리의 공백 상태'에 가까운 현상이 생긴 것이다. '윤리'니 '도덕'이니 하는 것을 부정적 시각에서 보는 냉소주의자(冷笑主義者)들이 늘어났다. 일본인들이 남기고 간 재산을 '적산(敵産)'이라고 불렀거니와 적산은 먼저 점유하는 사람이 임자 노릇을 하였다. 미군 창고에서 물건을 훔쳐내는 행위를 비난하는 사람은 거의 없었으며, 취직을 위해서 이력을 속인 사람들이 허다했고, 그런 것을 알고도 모르는 척하는 것이 피차를 위하는 길이었다. 일본인의 저술을 우리말로 옮겨서 자기의 저서로 삼는 대학 교수들이 있었지만 심한 비난은 받지 않았다.

윤리니 도덕이니 하는 말에 대하여 반사적으로 거부감을 느끼는 사람들이 많았다. 그것은 새 시대와는 맞지 않는 과거의 유물이라고 생각하는 경향이 있었다. 해방 직후의 혼란상을 목격하고 도덕성의 회복이 긴요하다고 느낀 필자는 법학에서 윤리학으로 전공을 바꾼 바 있거니와, 나의 이 결심을 많은 사람들이 바보스러운 짓이라고 안타까이 여겼다. 아무짝에도 쓸모없는 윤리학을 공부해서 어쩌자는 것이냐고 말하는 친구도 있었다.

남한에는 미군이 주둔하고 미 군정이 들어섰다. 좌익이 아 닌 대부분의 사람들은 미국을 환영하였고, 자연히 미국 문화 의 영향을 크게 받았다. 미국 군인들과 미국 영화를 통하여 미국 문화를 받아들인 까닭에, 미국 문화의 좋은 점은 모르고 나쁜 점만 본받는 결과가 되었다. 미국인들의 시민 의식은 보 지 못하고 그들의 개인주의에만 주목했던 까닭에, 한국인이 받아들인 개인주의는 이기주의에 가까운 것이었다. 미국 영화 화면에 비친 호화로운 장면만을 보고 일반인들의 검소한 생활 은 보지 못한 까닭에, 분수를 생각하지 않고 사치스러운 생활 만을 부러워하는 풍조가 생겼다.

'윤리'라는 것은 여러 사람들을 서로 연결시켜 주는 끈과 같 은 것이다. '도덕'이라는 것은 여러 사람들을 하나로 뭉치게 하는 풀〔糊〕과 같은 것이다. 윤리 또는 도덕의 바탕을 이루는 것은 인간에 대한 사랑이다. 나를 사랑하고 또 타인을 사랑하 는 마음이 윤리 또는 도덕의 근본이다. 그러므로 윤리 또는 도덕을 부정적으로 보는 사람들은 어떤 공동의 목적을 위해서 단결하고 협동하기가 매우 어렵다. 해방 직후의 혼란 속에서 윤리를 무용지물로 생각한 한국인들이 미국의 개인주의를 이 기주의로 변질시켜서 받아들인 것은 당연한 귀추였다.

6. 한국인의 생활 태도

　해방 직후의 혼란 속에서 생긴 도덕성의 타락은 단순한 일시적 현상으로 그치지 않았다. 세월이 흐름에 따라 심한 혼란이 수습되고 어느 정도 질서가 회복된 것은 사실이다. 그러나 마음의 평화를 보장할 정도의 도덕성은 좀처럼 회복되지 않았고, 도덕에 대한 불감증이 고질화하는 추세를 보였다. 그 뒤의 반세기 동안 우리가 경험한 사회적 상황과 우리들의 생활 태도는 도덕성의 회복에 도움이 되지 못했다.

　일본인들은 그들이 소유했던 토지와 가옥과 공장 등을 모두 버리고 갔으나, 한국인의 대부분은 여전히 가난했다. 미군 부대의 풍부한 물질 생활을 목격했던 까닭에 상대적으로 더욱 빈곤감을 느낀 점도 있었을 것이나, 먹고 입는 기본 생활조차 어려운 절대 빈곤 상태가 여전히 지속되었다. 미국이 무상으로 원조해 준 밀가루와 미군 부대에서 훔쳐낸 의류의 분량이 적지 않았으나, 가난은 여전하였다. 국민의 생산성이 너무 낮았던 것이다.

박정희 정권이 통치의 제일 목표로 삼은 것은 절대 빈곤의 추방이었다. "우리도 하면 된다"는 구호를 앞세우고 군대식으로 밀어붙인 박정희의 경제 정책은 일단 성공하였다. '한강의 기적'이라고 불릴 정도의 놀라운 고도 성장이 지속되었고, 국민의 먹고 입는 문제는 어느 정도 해결되었다. 그는 대기업을 집중적으로 지원하여 공업화와 수출 증대에 박차를 가함으로써 '근대화'의 기틀을 마련하였다. 그의 경제 정책에 순응한 기업인들 가운데는 갑자기 거부가 된 사람들도 많이 나타났다.

그러나 풍요로운 물질 생활이 도덕성의 회복을 위하여 반드시 유리한 조건은 아니었다. 풍요로운 물질이 도리어 사람들의 마음을 가난하게 만들었다. 돈을 많이 갖는 것이 곧 잘사는 길이라는 단순한 인생관은 금전 만능의 풍조를 조성하였고, 금전 만능의 풍조는 도덕성의 타락을 조장하였다. 금전 만능의 관념은 돈을 버는 데도 옳은 길과 그른 길이 있다는 사실을 망각하게 만들었으며, 방법을 가리지 않고 돈을 벌겠다는 태도는 바로 도덕성의 타락을 의미했던 것이다.

사태를 더욱 나쁘게 만든 것은 향락과 사치를 추구하는 과소비의 풍조였다. 가난하던 사람들이 갑자기 부자가 되었을 때 취하는 태도는 크게 두 가지로 나누어진다. 하나는 결핍에 대한 한풀이라도 하는 듯이 돈을 마구 쓰는 태도요, 또 하나는 또다시 가난이 닥쳐올까 걱정이 되어 돈을 쓰지 않고 모으기만 하는 태도이다. 성격이 낙관적인 사람들은 전자의 길을 택하기 쉽고, 비관적인 사람들은 후자의 길을 택하기 쉽다. 한국인은 대체로 천성이 낙관적인 까닭에, 1960년대 후반 이후의 높은 경제 성장은 사치와 낭비의 풍조를 조장하는 데 기여했다.

많은 한국인에게 '잘산다'는 말과 '돈이 많다'는 말은 거의 같은 뜻으로 이해되었고, 많은 돈을 소유하는 의의는 주로 향락을 위해서 소비하는 데 있었다. 수단을 가리지 않고 돈을 모아서 사치와 향락으로 여가를 보내면, 그것이 곧 행복이라고 생각하는 가치관이 팽배한 것이다. 정당한 방법으로 돈을 벌어서 여러 사람들을 위한 뜻있는 일에 사용하고자 하는 삶을 설계하기에는 인생을 바라보는 국민 일반의 시야가 지나치게 협소하였다.

사람들의 생활 태도에는 개개인에 따라서 다소간의 차이가 있다. 그러므로 한국인의 생활 태도를 일률적으로 말하기는 어려우나, 대다수의 사람들이 가장 열심히 추구한 목표가 금전과 재물, 권력과 지위, 향락과 과소비 등 외면적 가치(外面的 價値)였다고 보아도 크게 잘못은 아닐 것이다. 물론 생명과 건강, 인격과 사상, 사랑과 우정, 학문과 예술, 자유와 평등 등 내면적 가치(內面的 價値)의 소중함을 느끼고 그것들을 원하는 마음이 없었다는 뜻은 아니다. 내면적 가치에 대한 간절한 소망이 없었던 것은 아니나, 외면적 가치에 대한 욕구가 더욱 강했던 까닭에 그것은 한갓 마음속의 소망으로 그치고, 그 소망의 달성을 위한 최선의 노력은 이루어지지 않은 경우가 많았다는 뜻이다.

우리 나라가 현재 보유하고 있는 외면적 가치의 총량(總量)은 대체로 일정한 수준에 머물러 있다. 예컨대, 우리 나라가 현재 가지고 있는 토지와 건물, 재화와 생산 시설, 선망의 대상이 되는 지위 등은 대략 정해져 있으며, 그 총량을 마음대로 증대할 수는 없다. 그런데 소유의 극대화 또는 향락의 극대화가 행복의 필요하고도 충분한 조건이 된다고 믿는 사람이 많은 우리 나라의 가치 풍토 안에서는 외면적 가치에 대한 사람들의 욕구가 자족(自足)을 모르고 무한정 늘어난다. 이미 많은 것을 가지고 있어도, 그것만으로 만족하지 못하고 더욱 많은 것을 갖고 싶어한다.

나누어 먹을 수 있는 떡의 크기는 일정한데 서로 자기가 더 많이 갖겠다고 아우성을 치는 양상이 되었다. 이러한 양상은 해방 후에 심하게 된 개인적 이기주의와 맞물리게 되어, '우리'는 안중에 두지 않고 '나'만을 생각하는 좋지 않은 풍조를 더욱 조장하였다. 때로는 '우리'를 앞세워 집단의 이익을 꾀하는 함성을 지르기도 하나, 실은 각자의 이익을 극대화하기 위하여 같은 처지에 놓인 사람들이 편의상 집단의 힘을 과시하는 행태에 지나지 않는다.

"우리도 한 번 잘살아 보자"는 구호를 앞세우고 경제 성장을 위하여 열심히 뛰었을 때, 사람들은 돈만 벌면 행복이 보장되리라고 믿었다. 그러나 행복의 필수 조건인 마음의 평화가 물질의 풍요에 뒤따라오지는 않았다. 물질의 풍요와 보조를 같이하여 정신의 풍요도 병행해야 행복이 실현될 터인데, 사실은 그렇게 되지 않은 것이다. 물질 생활의 풍요가 도리어 정신 생활의 빈곤을 부르기도 한다는 사실을 우리는 경험하게 되었다.

값비싼 음악회나 미술 전시회에 참석할 수 있는 기회가 많으냐 적으냐 하는 것도 정신 생활의 풍요도를 측정하는 척도가 될 수 있을 것이다. 그러나 정신 생활의 풍요도 또는 빈곤도를 측정함에 있어서 가장 근본적인 기준이 되는 것은 사람들이 서로 주고받는 정(情)이 얼마나 참되고 지속적이냐 하는 인간성(人間性)의 문제이다. 쉽게 말해서 많은 사랑을 주고받는 사람들은 정신 생활이 풍요로운 사람들이고, 미움과 시샘이 가득한 사회는 정신 생활이 빈곤한 사회이다. 물질이 흔하더라도 인정(人情)이 메마른 사회는 정신이 빈곤한 사회요, 물질이 매우 빈곤하다 하더라도 인간미(人間美)가 넘치는 사회는 정신적으로 풍요로운 사회이다. 이와 같은 관점에서 볼 때, 오늘의 한국 사회는 결코 정신적으로 풍요로운 사회라고 말하기 어렵다.

옛날의 우리 나라는 미풍양속을 자랑하는 인정의 사회였다. 가난한 가운데서도 서로 아끼고 서로 도와 가며 고락을 함께 하는 인정의 사회였다. 그러나 오늘의 우리 사회는 증오와 시기와 불신으로 서로가 서로를 물리치는 살벌한 사회에 가깝다. 먹을 것이 넉넉하고 입을 것이 넉넉한 사람들까지도 서로 미워하고 시기한다. 겉으로는 웃으며 악수를 나누는 순간에도 안으로는 서로 경계하며 불신한다.

물질적 가치를 둘러싼 치열한 사회 경쟁은 빈부의 격차를 크게 벌렸다. 지나친 빈부의 격차는 사회를 불안하게 만든다. 적게 가진 사람들은 가난의 원인이 사회 구조의 모순에 있다고 보는 까닭에 불평 세력이 되어 가진 사람들을 적대시하므로 가난한 사람들은 부유한 사람들에 대한 불평과 증오심 때문에 마음이 불안하고, 부유한 사람들은 가난한 사람들의 도전 때문에 마음이 불안하다.

경제적 성장에 따르는 물질 생활의 풍요도 내일의 전망은 불투명하다. 모두가 '더 많은 내 몫'을 요구하는 바람에 노동 임금이 올라갔고, 노동 임금이 올라간 까닭에 우리 상품의 국제 경쟁력이 떨어졌다. 국제 경쟁력이 떨어진 까닭에 수출이 부진하게 되었다. 수출이 부진한 까닭에 '아시아의 네 마리 용 가운데 하나'로 꼽히던 우리가 '지렁이'에 비유되는 수모를 겪게 되었다. 이러한 상황임에도 불구하고 지금 우리는 힘들고 어려운 일 또는 위험한 일을 기피하여 몸편하게 살기만을 꾀하는 경향을 보이고 있다.

사치와 낭비 또는 향락주의의 풍조도 우리의 내일을 불투명하게 만들고 있다. 수입에 비하여 소비가 지나치면 경제적 파탄을 초래할 염려가 있다는 것은 가정 경제의 차원에 국한된 사실이 아니다. 개인적으로 남아돌 정도의 많은 돈을 소유한 사람들이 그들의 재력을 낭비한 결과 우리 한국 전체로 볼 때 지출이 수입을 초과하게 된다면, 우리 나라의 경제는 파탄을 일으킬 것이라는 점도 깊이 고려해야 한다.

과소비로 인하여 자연 자원의 고갈이 촉진되고 환경의 오염이 가속화된다는 사실도 내일에 대한 우리의 전망을 어둡게 한다. 자연 자원의 결핍과 환경 오염의 문제가 인류의 존망(存亡)이 걸린 중대한 문제라는 사실을 알고 있으면서도, 우리는 이 문제에 대한 실천적 대처는 게을리하고 있다. 이 중대한 문제에 실천적으로 대처하는 마당에서 누구나 손쉽게 참여할 수 있는 길이 소비를 억제하고 쓰레기를 줄이는 일상적 노력이다. 그런데 우리는 이 노력을 게을리하고 있는 것이다.

우리는 지금 여러 가지 어려운 문제들과 직면하고 있다. 국제화와 개방화의 물결 속에서 보호막없는 자유 경쟁의 시대를 맞이하여 경제적으로 살아 남는 문제, 앞으로 다가올 아시아·태평양 시대에 주변국으로 몰락하지 않고 주도국의 위치를 확보하는 문제, 평화롭고 만족스러운 남북 통일을 실현하는 문제, 우리 모두가 서로 아끼고 사랑하며 행복하게 살 수 있는 건전하고 공정한 사회를 건설하는 문제, 그리고 그 밖에도 여러 가지 중대한 문제들이 우리 앞을 가로막고 있다. 이 어려운 문제들을 해결하기 위해서는 우리들의 생활 태도가 각별히 지혜로워야 한다.

그러나 앞에서 대략 살펴본 바와 같이, 지금까지 우리가 취해 온 생활 태도는 이 시대가 요구하는 지혜로움과는 거리가 멀다. 만약 우리가 지금까지의 생활 태도를 그대로 지속한다면, 우리들의 어려운 문제들이 순조롭게 해결될 가능성은 극히 희박할 것이다. 우리는 이제 삶을 대하는 근본적 자세의 문제에서부터 다시 시작해야 할 시점에 도달하였다. 삶의 문제를 근본적으로 다시 생각하는 반성에서부터 시작해야 할 것이다.

제 2 장
행복과 그 조건

1. 삶에 대한 물음

우리에게는 한이 맺힐 정도로 가난했던 시절이 있었다. 배불리 먹고 등 따뜻하게 입을 수만 있다면 더 바랄 것이 없다고 생각했을 정도로 가난했던 시절이 있었다. 그러나 다행히 절대 빈곤을 벗어나게 되었을 때 우리는 그것만으로는 만족할 수 없음을 알게 되었고, 더욱 풍요로운 물질 생활을 원하기에 이르렀다. 미국 사람들처럼 풍요로운 물질 생활을 즐기는 곳에 진정한 행복이 있다고 생각하게 된 것이다. 돈의 위력을 새삼 느끼게 된 우리는 돈벌이에 더욱 열중하였고, 열중한 덕분에 상당히 큰 돈을 만질 수 있게 된 사람들이 늘어났다. 그들은 그 돈을 아낌없이 소비하였고, 더러는 향락을 탐닉하였다.

풍요로운 소비 생활을 통하여 삶의 기쁨을 느낀 사람들도 많을 것이다. 그러나 그 느낌이 오래 지속되기는 어려운 것이 우리의 일반적 상황이다. 우리들의 마음을 불편하게 하고 내일을 걱정하게 만드는 일들이 항상 도처에서 일어나고 있는 것이다. 우리는 우리들의 마음을 불편하게 하는 일들이 무엇이며 내일을 걱정하게 만드는 사유가 무엇인지에 대하여 앞에서 이미 예를 들어 가며 살펴본 바 있다.

근본적인 잘못은 우리들의 인생관에 있었다. 많은 돈을 소유하고 풍요로운 소비 생활을 즐기면 그것으로 삶이 만족스럽고 마음도 편안하게 되리라고 생각했던 우리들의 인생관에 근본적인 문제가 있었다. 소유의 극대화와 향락의 극대화 속에 행복이 있을 것이라고 믿었던 생각이 빗나간 것이다. 우리는 삶에서 가장 소중한 것이 무엇인지에 대하여 깊이 생각할 겨를도 없이 돈과 향락을 추구해 온 셈인데, 이러한 생활 태도에 문제가 있음이 밝혀졌다고 보아야 할 것 같다. 이제 원점으로 돌아가서 삶의 문제를 다시 생각해 보아야 할 시점에 도달한 것이다.

삶에 대한 물음은 현재 우리가 살고 있다는 엄연한 사실에서부터 출발하는 것이 좋을 듯하다. 다시 말하면, "도대체 살아야 하느냐, 살지 말아야 하느냐?"하는 물음에서부터 출발할 것이 아니라, "어떻게 살아야 하느냐?"하는 물음에서부터 시작하는 것이 현실적이다. 왜냐하면 우리는 지금 삶의 세계 밖에서 삶의 세계 안으로 뛰어들까말까 하며 망설이고 있는 것이 아니라, 이미 삶의 세계 안에 들어와 있기 때문이다. 주사위는 이미 던져진 상태이며, 우리에게 현실적으로 절실한 문제는 "이미 시작된 이 삶의 과정을 어떻게 보낼 것인가"라고 보아야 한다.

중학생 시절에 "우리는 무엇 때문에 사는가요?"라는 질문을 아버지에게 드린 적이 있었다. 아버지의 대답은 동문서답에 가까웠다. "너는 아직 어려서 모르느니라. 더 크면 자연히 알게 될 것이다. 우선 공부나 열심히 하여라." 이 대답은 불만스러운 것이었지만, 나는 그 이상 더 캐묻지 않았다.

나도 어른이 된 뒤에 "무엇 때문에 사느냐?" 하는 질문을 여러 번 받은 적이 있다. 철학 교수라는 직업을 갖게 된 까닭에 그같은 질문을 받게 된 것 같다. 그러한 질문을 나에게 던진 사람들은 모두 젊은이들이었으며, 어른들은 그런 것을 묻지 않았다. 어른들이 묻지 않은 것은, 이미 해답을 알고 있었기 때문이라기보다는 골치아픈 문제와 대결하고 싶지 않았기 때문일 것이다.

"무엇 때문에 사느냐?"라는 물음은 곧 "삶의 목적이 무엇이냐?"는 물음에 가깝다. 삶의 목적이 무엇이냐고 묻는 사람은 삶의 목적이 존재한다는 것을 은연중에 전제하고 있다. 삶의 목적이 없다면, "삶의 목적이 무엇이냐?" 하는 물음은 무의미한 물음이 될 것이다. 비유컨대, 인어(人魚)라는 것이 전혀 존재하지 않는다면, "인어는 어떤 모습을 하고 있느냐?" 하는 물음은 무의미한 것이 되는 것과 마찬가지이다.

옛날의 철학자들 가운데는 삶의 목적이 정해져 있다고 믿는 사람들이 많았다. 인생에 목적이 있음은 말할 나위도 없으며, 인간 이외의 다른 사물들도 모두 어떤 목적을 위해서 존재한다고 믿었다. 이른바 '목적론적 세계관'이다. 그러나 자연 과학의 발달로 인하여 목적론적 세계관에 대한 믿음이 약화되기 시작하였다.

강과 산과 들은 자연 현상으로서 그저 있을 뿐이며, 그것들이 어떤 목적을 위해서 존재하는 것은 아니라고 보는 것이 자연 과학자들의 세계관이다. 시냇가에서 자라는 버드나무나 산기슭에 만발한 진달래는 무엇을 위해서 그곳에 그렇게 있는 것이 아니라 그저 자연의 법칙을 따라서 그렇게 있을 뿐이라고 대부분의 자연 과학자들은 생각한다. 동물을 포함한 모든 자연물이 인과율을 따라서 생기기도 하고 없어지기도 할 뿐이며, 어떤 목적을 위해서 존재하는 것은 아니라고 보는 것이다. 이러한 자연 과학적 세계관에 입각한다면, 인간도 역시 어떤 주어진 목적을 위해서 이 세상에 태어나는 것이 아니라 젖은 흙 위에 떨어진 도토리에서 참나무 싹이 나듯 그저 하나의 자연 현상으로 생겨날 뿐이라고 보아야 할 것이다.

그러나 목적론적 세계관은 절대로 틀렸고, 자연 과학적 세계관만이 옳다고 간단하게 단정지을 수는 없다. 이것은 그토록 간단한 문제가 아니다. 다만 한 가지 분명하게 말할 수 있는 것은, 현대의 지식 사회에 있어서는 자연 과학적 세계관이 압도적 지지를 받고 있다는 사실이다. 그리고 자연 과학적 세계관에 따르면, 모든 사람들이 그것을 위하여 살아야 할 객관적 목적이 미리부터 정해져 있다고 단정할 수 있는 증거는 아직 발견된 바 없다고 보는 것이 정직한 견해일 것이다.

자연 과학적 세계관이 옳다고 가정하더라도, 우리가 부정하게 되는 것은 인간이 세상에 나오기 전부터 미리 정해진 목적에 국한되며, 인간 스스로가 주체적으로 정하는 삶의 목적까지 부정할 수는 없다. 비유해서 말하면 용(龍)에 관하여 자연 과학적 세계관이 부정할 수 있는 것은 이 세상에 인간이 나타나기 이전부터 하늘을 날아다니던 용에 국한되며, 우리들의 마음속에 살아 있는 용까지 부정할 수는 없는 것과 마찬가지의 이치이다. 자연 과학적 공간으로서의 하늘을 날아다니는 용은 아마 없다고 보는 것이 옳을 것이다. 그러나 우리 동양인의 마음속에 살아온 영물(靈物)로서의 용의 존재를 완전히 무(無)로 돌릴 수는 없다.

갓난아기나 식물 인간이 아닌 모든 사람들은 '생각'이라는 것을 가지고 살아간다. 생각을 가진 모든 사람들은 어떤 목적을 머리 속에 그리게 마련이다. 머리 속에 그려진 목적이 매우 희미할 경우는 있을 것이나, 아무런 목적도 생각함이 없이 단순히 기계적으로 움직이는 사람은 없다. 쉽게 말해서, 모든 의식적 행동에는 목적이 있다. 식당으로 향하는 발걸음에는 음식을 취하고자 하는 목적이 있고, 호주머니에서 지갑을 꺼내는 행위에는 대금을 치르고자 하는 목적이 있다.

아리스토텔레스에 따르면, 모든 행위의 직접적 목적은 그보다 한층 더 높은 목적을 위한 수단이다. 식당으로 걸어가는 행위의 목적이 음식을 먹는 것이라면, 음식을 먹는 목적은 식욕을 채우기 위해서이며, 식욕을 채우는 목적은 건강을 유지하기 위해서이다. 내가 지금 펜대를 쥐고 있는 것은 원고를 쓰기 위해서이고, 원고를 쓰는 것은 책을 출판하기 위해서이며, 책을 출판하고자 하는 것은 학자로서의 업적을 쌓고 돈도 벌기 위해서이다. 학자로서 업적을 쌓고 돈을 버는 것도 그것이 마지막 목적은 아니며, 그보다 더 높은 다른 목적을 위한 수단으로서의 일면을 가지고 있다.

우리가 일상 생활에서 추구하는 목적은 그보다 더 높은 목적을 위한 것이요, 그보다 더 높은 목적도 또 더 높은 목적을 위한 수단이 된다는 것인데, 이와 같이 수단과 목적의 관계를 거슬러 올라가면, 그 이상 더 올라갈 곳이 없는 마지막 목적에 도달할 것이다. 그 마지막 목적을 아리스토텔레스는 '궁극 목적(窮極目的)'이라고 불렀다. 결국 아리스토텔레스는 인간의 모든 행위가 저 '궁극 목적'을 위해서 이루어진다고 본 것이며, 그 궁극 목적이 우리가 지금 문제삼고 있는 '삶의 목적'에 해당할 것이다.

'궁극 목적'이 무엇이냐는 물음을 천착한 끝에 아리스토텔레스가 도달한 해답은 '행복(eudaimonia)'이었다. 진정한 의미의 행복을 얻게 되면 우리는 그것만으로 충분할 것이며, 그 이상 더 바랄 것이 없을 터이므로, 그것이 바로 삶의 궁극 목적에 해당한다는 것이다. 그 다음에 우리가 부딪치는 것은 "행복이란 무엇이냐?" 하는 물음이다. 여기서 우리는 계속 아리스토텔레스를 따라가서 그의 행복론을 살펴볼 수도 있을 것이나, 이 지점에서 아리스토텔레스와는 일단 작별하는 것이 좋을 듯하다. 추상적 논리를 따라서 전개되는 아리스토텔레스의 행복론보다는 우리들의 일상적 정서와 잘 조화되는 우리들 자신의 행복론을 찾아보는 것이 더욱 적절하리라고 생각되기 때문이다. 우선 '행복하다'고 말할 수 있기 위해서는 어떤 조건을 갖추어야 하는가 하는 문제부터 생각해 보기로 하자.

2. 행복의 주관적 조건

'행복한 사람'이라고 인정될 수 있기 위해서는 첫째로 마음이 평화로워야 한다. 증오와 시기심 또는 분노와 공포심 등으로 마음이 항상 불안한 사람을 우리는 행복하다고 말하지 않는다. 근심이나 걱정이 많아서 정서의 안정을 잃고 고민하는 사람을 우리는 행복하다고 말하지 않는다. 마음의 평화는 행복의 기본 조건이다.

그러나 사람인 이상 근심이나 걱정이 전혀 없을 수는 없다. 우국지사는 나라를 생각하는 가운데 근심과 걱정으로 마음이 아프고, 철학자는 인간의 유한성(有限性)에 부딪쳐서 마음 고생을 한다. 그렇지만 모든 우국지사와 모든 철학자를 불행하다고 말하기는 어렵다. 바꾸어 말하면, 근심과 걱정이 있고 마음의 고통을 느낀다는 사실만으로 어떤 사람을 불행하다고 단정할 수는 없다는 것이다. 우리가 지금 다루고 있는 행복의 문제는 여러 요인이 복합된 미묘한 문제이므로, 결론을 너무 서둘러서는 안 될 것으로 생각된다.

우국지사라고 하더라도 언제나 근심과 걱정만으로 세월을 보내지는 않는다. 진실로 나라를 위하는 사람은 자신이 국가를 위하여 애쓰며 고생하는 그 일 가운데서 삶의 보람을 느끼기도 한다. 어떤 철학자도 모든 나날을 마음의 고통 속에서 보내지는 않는다. 풀릴 듯 풀릴 듯하면서도 좀처럼 풀리지 않는 문제와 씨름하는 자신의 진지한 생활 가운데서 철학자는 삶의 기쁨을 느끼기도 하고 그 사람 나름의 만족을 경험하기도 한다.

일반적으로 말해서, 우리들의 삶에는 고통스러운 측면도 있고 만족스러운 측면도 있게 마련이다. 고통과 불만의 측면이 환희와 만족의 측면을 압도하는 사람을 우리는 흔히 '불행하다'고 말하며, 환희와 만족의 측면이 고통과 불만의 측면을 압도하는 사람을 보통 '행복하다'고 말한다. 결국 완전히 행복한 사람 또는 완전히 불행한 사람은 현실적으로 찾아보기 어렵다. 보통 사람들은 행복한 시간과 불행한 시간을 아울러 경험하며 살고 있는 셈이다.

'행복한 사람'이라고 인정될 수 있기 위해서는 둘째로 자신의 삶에 대해서 보람을 느껴야 한다. 자신의 삶에 대해서 별다른 의미도, 이렇다 할 보람도 느끼지 못하는 사람을 우리는 '행복하다'고 말하기 어렵다. 한 인간으로서의 의미있는 하루를 보냈다고 스스로 인정하며 편안한 마음으로 잠자리에 드는 사람을 우리는 행복한 하루를 보낸 사람이라고 말할 수 있다. 달력의 마지막 한 장을 바라보면서 보람된 한 해였다고 스스로 회고하는 사람에 대해서 우리는 '행복하다'는 말을 적용할 수 있을 것이다.

삶의 보람에 대한 느낌과 마음의 평화 사이에는 불가분의 관계가 있다. 비록 고생스럽기는 했으나 고생한 보람이 있었다고 스스로 인정할 때, 우리는 마음의 평화를 얻는다. 마시고 춤추며 즐거운 나날을 보냈지만 결과적으로 아무런 보람도 의미도 없는 세월이었다고 회고할 때, 우리의 마음은 편안하기 어렵다. 유흥과 방탕 그 자체를 '보람되고 의미있는 삶'이라고 느끼는 사람도 간혹 있을지 모른다. 그러나 그러한 느낌이 오래 지속되지는 않을 것이다. 그에게는 그러한 삶이 무의미하다는 것을 깨닫게 될 날이 조만간 찾아올 것이다.

순간적 즐거움보다는 지속적 즐거움 속에 행복이 깃들어 있으며, 지속적 즐거움은 보람되고 의미있는 세월을 보내는 사람들만이 느낄 수 있는 삶의 기쁨이다. 여기서 우리는 잠정적 결론 하나를 얻을 수 있게 된다. 보람되고 뜻있는 삶을 살고 있음을 스스로 인정하는 가운데 마음이 평화로운 사람은 행복하다는 결론이다. 행복에는 즐거움이 필수적이다. 다만 행복과 불가분의 관계가 있는 것은 순간적 쾌락이 아니라 지속적 만족감이다.

마음의 평화, 삶에 대하여 느끼는 보람, 그리고 지속적 만족감. 이것들은 모두 주관적 심리 상태를 일컫는 말이다. 행복하다고 인정될 수 있기 위해서는 마음이 평화로워야 하고 삶에 대해서 지속적 만족감을 느껴야 한다는 말은 행복이 그 사람의 주관적 심리 상태와 불가분의 관계가 있다는 뜻을 함축한다. 뛰어난 용모와 체격, 명석한 두뇌, 부귀와 영화 등을 두루 갖추고 있어서 만인의 선망을 받는다 하더라도, 그가 만약 신경이 과민하거나 욕심이 지나쳐서 그래도 불만이 많다면, 우리는 그를 진정 행복하다고 말하기 어려울 것이다. 자신의 삶에 깊은 만족을 느낀다는 것은 행복을 위한 필수 조건이다.

자신의 삶에 대한 깊은 만족이 행복의 필수 조건이라 함은 행복이니 불행이니 하는 것이 결국 주관(主觀)에 달려 있다는 뜻이 되는 것일까? 객관적 사태는 매우 나쁘다 하더라도 자신의 삶에 대해서 깊은 만족을 지속적으로 느끼기만 하면, 적어도 그러한 만족을 느끼는 동안, 그는 행복한 사람이라고 말할 수 있는 것일까? 바꾸어 말해서 자신의 삶에 대한 주관적 만족은 행복을 위한 필요하고도 충분한 조건이라고 볼 수 있는 것일까?

그러나 주관적 만족만으로 행복이 성립한다고는 생각되지 않는다. 나의 처지가, 냉철한 관점에서 볼 때 도저히 만족할 만한 것이 아님에도 불구하고 내가 나의 처지를 제대로 알지 못함으로 인하여 나의 삶에 대해서 항상 만족하고 있다면, 그러한 나를 행복한 사람이라고 보기는 어렵다. 다시 말해서, 나의 처지가 객관적 관점에서 만족할 만한 근거가 있어서 내가 만족할 경우에 나는 비로소 참으로 행복한 사람이 될 수 있는 것이다. 객관적 근거는 없고 오로지 주관에 불과한 만족은 우리를 행복한 사람으로 만들지 않는다. 그러면 객관적 근거없이 오로지 주관에 불과한 만족이란 어떠한 경우를 말하는 것일까?

그릇된 인식 또는 착각으로 인해서 자신의 삶에 대하여 만족을 느끼는 경우는 아주 흔하지는 않지만 더러 찾아볼 수 있다. 예컨대, 남들은 별로 잘났다고 보지 않는데 본인은 자기가 매우 잘난 사람으로 착각하고 만족하는 사람이 있다. 돈을 우려내기 위한 여자의 말솜씨에 넘어가서 뜨거운 사랑을 얻었다고 착각하여 만족하는 어수룩한 부자도 이 경우이며, 아첨하는 측근들에 둘러싸여서 자신이 여러 사람들의 존경을 받고 있는 것으로 착각하며 좋아하는 독재자의 경우도 같은 범주에 속한다. 더욱 구체적인 예를 들어 보기로 하자.

무가 시대(武家時代)의 일본에서는 여러 봉건 영주(領主)들이 무술을 크게 숭상하였다. 그 영주들 가운데 한 사람은 자기가 검술에 있어서 자기 나라의 제일인자라고 믿게 되었다. 그렇게 믿게 된 이유는 매년 춘추로 열리는 전국 검술 대회에서 그가 항상 우승을 차지했다는 사실에 있었으며, 그가 항상 우승자의 자리를 차지한 것은 정상급 검술가들의 양보 덕분이었다. 영주보다는 더욱 강한 검객들이 몇 사람 있었으나, 그들은 영주의 신하였으므로 그를 기쁘게 하기 위하여 기꺼이 져주었던 것이다.

어느 해 봄 무술 대회에서도 영주는 결승에 올라 그 나라의 최고 검객과 자웅을 겨루게 되었다. 상당한 시간을 끌며 목검으로 기량을 겨룬 끝에 결국은 영주가 우승을 차지하게 되었다. 영주는 의기양양하였고, 저녁 시간에는 축하의 연회가 열렸다. 연회가 끝났을 무렵에 화장실에 들른 영주는 후원 나무 밑에서 두 사나이가 지껄이는 소리를 우연히 듣게 되었다. 준결승과 결승에서 영주와 맞붙었던 두 검객의 음성임을 알 수 있었다. 두 사람이 나눈 이야기의 내용은, 최선을 다하는 것처럼 위장하면서 져준다는 것이 여간 힘드는 일이 아니라는 실토였다. 영주의 검술이 작년보다 좀 떨어진 듯한 느낌을 받았다며, 나이 탓이 아니겠느냐는 말도 주고받았다.

이 대화를 듣게 된 영주는 큰 충격을 받았고, 동시에 격분하였다. 그는 당장에 두 검객을 불러오라고 명령했으며, 날이 밝기를 기다려 이번에는 목검(木劍)이 아닌 진검(眞劍)으로 승부를 가리겠다고 선언하였다. 아무도 영주의 뜻을 거역할 수 없는 상황이었고, 다음날 두 검객은 차례로 진검을 들고 영주와 목숨을 건 한 판 승부를 단행하게 되었다. 실력으로 말하면 두 검객의 기량이 영주의 그것보다 한 수 위였으나, 신하의 도리로서 군주를 죽일 수는 없었다. 차마 공격은 못하고 수비에만 전념할 수밖에 없었고, 본능적으로 수비에서는 최선을 다하였다. 시간의 제한없이 한 편이 쓰러질 때까지 싸우자는 것이 영주의 명령이었으므로, 우세승이나 무승부 따위는 있을 수 없었고, 오랜 시간을 끈 끝에 두 검객은 영주의 칼을 맞고 쓰러지고 말았다.

두 신하가 목숨을 걸고 진검으로 승부를 가리는 긴장된 시간을 통하여, 영주는 두 신하의 검술이 자기보다 한 수 위라는 것을 비로소 깨달았다. 공격은 하지 않고 방어만으로 일관하면서 그토록 오랜 시간을 끌 수 있다는 것은 그 기량이 월등하다는 것을 입증하기에 충분했던 것이다. 두 검객이 피를 흘리며 쓰러진 다음, 영주는 자신의 어리석음으로 인하여 아까운 두 신하를 죽게 한 사실을 뉘우치고 스스로 할복 자결하였다.

위에 소개한 이야기가 실화냐 또는 꾸민 이야기냐 하는 것은 큰 문제가 되지 않는다. 자신의 실력에 대한 과대 평가의 사례는 흔히 있는 일이며, 그 과대 평가의 착각 속에서 자신의 삶에 만족을 느끼는 사람들이 실제로 존재한다는 사실을 밝히기 위하여 극적인 이야기를 소개했을 뿐이다. 자신에 대한 과대 평가뿐 아니라, 그 밖의 모든 종류의 착각 또는 그릇된 사실 판단에 입각한 만족은 참된 의미의 행복의 조건이라고 보기 어렵다.

깊고 지속적인 만족은 행복을 위한 필요 조건이기는 하나 충분 조건은 아니다. 객관적 근거에 의하여 밑받침된 만족만이 우리를 행복한 사람으로 만든다. 결국 행복한 사람이 되기 위해서는 자신의 삶에 대하여 깊고 지속적인 만족을 느낀다는 주관적 조건과 그 만족을 뒷받침할 만한 객관적 조건이 아울러 갖추어져야 한다는 결론에 도달한 셈이다. 여기서 우리가 묻게 되는 다음 물음은 행복을 위해서 갖추어야 할 객관적 조건이 구체적으로 어떠한 사항들이냐 하는 문제이다.

3. 행복의 객관적 조건

 "행복을 위해서 갖추어야 할 객관적 조건이 무엇이냐?" 하는 물음에 대하여 모든 사람들이 찬동하는 하나의 대답을 주기는 어려울 것이다. 인생관에 따라서 사람들의 대답은 다양하게 나타날 것이며, 그 가운데서 어느 하나가 절대로 옳다는 것을 논리적으로 밝히는 것은 쉬운 일이 아니다. 그러나 대부분의 정상적인 사람들이 마음의 평화와 깊은 만족을 지속적으로 갖기 위하여 필요한 기본적 조건이 무엇인지를 심리학적 경험에 의지하여 설득력있게 밝히는 일은 가능할 것이다.

 첫째로, 기본적인 생활의 안정이 없이는 마음의 평화와 깊은 만족을 지속적으로 느낄 수 없다. 인간도 생물인 까닭에 생리적 욕구를 우선 충족시켜야 하며, 먹고 입고 잠잘 수 있는 물질적 기반을 소유해야 한다. 인심이 후하던 옛날 농경 시대에는 이웃 사람들의 도움으로 최소한의 의식주를 해결할 수 있었던 경우도 없지 않았으나, 인심이 각박한 현대 사회에서는 어느 정도의 경제력을 스스로 확보하지 않고서는 기본적인 생활의 안정을 얻을 수 없다.

현대 사회에서는 의식주의 문제가 해결되는 것만으로 기본 생활이 안정되었다고 보기는 어렵다. 어느 수준의 생활을 '기본 생활'로 볼 것이냐 하는 문제는 그 나라의 문화 수준에 따라서 대답이 주어질 것이며, 우리 한국의 경우는 의료 혜택과 학교 교육을 받는 일도 기본 생활에 포함시켜야 마땅할 것이다. 민간 요법으로 질병을 다스리고 집안 어른이나 마을 훈장이 교육을 담당하던 옛날과는 달리, 오늘의 우리 생활에서는 과학적 의료 혜택과 학교 교육을 받을 수 있을 정도의 경제력도 기본 생활의 안정을 위하여 필요하다고 보아야 한다. 어느 정도의 학교 교육을 기본 생활에 포함시킬 것이냐 하는 것은 이론(異論)의 여지가 있는 문제라 하겠으나, 우리 나라의 경우는 고등학교 수준의 교육은 확보되어야 할 것이라고 필자는 생각한다.

'나' 한 사람만의 기본 생활이 안정되는 것으로는 마음의 평화를 얻기 어렵다. 나는 풍요로운 물질 생활을 누릴 수 있더라도, 내 주위에 가난으로 고생하는 사람들이 많으면 마음이 편안하지 못한 것이 사람의 심리이다. 그러므로 다른 사람들의 기본 생활이 안정되는 것도 나의 행복을 위해서 필요한 조건이며, 모든 사람들의 기본 생활이 안정될 수 있도록 사회 제도를 수립하는 일도 매우 중요하다. 다만 부유한 사람들의 것을 가난한 사람들에게 베푸는 선심(善心)의 사회 보장 제도보다는 각자가 자신의 노력으로 자신의 기본 생활을 감당할 수 있도록 공정하고 건전한 사회를 건설하는 일에 모두가 협력하는 일이 더욱 바람직하다.

행복을 위한 객관적 조건으로서 두번째로 생각하게 되는 것은 건강이다. 건강을 잃고도 행복을 얻었다는 사람들의 이야기가 전혀 없는 것은 아니나, 그러한 사람들이 간혹 있었다 하더라도 예외적인 경우에 불과할 것이다. 보통 사람들은 왕성한 활동 가운데서 삶의 보람을 느끼며, 왕성한 활동을 위해서는 마음과 몸의 건강이 필수적이다.

행복이라는 것은 우리가 노력을 거듭한 끝에 얻게 되는 큰 성과(成果)에 있는 것이 아니라, 더 나은 방향으로 한 걸음 한 걸음 접근해 가는 과정에 있다고 보아야 한다. 만약 행복이 큰 성과 또는 탁월한 업적에 있다면, 아직 그러한 경지에 이르기 이전의 어린이에게는 행복 또는 불행이 있을 수 없다고 보아야 할 것이다. 그러나 어린이에게도 어린이 나름의 행복 또는 불행이 있을 수 있음을 부인하지 못하니, 행복은 생애의 전과정에 걸쳐서 실현된다고 보아야 마땅할 것이다.

행복이란 더욱 높은 곳을 향하여 한 걸음 한 걸음 접근해 가는 과정에서 성립한다. 우리가 더욱 높은 곳으로 접근하기 위해서는 삶의 목표를 바르게 정해야 하며, 삶의 목표를 바르게 정할 수 있기 위해서는 정신이 건강해야 한다. 정신이 건강하지 않으면 삶의 목표를 그릇된 방향으로 설정하게 되고, 삶의 목표를 잘못 설정하면 높은 곳으로 접근하는 일이 불가능하게 된다.

설령 정신이 건강하여 삶의 목표를 바르게 설정했다 하더라도, 바르게 설정한 그 목표를 향하여 밀고 올라갈 체력의 뒷받침이 없으면 높은 곳으로 접근하는 일은 그저 한갓 꿈에 불과한 것이 되고 말기 쉽다. 그러므로 정신의 건강에 아울러 몸의 건강까지도 가졌을 때 우리는 순조롭게 행복을 향하여 행진할 수 있다.

행복의 조건으로서 우리가 세번째로 생각하게 되는 것은 자아(自我)의 성장(成長)이다. 여기서 '자아의 성장'이라 함은 나의 정신 또는 육체의 상태가 전보다 좋아짐을 의미한다. 학문 또는 예술의 경지가 높아지는 것도 자아의 성장이요, 체력 또는 체격이 좋아지는 것도 자아의 성장이다. 맡은 바 업무를 수행하는 능력이 상승하는 것도 자아의 성장이요, 인격이 원숙해지는 것도 자아의 성장이다.

자아의 성장이 행복을 위해서 빼놓을 수 없는 조건이라는 것은, 그 반대인 자아의 퇴보가 우리에게 심각한 비애를 느끼게 한다는 사실에 의해서 여실히 밝혀진다. 거울에 비친 얼굴에서 옛 모습을 찾아볼 수 없을 정도로 늙었음을 발견할 때, 또는 펄펄 날던 다리에 기운이 빠져서 이제는 보행조차 힘들게 되었을 때 우리는 삶에 대해서 심각한 무상감(無常感)을 느낀다.

자아의 성장이 행복의 필수 조건임을 확인할 때, 우리 앞에는 매우 난감한 의문 하나가 나타난다. "인생은 결국 불행하다는 결론을 피할 수 없지 않느냐?" 하는 의문이다. 인간도 생물인 까닭에 그 생애의 전반기에는 자아가 성장할 것이나, 후반기에는 불가불 후퇴할 수밖에 없지 않은가. 서양 속담에 '끝이 좋아야 모든 것이 좋다'라는 것이 있고, 우리 나라에서도 전통적으로 늦팔자가 좋은 사람을 부러워해 왔음을 생각할 때, 인생 후반기에 자아의 후퇴가 불가피하다는 사실은 인생이 불행할 수밖에 없도록 운명지워졌음을 말해 주는 것이 아닌가. 특히 현대인에게는 장수의 경향이 있어서 생애의 전성기 이후가 길다는 사실이 비관론을 더욱 확고하게 만들 것으로 걱정된다.

자아 성장의 육체적 측면만을 고려한다면, 인생은 결국 불행할 수밖에 없다는 결론을 피하기 어려울 것이다. 그러나 자아 성장의 정신적 측면까지 아울러 고찰할 경우에는 사정이 달라진다. 정신적 측면의 성장은 늙은 뒤에도 계속할 수 있으며, 인간의 생애에서는 정신 생활의 비중이 육체 생활의 그것보다도 더욱 크다고 보는 것이 지성의 소유자로서 우리들이 가지고 있는 정서이기 때문이다.

자아의 성장은 선천적 소질과 후천적 경험의 두 요인에 의해서 이루어진다. 그런데 육체적 측면의 성장은 선천적 소질의 영향을 더 크게 받고, 정신적 측면의 성장은 후천적 경험의 영향을 더 크게 받는다. 정신적 자아의 성장은 주로 경험을 살림으로써 얻게 되는 것이니, 경험을 잘만 살린다면 늙은 뒤에도 정신적 자아의 성장은 계속 가능하다고 보아야 한다. 경험은 노인들이 더 많이 갖게 마련이므로, 정신적 성장에 관해서는 노인들이 더 유리한 처지에 놓여 있다는 주장도 가능하다. 다만 경험을 살리지 못하는 경우가 많다는 사실에 문제가 있다.

경험을 살림으로써 인간은 자아의 정신적 성장을 얻는다. 성공의 경험이든 실패의 경험이든 그 경험에 담긴 교훈을 살릴 때, 우리의 정신은 성장한다. 그러나 실제로 경험의 교훈을 제대로 살리지 못하는 것이 일반적인 경우이므로, 경험이 많은 노인들이 늙은 뒤에도 계속 자아의 성장을 이룩하는 사례가 비교적 드물 뿐이다.

어떤 경우에도 마음의 동요를 느끼지 않을 정도로 높은 경지에 이른 스님을 '고승(高僧)'이라고 부른다. '고승'이라는 말과 함께 우리 머리에 떠오르는 그림은 백발이 성성한 늙은 스님의 모습이며, 새파랗게 젊은 고승은 상상하기 어렵다. 불교에 입문한 뒤에도 젊어서는 세속적 욕망으로 인하여 번뇌를 거듭하다가, 늙은 뒤에야 진정으로 마음을 비운 상태에 도달한다. 젊은 고승은 생각하기 어려우나, 세상에 알려진 늙은 고승은 적지 않은 까닭이다. 늙은 고승의 존재는 수양을 쌓으면 늙은 뒤에까지 계속 인격의 성장이 가능하다는 것을 경험적으로 입증한다.

공자(孔子)도 고령에 이른 뒤까지 계속 정신적 성장을 이룩한 사람으로 알려져 있다. 『논어』의 증언을 따르면 15세에 학문의 뜻을 세우고 정진한 공자는 나이가 들수록 마음의 수준이 높은 경지에 이른다. 40세 때 불혹(不惑)의 경지에 이른 그는 50세가 되어 지천명(知天命)의 경지로 다시 올라갔고, 60세에는 말을 들으면 곧 이해가 되는 이순(耳順)의 단계로 한층 더 올라갔다. 그리고 마음이 하고자 하는 바를 따라서 구애없이 행동을 하여도 사리(事理)에 어긋남이 없는 자유의 경지, 즉 종심(從心)의 단계에 이른 것은 70세 때였다고 기록되어 있다. 2500여 년 전의 70세면 대단한 고령이거니와, 공자는 그 고령에 이르도록 정신적 성장을 계속한 사람으로 보아도 무리가 없을 것이다.

고승이나 성현은 특수한 사람들이므로 그들에 관한 이야기가 보통 사람들과 무관하다고 생각하는 것은 잘못이다. 우리 모두가 고승 또는 성현의 경지에까지 올라갈 수 있다고 말하기는 어려울 것이나, 누구든지 노력을 통해 고승 또는 성현에게로 한 치 두 치 가까이 가는 것은 불가능한 일이 아닐 것이다. 고승 또는 성현이 모든 사람들을 위한 스승이 될 수 있다고 보는 것이 우리들의 상식이다.

행복의 객관적 조건으로서 네번째로 생각하게 되는 것은 공동체(共同體) 안에서의 떳떳한 구실이다. 우리는 대개 가정이라는 공동체에 속해 있으며, 그 밖에도 직장 공동체와 국가 공동체 등 몇 가지 공동체의 일원으로 살고 있다. 우리가 속해 있는 크고 작은 공동체 안에서 필요한 일꾼으로서 구실을 떳떳하게 해야 한다. 자신이 속해 있는 공동체를 위해서 별다른 도움은 주지 못하고 도리어 짐스럽기만 한 존재가 되어서는, 자기의 삶에 대하여 깊은 만족이나 보람을 느낄 수가 없다. 자신에 대한 긍지를 잃으면 마음은 평화를 잃게 된다.

공동체 안에서의 떳떳한 구실이 행복의 필수 조건이라는 것은 현대 노인들의 불행한 현실이 알기 쉽게 설명해 준다. 옛날의 노인들에 비하여 오늘의 노인들에게 불행한 경우가 많은 이유를 우리는 효심(孝心) 또는 경로 사상의 쇠퇴에서도 찾아볼 수 있을 것이다. 그러나 더욱 근본적인 이유는 현대 사회에서 노인들이 공동체를 위하여 하는 구실이 별로 없다는 사실에서 찾아야 한다고 필자는 생각한다.

옛날 농경 사회에서는 노인들에게도 집안 또는 마을을 위해서 할 수 있는 일이 있었고, 공동체를 위하여 필요한 존재라는 사실이 노인들의 위상에 크게 도움이 되었다. 그러나 오늘의 우리 사회에서는 노인들이 할 수 있는 일이 별로 없는 경우가 많다. 노인의 씨가 따로 없으며 누구나 오래 살다 보면 노인이 되게 마련이라는 사실을 감안하여, 노인의 일거리의 문제를 제도와 개인의 차원에서 다 함께 생각할 필요가 있다고 본다.

행복의 조건으로서 다섯번째로 생각하게 되는 것은 원만한 대인 관계이다. 사회적 존재인 까닭에 우리는 여러 사람들과 크고 작은 인연을 맺어 가며 살게 마련이거니와, 직접 또는 간접으로 인연을 맺게 된 사람들과의 관계가 원만해야 삶이 만족스럽고 마음이 평화로울 수 있다. 비록 막강한 권력과 막대한 금력을 가졌다 하더라도, 대인 관계가 원만하지 못하여 여러 사람들의 미움을 사게 되면 삶이 만족스럽기 어렵다. 평범한 서민에 불과하더라도 주위 사람들과의 사이가 원만하여 기쁨 또는 슬픔을 함께 나눌 수 있는 이웃이 많은 사람은 그런대로 삶이 만족스럽고 마음이 평화롭다.

현대 사회는 과거 어느 때보다도 많은 사람들이 서로 만나며 살고 있는 까닭에, 사람과 사람 사이가 매우 다양하고 복잡하여 대인 관계가 더욱더 중요해진다. 그런데 실제로는 대인 관계의 갈등이 자못 심각한 것이 현대 사회의 여러 국면이 보여 주는 현상이다. 우리 모두가 불행을 자초하고 있는 형국이라 하여도 과언이 아닐 것이다. 행복의 필수 조건인 인화 (人和)를 위해서 다같이 지혜로운 노력을 기울여야 할 상황임을 의미한다.

위에서 필자는 행복의 객관적 조건 가운데서 가장 기본적이라고 생각되는 것 다섯 가지를 열거하였다. 여기 열거된 다섯 가지 조건들은 각각 독립된 것이 아니며, 실은 내면에 있어서

서로 깊이 연관되어 있다. '기본 생활의 안정'은 '건강'과 '자아의 성장' 그리고 '원만한 대인 관계'와 '공동체 안에서의 떳떳한 구실' 등을 위해서 필요한 조건이요, '건강'도 다른 네 가지 조건들을 위해서 전제되어야 할 조건이다. '자아의 성장'은 '건강'과 '공동체 안에서의 떳떳한 구실' 그리고 '원만한 대인 관계'와 불가분의 관련성을 가졌으며, 다른 조건들도 모두 내면적으로 밀접하게 연관되어 있다.

필자는 제1장에서 '한국인의 생활 태도'를 고찰할 때, 가치의 세계를 내면적 가치와 외면적 가치로 나누고 현대 한국인의 행위는 외면적 가치를 선호하는 경향이 현저함을 지적하였다. 그런데 앞에서 열거한 행복의 조건들은 내면적 가치가 더욱 소중함을 말해 주고 있다. 건강은 그 자체가 내면적 가치의 대표적인 것이다. 자아의 성장도, 그것이 자아 실현(自我實現)의 조건임을 생각할 때, 내면적 가치의 하나임이 분명하다. 공동체를 위해서 떳떳한 구실을 하는 것도 내면적 가치의 실현이며, 사랑과 우정 그리고 평화와 불가분의 관련성을 가진 원만한 대인 관계도 내면적 가치에 속함이 분명하다. 돈과 불가분의 관계를 가진 기본 생활의 안정은 언뜻 보기에 외면적 가치에 속할 것 같은 생각이 들기도 하나, 돈은 수단에 불과하며 기본 생활의 안정 그 자체는 생명과 건강 등 내면적 가치를 지키기에 불가결한 조건이다.

4. 행복과 관계있는 다른 요인들

　우리 조상들은 전통적으로 부귀와 공명을 행복의 조건으로서 손꼽는 경향이 있었다. 그러나 앞에서 우리가 열거한 행복의 조건 가운데는 금력도 권력도 들어 있지 않고 명성도 꼽히지 않았다. 현대 사회에서는 과거 어느 때보다도 돈의 위력이 막강하며, 돈과 밀접한 관계를 가진 권력도 많은 사람들이 소망하는 대상이다. 그러므로 우리의 경우에도 행복의 기본 조건으로서 금력과 권력을 우선적으로 손꼽아야 하는 것이 아닐까. 막대한 금력과 막강한 권력이 있으면 그것을 잘 활용함으로써 행복을 용이하게 누릴 수 있을 것 같기도 하다.

　금력과 권력은 행복을 위해서 크게 도움이 될 수도 있고, 반대로 불행의 원인이 될 수도 있다. 과학과 기술이 그것을 어떻게 사용하느냐에 따라서 인류의 행복에 기여할 수도 있고 그 불행을 조장할 수도 있듯이, 금력과 권력도 그것이 어떻게 쓰이느냐에 따라서, 행복의 원동력이 될 수도 있고 불행의 원인이 될 수도 있는 것이다. 일반적으로 말하면, 많은 돈과 큰 권력이 불행의 원인이 되는 경우보다는 행복을 위해서 도움이 되는 경우가 많을 것이다.

그러나 금력이나 권력이 행복을 위한 필수 조건이라고 보기는 어렵다. 기본 생활의 안정을 비롯한 다섯 가지 조건들 가운데 하나라도 빠지면 행복에 치명적 지장이 생기지만, 금력 또는 권력이 아니더라도 남다른 욕심을 갖지 않은 사람이라면, 우리는 앞에서 말한 다섯 가지 조건만으로도 충분히 행복을 누릴 수가 있다. 그런 뜻에서 우리는 금력과 권력을 행복의 필수 조건이라고까지는 생각하지 않는 것이다.

'기본 생활의 안정'과 '건강' 등 위에서 말한 다섯 가지 조건만 갖추면 누구나 행복한 사람이 될 수 있다고 단정하기는 어렵다. 앞에서 열거한 다섯 가지 조건들은 모두 '나'에 관한 조건이며, 행복을 위해서 '나' 자신이 갖추어야 할 조건이다. 그런데 '나'의 행·불행은 오로지 '나'에게만 달려 있는 것이 아니라, 내 주위 사람들에게도 달려 있고 자연 환경에도 달려 있는 까닭에, '나'의 이웃이나 '나'의 환경에 문제가 있으면 불행을 경험할 수도 있다. 예컨대, 가까운 사람이 죽거나 불치의 병을 앓을 경우에는 나까지 불행하게 되는 수가 있다. 자녀가 납치를 당하면 부모도 불행을 나누게 되고, 가까운 이웃에 참변을 당한 사람이 생김으로 해서 마음이 아픈 사람도 있을 수 있다.

'나'의 행·불행은 주로 나에게 달려 있기는 하나, '나' 한 사람만의 힘으로 행·불행을 실현하기가 어려운 것이 사회적 존재로서의 인간적 현실이다. 개인들이 순조롭게 행복의 탑을 쌓을 수 있기 위해서는 그들이 사는 사회가 질서 정연하고 번영을 누려야 한다. 그러므로 우리가 각자의 행복을 실현하기 위해서도 사회 전체의 질서와 번영을 위한 공동의 노력에 적극적으로 참여해야 한다는 결론이 나온다.

여기서 우리는 인력의 한계라는 문제도 생각하게 된다. 천재지변 같은 큰 불행은 여러 사람들이 힘을 합해도 막을 수 없는 경우가 있으며, 전쟁 같은 불행도 한쪽 진영의 노력만으로는 미연에 방지하기 어려운 경우가 많다. 특히 한 개인의 힘에는 뚜렷한 한계가 있어서, 개인으로서는 슬기롭게 세상을 살았음에도 불구하고 결과적으로는 불행을 당하는 사례가 있다. 만약 우리가 '나'의 힘 밖에서 작용하는 불가항력의 타력 (他力)을 편의상 '운수'라는 말로 표현한다면, '운수'도 우리의 행복을 좌우하는 요인의 하나로 보아야 할 것이다.

그러나 우리의 힘이 미치지 않는 '운수'에 대해서는 신경을 쓸 필요가 없을 것 같다. 운수는 운수에 맡겨 두는 것이 현명한 처사이다. 옛말도 "인사(人事)를 다하고 천명(天命)을 기다리라"고 하였다. 앞에서 말한 '기본 생활의 안정' 이하 다섯 가지 조건들은 '나' 자신이 하기에 따라서 크게 달라질 수 있는 조건들이고, 이 다섯 가지 조건만 갖추어지면 운수가 극도로 불길하지 않은 한 우리들은 대체로 행복에 가까운 삶을 누릴 수 있다는 것이 지금까지의 요지였다.

제 3 장
인간 교육의 문제

1. 시대와 윤리

　개인들이 각각 ① 기본 생활의 안정 ② 건강 ③ 자아의 성장 ④ 공동체 안에서의 떳떳한 구실 ④ 원만한 대인 관계 등의 조건을 충족시키고, 개인들을 감싸고 있는 사회가 질서와 평화를 누리며 번영하면, 개인들은 삶의 궁극 목적으로서의 행복을 누리게 될 것이다. 그런데 저 다섯 가지 개인 차원의 조건을 갖추기 위해서나 사회의 질서와 번영을 누리기 위해서나 반드시 고려하고 명심해야 할 중대한 사실이 있다. 개인적 차원에서 행복의 조건들을 충족시키는 일이나 사회 또는 국가의 질서와 번영을 가져오는 일은 결국 사람들이 스스로 해야 할 일이며, 이 일들을 해낼 수 있기 위해서는 그 일을 감당할 수 있는 인간이 되어야 한다는 사실이다.

　인간은 저절로 되는 것이 아니라 교육을 통하여 형성된다. 마을 어귀의 느티나무나 산기슭의 소나무는 저절로 그 나무 특유의 수형 (樹形)을 형성하며 저절로 아름답게 자라지만, 인간의 경우는 달라서 어린이가 부모와 교사 또는 그 밖의 기성 세대의 가르침없이 혼자의 힘으로 훌륭한 인간상을 형성하고 자라기는 어렵다. 어린이 시절에 어떠한 교육을 받고 자라느냐에 따라 개인의 생애가 좌우되고, 젊은 세대에게 어떤 교육을 베푸느냐에 따라 그 나라의 장래가 결정된다 해도 과언이 아닐 것이다.

한국은 교육열이 매우 높은 나라로 알려져 있고, 통계로 볼 때 한국의 교육 수준은 상당히 높은 수치에 이르고 있다. 그러나 우리 나라의 교육이 해방 이후 외형상으로 많은 성장을 했음에도 불구하고, 그 내실에 있어서는 심각한 문제점을 안고 있다는 것이 식자들의 한결같은 지적이다. 해방 당시와 비교할 때, 각급 학교의 수는 비교가 어려울 정도로 늘어났고 특히 대학 교육을 받은 사람들의 총인구에 대한 비율은 선진국을 능가할 정도이나, 교육의 내용과 질이 크게 떨어진다는 것이 한결같은 반성이다.

우리 나라 교육에서 가장 취약한 분야는 인간 교육 내지 윤리 교육이다. 그동안 우리 나라의 부모들과 교사들이 역점을 둔 것은 생존 경쟁의 마당에서 타인과 대결하여 승리자가 되기에 필요한 힘을 길러 주는 일이었으며, 모두가 함께 잘살 수 있는 삶의 지혜를 가르치는 일은 소홀히 해왔다. 다같이 함께 잘살 수 있는 삶의 지혜가 다름아닌 윤리(倫理)의 핵심이며, 그 삶의 지혜를 심어 주는 것이 '인간 교육'의 근본이거니와, 바로 이 인간 교육이 경쟁을 위한 교육에 밀려서 관심 밖으로 소외된 것이다.

제1장에서 해방 직후의 혼란상을 이야기할 때, 많은 사람들이 윤리니 도덕이니 하는 것을 낡은 시대의 쓸모없는 유물쯤

으로 생각한다는 점과 '자유'를 '방종'과 다를 바 없는 것으로 생각하는 경우가 많았다고 밝힌 바 있다.

'윤리' 내지 '도덕' 및 '자유'에 대한 그릇된 생각은 해방 이후의 우리 나라 교육에 지대한 영향을 미쳤으니, 그 결과가 바로 인간 교육의 부재(不在)를 초래한 것이다.

'윤리(倫理)'라는 한자어의 '윤(倫)'자는 사람 인(人)자와 꾸러미 윤(侖)자를 합한 것으로 인간의 집단을 가리킨다. '리(理)'자는 돌이나 나무에서 찾아볼 수 있는 '결'을 나타내는 글자이다. 석공이 돌을 다듬을 때는 돌의 결 즉 석리(石理)를 존중해야 좋은 작품을 만들게 되고, 목공이 나무를 다듬을 때는 목리(木理)를 따라서 연장을 대야 나무가 말을 잘 듣는다. 그와 마찬가지로 인간이 사회 생활을 할 때에도, 인간 집단의 결 즉 윤리를 존중하며 살아야 사회가 질서와 평화를 얻게 되고, 개인은 행복을 얻게 된다. 그러한 뜻에서 '윤리'라는 말의 핵심적 의미는 '삶의 지혜'에 가까우며 따라서 인간이 윤리를 지키는 것은 지혜롭게 사는 길, 즉 자기 자신의 행복을 위하는 길을 따르는 것에 해당한다. 결국 윤리란 남을 위하는 길일 뿐 아니라 자신을 위하는 길이기도 하다.

어린 아기는 윤리가 무엇인지를 미리 알고서 세상에 태어나지 않는다. 어린이가 자라면 윤리가 무엇인지를 저절로 알게 되는 것도 아니다. 윤리라는 것은 우리들의 조상이 오랜 사회 생활을 통하여 터득하게 된 삶의 지혜의 일부이며, 그것은 과거의 세대가 현재의 세대에게로 물려주고 현재의 세대가 다시 미래의 세대에게로 물려줌으로써 연면히 이어진다. 일단 형성된 전통 윤리가 언제나 그 모습 그대로 다음 세대에게로 전수

되는 것은 아니다. 시대와 사회가 크게 달라지면 전통 윤리만으로는 새 시대가 부딪치는 새로운 문제에 대처하기 어려운 상황이 발생하기도 하므로, 새 시대에 적합한 새로운 윤리가 요구되기도 한다. 이러한 경우에는 전통 윤리에 담긴 조상들의 지혜와 새 시대의 경험을 살린 당대의 선각자들의 지혜를 조화시킨 새로운 윤리 체계가 형성되는 방향으로 움직이는 것이 일반적 현상이다. 새 시대에 적합한 새로운 윤리 체계를 형성함에 즈음하여 그 주역(主役)을 어린이나 미성년이 맡을 수는 없으므로, 이 경우에도 기성 세대가 새로운 윤리 체계를 정립하고 그것을 젊은 세대에게 전수하는 임무를 맡아야 한다.

윤리라는 것이 시대에 따라서 수정될 수도 있다는 주장에 대해서 의문을 느끼는 독자들도 있을 것이다. 윤리라는 것은 만고불변의 절대적 진리라고 보아야 하지 않느냐는 반론이 제기될 수 있고, 그러한 반론을 제기하는 사람들이 실제로 적지 않다. 이러한 반론에도 상당한 근거가 있다는 것을 우리는 인정해야 한다. 예컨대, "나를 사랑하듯이 이웃도 사랑하라", "공정하고 성실한 마음으로 사람을 대하라", "은혜를 잊지 말라", "생명을 존중히 여겨라" 등등 전통적 윤리의 원리들은 어느 시대 어느 사회에서나 보편적 타당성을 갖는 원칙이며, 시대가 바뀐다고 버려도 좋은 그런 가르침은 아니라고 보아야 한다.

윤리라는 것이 시대에 따라서 수정될 수도 있다 함은 위에서 예를 든 윤리의 근본 원칙들을 함부로 갈아치워도 좋다는 뜻은 물론 아니다. 다만 몇 가지 추상적 근본 원칙만으로 사회 윤리의 질서를 확립할 수는 없으므로 윤리 체계가 삶의 지혜로서 실천적 임무를 다하기 위해서는, 저 원칙들에 바탕을 둔 구체적 행위의 처방을 제시해야 한다. 같은 기본 원칙에 바탕을 둔다 하더라도 구체적 행위의 처방은 시대적 상황의 변화를 따라서 달라질 수도 있다는 점을 생각할 때, 우리는 '새 시대가 요구하는 새로운 윤리 체계'라는 말을 쉽게 이해할 수 있을 것이다.

예컨대, "부모의 은혜를 잊지 말고 효도를 해야 한다"는 윤리의 기본 원칙은 옛날이나 지금이나 변함없는 타당성을 가졌다고 볼 수 있다. 그러나 이 기본 원칙의 구체적 적용은 시대에 따라서 달라질 수가 있다. 옛날에는 부모가 정해 주는 혼처에 대해서 반대하는 것은 용서받을 수 없는 불효였으나, 지금은 그렇게 생각하는 젊은이를 만나기가 어렵다. 또 "간음을 하지 말라" 하는 규범도 동서양을 막론하고 옛날부터 주장되어 온 기본적 윤리 원칙의 하나이다. 그러나 이 기본 원칙의 구체적 적용에 대해서는 시대와 국가에 따라서 해석이 일치하지 않았다. 우리 나라의 전통 사회에서 여성의 간음은 엄격히 규제했으나 남성의 경우는 대체로 관대하였다. 특히 관기(官妓)의 제도나 축첩의 관행을 당연시했다는 사실은 '간음'의 규범을 적용함에 있어서 남녀의 차별이 컸음을 말해 준다. 그러나 현대의 우리 사회에서는 간음에 관련된 남녀의 불평등을 부당하다고 보는 것이 상식에 가까우며, 결혼을 앞둔 남녀가 잠자리를 같이하는 정도의 '간음'은 별로 문제삼지 않는 경향이 있다.

2. 인간 교육의 실패

최근 반세기 동안에 우리 나라는 매우 급격한 사회 변동을 경험하였다. 주로 농경(農耕)에 종사하며 대가족 제도 속에 살았던 할머니·할아버지들이 익숙했던 문화 또는 사회 환경과는 전혀 다른 생활 조건 아래서 우리는 지금 이 시대를 살고 있다. 오늘의 할머니와 할아버지들이 어렸을 때 배웠던 윤리 의식이나 도덕 관념만으로는 대답하기 어려운 문제 상황에 부딪치는 일이 날로 늘어나고 있다. 생활 환경과 인간 관계가 옛날보다 복잡다양하게 됨에 따라서 우리들의 문제 상황도 더욱 어려워졌고, 따라서 '삶의 지혜'로서의 윤리의 힘에 의존해야 할 필요성이 과거 어느 때보다도 더욱 절실한 것이 오늘날 우리들의 현실이다.

그러나 우리는 해방 직후부터 현저하게 나타난 도덕적 혼란의 연장선상에서 아직도 벗어나지 못하고 있다. 최근 수십 년 동안에 우리 나라가 정치와 경제 등 여러 분야에서 많은 발전을 기록한 것은 엄연한 사실이나, 우리들의 윤리적 상황은 여전히 걱정스러운 수준에 머물러 있다. 기성 세대부터가 확고한 윤리적 신념 체계를 갖추지 못하고 있는 실정이므로, 젊은 세대에게 윤리 교육 내지 인간 교육을 베푸는 일은 더욱 어려운 과제로 남을 수밖에 없는 상황이다.

앞에서 언급한 바와 같이 해방 이후의 한동안은 윤리니 도덕이니 하는 것을 봉건 시대적 무용지물로 생각하는 풍조가 있었고, 따라서 윤리 교육 내지 인간 교육의 중요성에 대한 인식이 부족하였다. 지금도 우리 나라의 부모들 가운데는 윤리 교육 내지 인간 교육의 필요성을 별로 느끼지 않는 사람들이 상당수 남아 있다. 가정 교육을 소홀히 하고 있는 경우가 많은 까닭이다.

1960년대 말엽 '국민교육헌장'을 만들었을 때, 박대통령은 인간 교육의 중요성을 느끼고 있었음에 틀림없다. 이어서 그가 각급 학교에 국민 윤리 교육의 강화를 지시했다는 사실은 이 점을 더욱 확실하게 한다.

그러나 박정권의 국민 윤리 교육 정책은 성공하기 어려운 몇 가지 난점을 안고 있었다. 첫째로 박정권은 국민 윤리 교육을 반공 교육의 일환으로 생각하는 시각을 벗어나지 못했고, 또 그것을 정권의 연장과 연결시키는 잘못을 저질렀던 까닭에, 본래의 '인간 교육'을 위한 정책으로서의 순수성을 결여하고 있었다. 둘째로 박정권은 군사 정권이라는 특수성으로 인하여 학계의 지지 기반이 미약했던 까닭에, '인간 교육'에 대한 철학적 이론의 준비없이, 이 어려운 문제를 상식으로 해결하려 한 무리를 범하였다. 셋째로 박정권은 장기 집권의 과정에서 부정과 부패를 스스로 막지 못했고 그들 자신이 도덕성을 결여했던 까닭에, 그들이 앞장선 윤리 교육 내지 인간 교육의 실천 운동이 국민의 호응을 얻고 실효를 거두기가 어려운 실정이었다.

일반 가정의 부모들의 경우는 인간 교육의 중요성에 대한 인식 자체가 크게 미흡하였다. 인간 교육이란 쉽게 말해서 '나'뿐 아니라 타인과 공동체에 대하여도 깊은 배려를 하도록 삶의 태도를 가르침을 말한다. 그런데 이기주의가 팽배한 가치 풍토 속에서 부모들 자신에게도 타인과 공동체를 위하는 마음이 부족했던 까닭에, 자녀들에 대한 인간 교육의 필요성을 절실하게 느끼지 못하는 경우가 많았다. 대부분의 부모들이 높은 교육열을 가지고 있기는 했으나, 남과 겨루어서 이길 수 있는 경쟁력을 길러 주고자 하는 교육열이 강했을 뿐, 다 같이 함께 잘살 수 있는 삶의 지혜를 심어 주는 교육에는 관심이 부족했던 것으로 관찰된다.

도대체 가정 교육의 중요성에 대한 인식부터가 부족했다. 부모들도 각각 '나'의 생활에 비중을 두었고, 자녀들을 위하여 시간을 나누는 것을 '희생' 또는 '손해'라고 생각하는 사람들이 많았다. 교육은 학교에서만 하는 것으로 보는 고정 관념이라도 있는 듯, 가정 교육을 소홀히 여기는 부모들이 적지 않다.

인간 교육을 소홀하게 다루어 온 점에서는 학교도 크게 다를 바가 없었다. 각급 학교가 역점을 둔 것은 주로 지식 교육이었고, 암기 위주의 시험에서 높은 점수를 얻는 학생이 우수한 학생으로 평가되었다. 따라서 사람됨을 중요시하는 인간 교육은 뒤로 미루어지게 되고, 학교는 약삭빠른 젊은이들을 대량으로 길러 내는 양성소에 지나지 않았다. 암기 위주의 입학 시험 제도와 맞물려서, 이러한 추세는 이미 고질적 단계에 이르렀다는 인상이 강하다.

'교사'라는 직업을 한갓 밥벌이를 위한 수단으로 생각하는 사람들도 적지 않다. 교육자로서의 사명감과 긍지를 가지고 수업에 임하는 교사는 많지 않으며, 자신이 받는 월급을 기준으로 자신을 평가하는 교사들의 수가 오히려 더 많지 않을까 걱정이 된다. '교사'라는 직업이 우수하다고 평가되는 젊은이들에게, 특히 남자 젊은이들에게 별로 매력이 없는 직업으로 알려지고 있는 것은 우리 나라의 학교 교육을 위해서 매우 걱정스러운 현상이다.

해방 이후 이제까지 실시해 온 한국의 교육은 철학의 바탕이 없는 주먹구구식 교육이었다는 인상이 강하다. 도대체 어떤 목적을 위해서 무엇을 가르치겠다는 것인지, 그 근본 원칙이 확고했다고 보기 어렵다. 물론 교육이 있는 곳에는 어디에나 그 나름의 목적이 있었다. 미래 사회는 국제 사회가 될 것이라는 예상을 따라서 영어를 비롯한 여러 가지 외국어를 가르쳤고, 앞으로 컴퓨터를 다룰 줄 모르는 사람은 사회의 낙오자가 될 것이라는 예측에 대비하여 일찍부터 컴퓨터를 가르쳤다. 출세의 지름길이라는 일반적 관측을 따라서 자녀를 법학과에 보내기도 하고, 의사가 되면 많은 돈을 벌 수 있다는 소문에 따라서 의과 대학을 지망하기도 하였다.

단편적 지식을 달달 외우도록 가르치고 배운 행위에도 '입학 시험 합격'이라는 구체적 목표가 있었다. 그 밖의 모든 교육 현장에는 각각 그 나름의 어떤 목적이 있었다고 볼 수 있다. 그러나 그 목적은 오직 단편적인 것에 불과하고, 주로 피교육자와 그 부모 개인들을 위한 목적일 따름이었다. 더욱 중요한 것은 전체로서의 바람직한 인간상과 바람직한 사회상에 대한 신념의 체계를 구축하고 그 인간상과 사회상의 실현을 목적으로 삼는 교육을 베푸는 일이다. 개인의 단편적 욕망의 달성을 돕는 교육도 필요하고, 개개인의 인생 목적 달성을 위한 교육도 물론 필요하다. 다만 그 단편적 욕망의 달성이 그 개인의 생애 전체 또는 삶의 설계 전체 안에서 차지하는 좌표의 의미를 깊이 고려할 때, 그 단편적 교육의 의의가 살아난다. 같은 논리로 개개인의 목적 달성을 위한 교육도 그 개인의 목적 달성이 바람직한 사회상의 실현이라는 더욱 큰 목적과 어떻게 연결되는가를 충분히 고려할 때, 그 개인을 대상으로 삼은 교육의 참뜻이 살아난다.

가치관 교육이 그 핵심을 이루는 인간 교육은 단순히 관념적으로 아는 데 그치지 않고, 실천이 뒤따르도록 만드는 데 그 목적이 있다. 그러므로 그 방법도 지식 교육의 경우와 같이 단순하지 않다. 가령 수학이나 역사학의 경우와 같이 이론 또는 사실을 가르치는 이론 교육의 경우는 해당 과목에 대한 정확한 지식과 그 지식을 전달할 수 있는 표면의 능력만 충분하면 훌륭한 교육자로서의 임무를 다할 수가 있다. 그러나 인간 교육의 경우에는 이론적으로 알도록 만드는 것만으로 교육의 목적이 달성되는 것이 아니며, 아는 바를 실천에 옮기도록 만들었을 때 비로소 교육의 목적이 달성된다. 그리고 실천하도록 만드는 일은 이론이나 언어의 힘만으로 되는 것이 아니므로, 그 교육의 방법도 지식 교육의 경우와 같을 수가 없다.

인간 교육에서 방법론적으로 가장 큰 비중을 차지하는 것은 모방(模倣)이다. 교육자의 말을 듣고서 배우기도 하지만 말보다도 더욱 큰 영향력을 갖는 것은 교육자의 실제 행동이다. 같은 말이라 하더라도 그 말을 하는 사람의 평소 몸가짐 여하에 따라서 그 말이 주는 영향력에 큰 차이가 있다. 아무리 옳고 좋은 말을 많이 한다 하더라도 그 말을 하는 사람의 생활이 말을 뒷받침해 주지 못할 경우, 그 말의 교육적 효과는 별로 기대하기 어렵다. 남의 귀감이 될 만한 실천 생활을 하는 사람은 특별히 좋은 말을 하지 않더라도 주위 사람들에게 유언무언간의 영향을 주게 된다.

기성 세대의 개인이 하는 행동뿐 아니라 기성 세대가 만들어 놓은 사회 현실도 젊은 세대에게 교육적 영향력을 갖는다. 사회 전체의 기강이 바로 서고 사회 현실이 전체로서 건전하고 명랑하면, 젊은 세대는 그러한 사회 환경의 영향을 받고 건전하게 성장한다. 가정과 학교가 교육의 도장(道場)이듯, 전체로서의 사회도 거대한 인간 교육의 도장으로서의 기능을 가지고 있는 것이다.

우리 나라의 경우는 기성 세대의 개인들 가운데도 젊은 세대가 본받을 만한 실천 생활의 모범을 보여 주지 못한 사람들이 적지 않았고, 전체로서의 사회에도 교육의 도장으로서는 적합하지 않은 비리가 많았다. 결과적으로 개인의 차원에서 행복의 조건들을 갖추기에 적합하고, 사회 전체의 질서를 유지하고 번영을 가져오기에도 적합한 사람들을 길러 내는 일은 앞으로의 과제로 남게 되었다.

어려서 인간 교육을 제대로 받지 못하면 행복의 조건들을 갖추는 데 어려움이 많다고 하였다. 그러나 어렸을 때 인간 교육을 제대로 받지 못한 사람에게 행복의 조건들을 갖출 길이 전혀 없다는 뜻은 아니다. 비록 어릴 때 좋은 인간 교육을 받지 못하고 자랐더라도, 본인의 슬기로운 노력만 있으면 스스로 자신을 일으켜 세울 수 있는 길은 다시 열릴 것이다. 그 길에 있어서 매우 큰 비중을 차지하는 것이 바로 직업이다. 바꾸어 말하면, 우리는 직장을 인간 교육의 도장으로 삼음으로써 행복의 조건을 갖추도록 꾀할 수 있다. 직업이라는 것이 우리가 일반적으로 생각하기보다도 훨씬 큰 의의를 가지고 있다는 사실을 밝히기 위하여, 우리는 '직업'의 본질부터 다시 생각해 보기로 한다.

제 4 장
삶과 일

1. 직업이란 무엇인가

'직업'이라는 말은 맡을 직(職)자와 일 업(業)자의 결합으로 이루어진 한자어(漢字語)이다. 그러므로 그 말의 뜻을 우리말로 풀면 '맡은 일'이라고 옮길 수 있다. '맡은 일'이 생기기 위해서는 맡긴 자가 있어야 하거니와, 직업인에게 일을 맡긴 자가 누구인가를 거시적으로 따지고 보면 결국 그것은 '국가' 또는 '사회'라는 대답을 얻게 된다. 직업은 개인이 국가 또는 사회로부터 맡은 일에 해당한다.

국가나 사회는 집단적으로 해결해야 할 공동의 과제를 갖게 마련이다. 우리 나라의 경우는 남북의 평화적 통일, 국제 경쟁력의 강화, 건전한 민족 문화의 창달, 새 시대를 위한 교육의 개혁, 위기에 처한 농촌 문제의 해결, 사회적 갈등의 최소화, 교통 질서의 확립, 환경 오염의 방지 등 이루 헤아리기 어려울 정도로 많은 과제를 안고 있다. 이들 과제가 시간의 흐름을 따라서 저절로 해결되리라고는 거의 기대하기 어렵다. 우리들이 안고 있는 공동의 과제들이 순조롭게 해결되기 위해서는, 일할 능력을 가진 모든 국민이 각각 자기의 능력과 적성에 맞는 일을 분담함으로써 일의 능률을 높여야 한다. 이러한 취지에서 각자가 나누어 맡은 일이 바로 '직업'에 해당한다. 그러므로 직업의 본질에는 분업(分業)으로서의 측면이 있다는 결론을 얻게 된다.

'직업'과 혼동되기 쉬운 말에 '생업(生業)'이라는 것이 있다. '생업'은 그 뜻을 순수한 우리말로 옮기면 '살기 위해서 하는 일'이 될 것이다. 먹고 살기 위해서 화전(火田)을 일구고 비바람을 막기 위해서 초가삼간을 짓는 따위의 노동은 생업의 예가 될 것이다. 그러므로 국가와 사회로부터 맡은 일로서의 '직업'과 단순히 나와 내 가족이 살기 위해서 하는 일로서의 '생업' 사이에는 상당한 차이가 있다고 보아야 한다.

직업은 단순히 나와 내 가족만을 위해서 하는 일이 아니라 '국가와 사회를 위해서'라는 뜻을 강하게 함축하고 있다. 바꾸어 말하면, '직업'에는 '사회에 참여하여 사회에 이바지하기 위해서'라는 의미가 깔려 있다. 그러나 단순히 사회에 참여해서 사회에 이바지하는 수고만으로는 직업이 되지 않는다. 예컨대, 자원 봉사대가 하는 바와 같은 무보수의 봉사 활동은 직업의 범주에 들어가지 않는다. 먹고 살기 위한 돈벌이를 겸한 일이라야 직업이라고 부를 수 있다.

사회를 위해서 이바지하는 측면이 '내가 사회에 주는 것'이라면, 돈벌이는 '사회로부터 내가 받는 것'에 해당한다. 사회를 위해서 이바지한 대가로서 돈을 버는 것 이외에, 직업인이 얻을 수 있는 것이 또 한 가지 있다. 그것은 '자아의 성장'이다. 직업인이 '자아의 성장'을 반드시 의식적으로 계산하지 않더라도 직장 생활을 성실한 자세로 오래 지속하면, 자연히 '자아의 성장'이라는 또 하나의 성과를 얻게 된다.

필자는 학생 시절까지 합하여 약 30년 동안 서울대학교에서 살았고, 자연히 많은 서울대학교 학생들과 사귀게 되었다. 그들 가운데는 똑똑하고 머리 좋은 사람들이 많았다. 학생들 중에는 비록 머리는 좋으나 역시 미숙함에서 오는 결함을 느끼게 하는 사람들도 많았다. 다른 대학교 학생들에게서는 느끼지 못했던 서울대학생 특유의 결함도 발견되었다. 예컨대 이해타산이 너무 밝아서 거부감을 느끼게 하는 학생도 있었고, 자만심이 지나쳐서 남을 깔보는 듯한 인상을 풍기는 학생도 있었으며, 마치 세상 일에 불가능한 것이 없기라도 한 듯이 기고만장한 젊은이들도 있었다.

그러나 그들이 졸업하고 한 10년쯤 지나서 만나게 되었을 때, 그들은 크게 변해 있었다. 말과 행동이 정중해지고, 그전에는 없었던 침착하고 겸손한 태도를 보이는 등, 현저하게 성숙해진 경우가 많았다. 현저하게 성숙한 모습을 보인 사람들이 갖는 한 가지 공통점은 그들이 모두 안정된 직장 생활을 해왔다는 사실이었다. 직장을 갖지 못했거나 직장이 있다 해도 떳떳하지 못한 직장에서 세월을 보낸 사람들의 경우는 인간적 성장을 느끼기가 어려웠다. 이러한 경험을 근거로 삼고 나는 성실하고 안정된 직장 생활이 자아의 성장을 가져온다는 결론을 얻게 되었다.

위에서 고찰한 바를 요약하면, 우리가 직업을 통하여 얻을 수 있는 것이 적어도 세 가지가 있다는 주장이 된다. 첫째로, 우리는 직업을 통하여 사회에 참여하고 사회에 이바지한다.

둘째로, 우리는 직업에 종사함으로써 돈을 얻는다. 셋째로, 성실한 직장 생활은 직장인의 인간적 성장에 큰 도움을 준다. 그렇다면 직업이 갖는 이 세 가지 목적을 모두 충분히 달성할 때 우리는 가장 바람직한 직장 생활에 종사하고 있다고 말할 수 있을 것이다.

현대 사회에는 이루 헤아릴 수 없을 정도로 많은 종류의 직업이 있다. 그 가운데서 어떤 종류의 직업이 저 세 가지 목적을 달성하기에 가장 유리할까 하고 생각해 보아도, '이것이오' 하고 하나를 내세우기가 어렵다. 거의 모든 직종에는 일장일단이 있어서, 사회에 크게 이바지하는 직업은 돈벌이에 어려움이 따르고, 돈벌이에 유리한 직업은 자아의 성장에 어려움이 있다. 예컨대 초등학교 교사는 사명감과 의지만 있으면 국가와 사회에 이바지할 기회와 자아의 성장을 기할 수 있는 기회는 많으나, 돈벌이는 크게 기대하기 어렵다. 한편 술집 호스테스는 돈벌이의 기회는 많으나 국가와 사회에 대한 기여나 자아의 성장을 위해서는 불리한 직업이라고 보는 것이 일반적 상식이다. 물론 여러 가지 측면에서 두루 유리한 직업도 있고, 어느 모로 보나 불리한 점이 많은 직업도 있다는 것을 부인할 수는 없다. 그러나 그 이해(利害)와 득실(得失)이 절대적인 것은 아니다.

옛날의 전통 사회에서는 직업의 종류에 따라서 그 사람의 신분이 결정되었다. 우리 나라의 전통 사회에서 관료 계급 내지 선비 계층에 속하는 사람들은 모두가 높은 신분을 누렸고, 상업에 종사하는 사람들은 누구나 낮은 신분을 감수하지 않을 수 없었다. 노비와 백정(白丁) 같은 직업은 더욱 천대를 받았다. 이같이 직업에는 귀천(貴賤)의 구별이 있다는 것이 당연한 사실로 받아들여졌고, 그것이 엄격한 서열을 따라서 제도화되었던 것이다. 뿐만 아니라 직업은 세습되기 마련이었고 직업을 바꾸는 일은 허용되지 않았으니, 직업의 종류와 신분의 귀천은 불가분의 관계를 오랫동안 유지했다고 하겠다.

그러나 산업 사회 또는 정보 사회라고 불리는 현대 사회에서는 사정이 크게 달라지고 있다. 현대 사회에서도 직업과 사회적 지위 사이에 아무런 관계가 없다고 말하기는 어렵다. 직업에 따라서 수입이나 권세에 상당한 차이가 생기는 것은 현대 사회에 있어서도 일반적인 현상이다. 그러나 옛날 전통 사회에서 직업과 신분은 세습(世襲)이 불가피한 귀속적(歸屬的) 지위였으나, 현대 사회에서는 직업과 신분이 개인적 노력으로써 얻을 수 있는 획득적(獲得的) 지위라는 점에서 큰 차이를 찾아볼 수 있다. 옛날에는 직업의 종류가 바로 그 사람의 신분을 결정했으나 현대 사회에서는 직업의 종류보다도 직업 또는 직장 내부에서 개개인이 차지하는 직위나 활동 양상에 따라서 신분의 고하가 결정되는 경향이 있다. 예컨대 옛날 같으면 사(士) 계급에 속하는 공무원은 누구나 상공(商工) 계급에 속하는 회사원보다 높은 지위를 누려야 마땅하나, 현대 사회에서는 공무원과 회사원 사이의 신분의 고하를 일률적으로 말하기가 어렵다. 그보다는 관공서 또는 회사 내부에서 개개인이 차지하는 직위 또는 그의 활동 역량에 따라서 그의 사회적 지위가 결정된다고 보아야 할 것이다.

옛날 농경 사회에서는 경제 생활이 주로 자급자족의 형태로 이루어졌으며 물자와 봉사 인력(奉仕人力)의 유통이 적었으므로, 인간 관계가 직업을 통하여 맺어지는 경우는 비교적 많지 않았다. 그러나 현대 사회에서 대부분의 개인들은 자신의 직업을 통하여 다른 사람들과 관계를 맺게 된다. 사람들이 처음 만나서 인사를 할 때, 옛날에는 조상이나 부친의 이름을 대고 누구의 5대손이니, 함자(銜字)가 길(吉)자 동(童)자 되시는 분의 둘째 아들이니 하고 자신을 소개하였다. 그러나 요즈음 사람들은 자기를 소개할 때 족보를 대는 대신 직장을 말하는 것이 보통이다. 그리고 이쪽에서도 상대편의 가문을 묻는 대신 직장을 묻는다. 이는 현대 사회에서 직업이 차지하는 의의가 매우 크다는 것을 단적으로 말해 주는 현상이라고 볼 수 있다.

현대 사회에서의 사회 생활은 주로 직업을 매개로 해서 이루어진다. 옛날에는 가문(家門) 안에서 한자리를 차지하는 일이 개인의 삶을 보장하는 필수적 요건이었다. 그러기에 사람들은 족보를 중요시했고, 족보에 올리느니 족보에서 빼느니 하는 문제가 사활이 걸린 심각한 문제로 인식되었다. 그러나 현대 사회에서는 직업 전선에서 한자리를 차지하는 일이 보람된 사회 생활을 위한 필수 조건이 되고 있다. 남편의 수입만으로도 경제 생활에는 불편이 없을 정도로 부유한 가정의 주부들까지도 자신의 일자리를 갖고자 하는 이유가 바로 여기에 있다. 현대에도 가정은 삶의 공간으로서 그 중요성을 잃지 않고 있다. 그러나 가정보다는 직업이 차지하는 비중이 더욱 크다고 말하여도 결코 과장이 아닐 것이다.

앞에서도 말한 바와 같이, 옛날 봉건적 전통 사회에 있어서 직업의 종류는 바로 신분의 고하를 결정할 정도로 매우 중요한 것이었다. 그러나 현대 사회의 직업에 있어서 가장 중요한 것은 그 종류가 아니라 그것을 대하는 사람들의 태도이다. 같은 종류의 직업에 종사한다 하더라도 그 직업을 대하는 사람들의 태도 여하에 따라서 그들이 받는 사회적 대우를 포함한 결과가 크게 다른 양상으로 나타나게 된다. 예컨대, '교사'라는 직업에 종사하는 사람들 가운데는 스승다운 스승이 되어 사회에 크게 기여함으로써 존경의 대상이 되는 사람도 있고, 전혀 그렇지 못한 사람도 있다. 또 다같이 '의사'라는 직업에 종사하는 사람들 가운데도 많은 환자들의 고통을 덜어 주는 인술자(仁術者)가 됨으로써 세인의 칭송을 받는 사람이 있는가 하면, 한갓 악덕 상인과 다를 바 없다는 평가를 받는 사람도 있다. 직업의 종류보다도 그것을 대하는 태도가 중요함을 말해 주는 사례를 우리는 생활 주변에서 무수하게 찾아볼 수 있다.

2. 일의 보람과 자아의 실현

'직업'이라는 말과 가장 가까운 거리의 말로서 연상되는 것은 '돈'이다. '직업' 하면 돈을 연상하게 되고, '돈' 하면 직업을 연상하게 된다. 현대 사회는 돈이 없으면 하루도 살기가 어려운 세상인 까닭에, 우리는 첫째로 돈을 염두에 두고 일자리를 구하게 된다. 오로지 돈을 위해서 일을 한다는 의식을 가진 경우가 흔히 있고, 돈이 많이 생기는 직업일수록 좋은 직업이라고 생각하는 사람들도 많다. 그러나 직업은 단순히 돈을 벌기 위한 수단에 불과한 것이 아니다. 그리고 돈이 많이 생기는 직업이 가장 좋은 직업이라는 생각도 짧은 생각에 지나지 않는다.

일은 돈을 벌기 위한 수단이기 이전에 그 자체가 목적이기도 하다. 사회적 존재인 인간은 남을 위해서 일을 할 때 삶의 보람을 느낀다. 때로는 무엇을 위해서 또는 누구를 위해서라는 목적 의식을 떠나, 그 일 자체를 위해서 일을 할 경우도 있다. 창작에 대한 충동이 안으로부터 샘솟음에 따라서 그림을 그리거나 글을 쓰는 예술가의 활동은 그 대표적인 경우이다.

한국의 어느 의과 대학 동창회를 미국에서 가진 적이 있었다는 이야기를 친구로부터 들었다. 미국으로 이민간 동창이 많아서, 그들의 초청으로 그곳에서 모임을 갖게 되었다고 하였다. 미국으로 건너가서 개업을 한 의사들 가운데는 큰 부자가 된 사람들도 많았다. 그 가운데 한 사람의 초대를 받고 내 친구 부부가 그 자택을 방문하게 되었을 때, 그 집 정원이 너무나 넓어서 놀랐다고 하였다. 주인의 안내를 받고 정원을 돌아보았던 것인데, 그것은 정원이 아니라 동산이었다. 주인 자신도 아직 밟아 보지 못한 땅이 있을 정도로 넓은 동산이었다.

그 넓은 저택의 주인이 내 친구에게 한 가지 부탁을 하였다. 서울에 있는 어느 병원에 일자리 하나 얻어 달라는 부탁이었다. 월급은 적어도 좋으니 보람을 느낄 수 있는 일자리를 얻고 싶다는 뜻이었다. 돈은 이미 쓰고 남을 정도로 많이 벌어 놓은 의사가 남의 나라에서 하고 있는 자신의 일이 갖는 의의에 대해서 회의를 느끼기 시작한 것이다. 의료 시설이 잘 되어 있는 미국에서보다도 열악한 의료 시설과 불합리한 의료 보험 제도 속에서 고생하는 고국의 환자들을 위하여 봉사하는 편이 더 보람될 것이라는 생각을 그 의사는 했을 것임에 틀림이 없다.

미국의 어느 대학 교수는 은퇴한 뒤에 자기가 봉직했던 대학의 정원을 청소하며 세월을 보냈다. 우리 나라에도 초등학교 교장을 지낸 분이 은퇴한 뒤에 시장에서 자동차들의 교통 정리에 종사한다는 이야기가 보도된 적이 있었다. 내가 아는 어떤 전직 공무원은 현재 70이 가까운 나이에 남의 자가용 운전 기사 노릇을 하고 있다. 그는 자녀들을 모두 대학 공부까지 시켰고, 자녀들은 안정된 직장 생활을 하고 있다. 그 자신도 연금과 저축 이자만으로 넉넉하게 살 수 있는 형편이다. 그러나 그는 그저 노는 것보다는 일을 해야 한다는 생각을 실천에 옮기고 있는 것이다.

사람은 일을 해야 한다. 아무 일도 하지 않고 무위도식하는 것보다는, 세상 사람들이 하찮게 생각하는 일이라도 하는 편이 바람직하다. 사회를 위해서 또는 문화를 위해서 보탬이 되는 모든 일에는 가치가 있으며, 가치가 있는 일을 하는 곳에 삶의 보람이 있다. 그리고 우리가 보수를 문제삼지 않는다면, 우리들의 주변에는 어디에나 일이 널려 있다. 사회를 위해서 또는 문화를 위해서 도움이 되는 일들이 도처에 널려 있다.

어떤 일이든 하는 편이 안 하는 편보다 낫다 함은, 아무 일이나 닥치는 대로 하라는 뜻이 아니다. 선택의 여지가 전혀 없을 경우에는 아무 일이나 닥치는 대로 하는 것이 바람직할 것이다. 그러나 선택이 가능할 경우에는 할 수 있는 일들 가운데서 가장 보람이 큰 것을 선택하여 실천하는 것이 당연하다. 같은 시각에 두 가지 이상의 일을 동시에 할 수는 없는 노릇이다.

할 수 있는 일들 가운데서 가장 보람이 큰 것을 선택하라고 하였다. 그렇다면 보람이 가장 큰 일은 어떠한 일일까? 일반적으로 말해서, 사람들이 일을 선택하는 첫째 기준은 돈일 경우가 많다. 자신이 할 수 있는 일 가운데서 돈이 가장 많이 생기는 일을 선택하는 경향이 있는 것이다. 만약 돈이 이 세상에서 가장 소중한 것이라면, 가장 많은 돈을 벌 수 있는 일을 선택하는 것이 마땅할 것이다. 그러나 돈이 소중한 것이기는 해도 세상에서 가장 소중한 것은 아니다.

돈은 본래 다른 무엇을 얻기 위한 수단이요, 그 자체가 목적은 아니다. 돈으로 얻고자 하는 목적이 돈보다 더욱 소중할 것이므로, 돈을 세상에서 가장 소중한 것으로 볼 수는 없다. 삶에서 가장 소중한 것은 모든 사람들이 궁극의 목적으로 삼고 있는 것, 즉 행복이라고 볼 수 있을 것이다. 다만, 앞에서 지적한 바 있듯이 행복을 위해서는 우선 기본 생활의 안정이 필요하므로 기본 생활의 안정에 필요한 정도의 돈을 벌 수 있는 일을 우선적으로 선택하는 것은 현실적으로 현명한 선택일 수 있다.

기본 생활의 안정에 필요한 정도의 돈보다 더 많은 돈이 생기면, 그 남아도는 돈도 유용하고 편리할 때가 많을 것이다. 그러나 그 가외의 돈을 벌기 위해서 많은 시간을 투입하는 것은 현명한 선택이 아니다. 가외의 돈보다 더욱 소중한 것을 위해서 일하는 편이 현명할 것이다. 돈보다 더욱 소중한 것이 한두 가지가 아니겠지만, 그 가운데서 자신에게 가장 뜻있는 것을 얻을 수 있는 일에 몰두함이 바람직하다.

'나 자신을 위해서 가장 뜻있는 것을 얻을 수 있는 일'이 무엇인가를 미시적(微視的)으로 판단하기는 어려울 것이다. 다시 말해서, 행동 하나하나를 독립적인 것으로 보고 각 순간의 행동을 통하여 얻을 수 있는 결과 그 자체의 본래적 가치(本來的價値, intrinsic value)를 판단하기는 어려울 것이다. 우리가 할 수 있는 것은 전체로서 바람직한 삶의 목표를 거시적으로 정하고, 그 거시적 목표의 달성을 위해서 지금 이 순간에 내가 해야 할 올바른 행동이 무엇인가를 헤아리는 일일 것이다. 바꾸어 말하면, 행위 하나하나를 통하여 얻을 수 있는 결과 그 자체를 목적으로 보지 않고 더 큰 목적의 달성을 위한 수단으로 보는 견지에서, 각 순간의 행위를 선택해야 한다는 뜻이다.

우리는 개인의 생애를 예술가의 작품에 비유할 수 있을 것이다. 예술가가 심혈을 기울여서 아름다운 작품을 만들고자 애쓰는 태도와, 뜻을 세운 사람이 자신의 생애를 멋있고 아름다운 것으로 만들고자 정진하는 자세 사이에는 근본적인 유사성이 있다. 구체적으로 말해서, 화가가 한 폭의 그림을 위해서는 먼저 그림 전체의 구도(構圖)를 머리 속에서 구상하고, 그 구도에 맞는 작품을 만들어 내기 위하여 붓대를 놀려 선을 긋기도 하고 점을 찍기도 한다. 그와 마찬가지로, 후회없는 삶을 살고자 하는 사람은 우선 자신에게 바람직하다고 생각되는 삶의 전과정을 설계하고, 그 설계를 실천에 옮기기 위하여 하루하루를 일하며 살아간다. 그가 때에 따라서 하는 일 또는 행위는 그가 설계한 삶의 구도를 메우기 위한 부분적 활동에 해당한다.

오늘 내가 하는 일 또는 행위는 오늘 하루만을 위한 일 또는 행위가 아니라, 나의 전생애를 구성하는 부분으로서의 의의를 갖는 일 또는 행위이다. 그러므로 내가 오늘 하는 일 또는 행위의 보람 내지 가치는 오늘의 일 또는 행위 자체만 가지고는 따질 수 없으며, 그것이 나의 전생애를 위해서 어떠한 의미를 갖느냐에 따라서 결정된다. 쉽게 말해서, 오늘 내가 하는 일 또는 행위가 큰 가치를 갖기 위해서는 그것이 한 작품으로서 손색이 없는 나의 전생애에 필요한 부분이어야 하며, 나의 전생애가 작품으로서 손색이 없기 위해서는, 그것이 나의 자아를 어느 정도 실현한 것이어야 하며, 또 내가 사는 사회를 위해서 기여하는 바가 있어야 한다.

한 사람의 생애를 하나의 예술 작품에 비유할 때, 그것이 성공한 작품이냐 또는 실패한 작품이냐를 결정하는 첫째 척도는, 그의 생애가 그의 자아(自我)를 실현함에 있어서 어느 정도 성공했느냐 하는 사실이다. 사람은 누구나 여러 가지 잠재력 또는 가능성을 가지고 이 세상에 태어나거니와, 그 잠재력이 충분히 발휘되었을 때 우리는 "그는 자아 실현에 성공했다"고 말한다. 대개의 경우 한 사람이 타고난 잠재력은 매우 큰 것이며, 그 잠재력이 현실로 나타나는 과정이 앞에서 행복의 조건을 논하는 대목에서 언급한 '자아의 성장'이다. 그리고 자아의 성장이 순조롭게 이루어짐으로써, 타고난 잠재력을 유감이 없을 정도로 발휘했을 경우에 '자아 실현'이 이루어졌다고 흔히 말한다.

예컨대, 음악가의 소질을 남달리 타고난 사람이 그것을 발휘하여 높이 평가되는 음악가로 성장하였을 때, 우리는 그가 음악가로서의 자아 실현에 성공했다고 말한다. 운동 선수의 경우도 그렇고 저명한 학자의 경우도 마찬가지다. 특히 전통적으로 자아 실현에서 가장 중요하다고 생각되어 온 것은 타고난 이성적 소질(理性的 素質)을 충분히 발휘하는 일이었다.

많은 철학자들이 이성을 인간의 가장 소중한 능력으로 보고 그것을 만족스러울 정도로 발휘하기에 이른 사람을 자아 실현에 성공한 사람이라고 칭송하였다. '이성'을 인간 특유의 본성 (本性)이라고 보는 인간관이 오랜 전통을 이루었기 때문일 것이다.

그러나 '이성'이 무엇인가를 명확하게 규정하기란 쉬운 일이 아니며, 인간에 있어서 유독 이성만이 귀중하다고 보는 견해에도 이론(異論)을 제기할 여지가 전혀 없는 것도 아니다. 우리는 이성이 매우 소중한 인간의 특성임을 인정하면서, 예술 또는 체육 등으로 나타나는 인간의 소질도 역시 크게 소중하다는 것을 인정해야 할 것이다. 그러므로 모든 사람들이 하나의 공통된 인간상을 자아 실현의 이상적 모형으로 삼을 필요는 없을 것이며, 각자의 소질과 개성을 존중하여 각자에게 적합한 자아 실현의 목표를 정립함이 바람직할 것이다.

가능성으로서 잠재해 있는 능력을 겉으로 나타나게 하는 것은 갈고 닦는 우리들의 노력이다. 갈고 닦는 이 노력이 다름 아닌 넓은 의미의 '일'이다. 일을 통하여 우리는 우리의 소질을 연마하고 가능성으로 묻혀 있던 잠재력을 겉으로 드러나게 한다. 우리가 일을 함으로써 얻을 수 있는 돈을 초월하여 일 그 자체에서 보람을 느끼는 것은, 일과 자아 실현 사이에 불가분의 관계가 있기 때문이다.

나의 생애 전체를 하나의 작품으로 볼 때, 그것이 자랑스러운 성공작이냐 또는 부끄러운 실패작이냐를 결정하는 둘째 척도는, 내 생애가 나의 조국과 시대를 위해서 어느 정도 기여했느냐 하는 사실이다. 우리가 사람을 평가할 때 '큰 인물이다' 또는 '작은 인물이다'라는 표현을 쓰거니와, 이때 '큰 인물'이라 함은 작은 일에 사로잡히지 않는다는 뜻도 되지만, 그보다도 더욱 중요한 의미는 '작은 나의 울타리를 뛰어넘어서 큰 우리를 위해서 사는 사람'이라는 뜻이라고 보아야 한다. '나' 한 사람을 위해서 산 사람보다는 '우리 집'을 위해서 산 사람이 더 큰 사람이다. '우리 집'만을 위해서 산 사람보다는 '우리 나라'를 위해서 산 사람이 더 큰 사람이고, '우리 나라'만을 위해서 산 사람보다는 세계와 인류를 위하여 산 사람이 더 큰 사람이다. 그리고 큰 사람의 삶일수록 그 삶은 보람과 의의가 큰 작품이라 할 것이다. 오늘 이 순간에 내가 하는 일의 보람과 의의는 그것이 나의 생애 전체 안에서 차지하는 좌표를 따라서 결정된다.

3. 시대와 직업

　인구 전체의 90% 이상이 농경에 종사하며 생계를 꾸려 나간 옛날 전통 사회에서는, 직업의 구조가 매우 단순하고 그 종류도 별로 많지 않았다. 그 당시에는 의식주의 기본 생활에 필요한 물건의 대부분을 자급자족했던 까닭에, 농사 이외의 다른 직업에 대한 사회적 요구가 극히 제한되었던 것이다. 귀족 계급에 속하는 양반들은 생활에 필요한 물건을 생산하지 않았으므로, 그들의 수요를 충족시키기 위하여 약간의 수공업이 발달했을 뿐이다. 농업과 수공업 이외에 관직과 상업에 종사하는 사람들이 있었으나, 그 수는 농업 종사자에 비하여 아주 적은 편이었다. 그리고 직업은 신분을 따라서 정해지게 마련이었으므로, 개인의 희망에 따라서 직업을 선택할 자유도 거의 없었다.

　그러나 기계의 발명과 공장 제도의 발달로 산업화를 이룩한 서구의 문명이 들어온 뒤부터 사정이 크게 달라졌다. 공산품의 대량 생산을 가능케 한 여러 종류의 공장이 건설되면서 우리가 가질 수 있는 직업의 종류가 대폭 늘어났고, 농토가 적어서 일거리가 없던 사람들 또는 농사를 짓는 것보다는 새로운 직업을 갖는 편이 유리하다고 판단한 사람들이 농촌을 떠나는 사례가 많이 나타났다. 공업의 발달은 상업의 발달을 수반하였고, 상업의 발달은 다시 여러 가지 직업을 창출하였다.

직업 선택의 자유가 없었던 신분 사회는 이미 20세기 초엽에 무너지고 말았으므로, 사람들은 새로 생긴 여러 가지 직업 가운데서 자신에게 유리하다고 생각되는 것을 얻기 위해 치열한 경쟁을 벌였다. 유리한 직업을 얻고자 하는 경쟁에서 이기기 위해서는 학력에서 남보다 앞서야 했으므로, 취직을 위한 경쟁은 대학의 입학 시험 경쟁으로 직결되기도 하였다.

산업화가 처음 시작된 것은 18세기 말엽의 영국이었고, 이것이 전세계로 확산되었다. 산업 사회에서 주도권을 장악한 것은 공장을 소유한 자본가였고, 산업화 초기에 이들은 공장 노동자들을 마음대로 지배할 수 있었다. 이러한 상황에서 악덕 자본가들은 노동자들을 착취하는 사례가 많았고, 그 결과 빈부의 격차가 심한 사회를 초래하는 심각한 폐단이 생겼다.

산업 사회의 또 한 가지 폐단은 직업의 분화에 따른 인간 소외(人間疏外)의 현상이었다. 공산품의 생산성을 높이기 위하여 하나의 물품을 무수한 공정으로 세분화하여 제조하게 되었거니와, 이 과정에 참여한 근로자들은 어떤 창의를 발휘할 여지도 없고 자기가 하는 일의 의미를 느낄 수도 없는 상태에서 기계적으로 같은 동작을 되풀이해야 했다. 결국 인간이 기계의 부품과 같은 구실을 하는 꼴이 된 셈이며, 인간이 인간의 자리에서 밀려난 처지에 놓이게 되었다. 이른바 '인간 소외'의 현상이다.

산업화 과정의 이러한 폐단을 목격하고 그 모순을 신랄하게 파헤친 사상가로서 마르크스가 있었고, 그러한 모순을 시정하기 위한 자구(自救)의 노력으로서 노동 조합 운동이 일어난 것으로 볼 수 있을 것이다. 마르크스의 사상은 우리 나라에도 들어왔고, 노동 조합 운동 또한 우리 나라에서도 활발하게 전개되었다. 그리고 그 사상과 운동이 우리 나라의 현실이 안고 있었던 모순을 해결하는 데 어느 정도 기여한 바 있다고 보는 것이 공정할 것이다. 그러나 다른 한편으로는 우리 나라의 국익에 어긋나는 결과를 가져온 점도 없지 않았다.

서구 선진국에서는 초기 자본주의 경제의 모순을 크게 개선함으로써 마르크스의 비난을 무력화하는 방향으로 궤도를 수정하였다. 그들은 노사간의 분규를 지성적 대화로써 해결하는 지혜도 터득하게 되었다. 그러나 우리 한국의 경우는 산업화의 역사가 아직 일천하므로, 기업주 측에서도 19세기적 자본주의의 낡은 껍질을 완전히 벗어 던지지 못한 경우가 있으며, 근로자 측에도 근시안적 관점에서 무리한 '내 몫'을 요구하는 소리가 아직 남아 있다.

바야흐로 21세기를 눈앞에 두고 있는 오늘날, 우리의 상황은 눈부실 정도로 빠르게 변화하고 있다. 지금은 낡은 이데올로기를 앞세우고 우리끼리 맞설 때가 아니며, 노사(勞使)가 집단적 이기주의에 사로잡혀 '네 몫'과 '내 몫' 싸움으로 시간과 정력을 낭비할 때도 아니다. 직업에는 본래 돈벌이보다도 더 큰 목적, 즉 "사회에 참여해서 사회를 건설하기 위하여"라는 목적이 있음을 명심하고, 우선 우리 한국이 국제 사회에서 낙오자가 되지 않도록 모두가 뜻을 모아야 할 상황이다.

산업 사회 그 자체에도 질적 변화가 오고 있다. 이른바 '후기 산업 사회'가 다가오면서 산업 구조에 중대한 변화가 일어나고 있다. 토플러(A. Toffler)가 말하는 '제3의 물결'이 밀려오고 있는 것이다. 토플러에 따르면, 토지와 농업 기술이 부(富)의 원천이었던 '제1의 물결'은 옛날에 흘러갔다. 자본과 기계 문명이 경제를 지배해 온 '제2의 물결'도 바야흐로 역사의 뒤안길로 숨으려 하고 있다. 그리고 컴퓨터에 입력되고 다시 컴퓨터에서 출력되는 정보와 지식이 경제를 주도하는 '제3의 물결'이 세계의 역사를 좌우할 시대가 등장하고 있다. 이 제3의 물결을 타지 않고서는 역사의 낙오자로 밀려날 날이 멀지 않을 것이다. 기업인과 근로자가 편을 갈라서 대립하는 구태의연한 자세로는 이 새로운 시대에 적응하기 어려울 것으로 보인다. 이제 우리는 새로운 시선으로 우리의 현실을 직시해야 할 것이다.

미래 사회에서는 공산품을 대신하여 정보와 지식이 주요 상품의 자리를 차지하게 될 것이다. 바꾸어 말하면, 단순 노동이나 숙련된 기술 노동과 같은 육체 노동보다는 정보를 생산하고 관리하는 정신 노동의 비중이 커질 전망이다. 이러한 변화는 직업 활동의 방식에도 큰 변화를 가져올 것이다. 예컨대, 산업 사회에서의 대량 생산 방식보다는 창의성을 발휘한 특색있는 상품을 개발하는 편이 유리할 것이며, 중앙 집권적 대기업의 형태가 도리어 불리할 경우도 생길 것이다. 따라서 이제까지 각광을 받았던 집중화·대형화·표준화의 경영 철학은 퇴조하고, 반대로 분산화·다원화·소규모화의 전략이 득세할 것이라는 예견도 가능하다. 개인의 차원에서 본다면, 그저 조직에 순응하고 표준화에 적응하기에 급급한 수동적 직장인보다는 창의성과 개성이 강한 능동적 직장인이 각광을 받을 공산이 크다. 항상 머리를 써가며 진지하게 노력하는 사람들이 직업인으로서 성공하게 될 것이다.

정보 산업 또는 지식 산업이 큰 비중을 차지하게 될 미래 사회에서는 여성의 취업이 현재보다도 더욱 용이하게 될 것이다. 표준화된 상품을 대량 생산하기 위해서는 대규모의 직장에 모든 근로자들이 동시에 출근하고 동시에 퇴근할 필요가 있으나, 개성과 창의성을 존중하는 정보 산업의 사회가 되면 반드시 일정한 시간에 출퇴근할 필요가 없게 되며, 집에 머물러 있으면서 일정한 작업량만 책임지면 될 것이다. 가정과 직장을 분리할 필요가 적어짐에 따라, 여성이 가사일을 하면서 직장일도 겸하기가 쉬워진다. 남편의 경우도 집에 머물러 있으면서 직장일을 컴퓨터로 처리할 수 있으므로 가사를 분담하기가 종전보다 용이하게 될 것이다.

농사 또는 수렵(狩獵)을 생업으로 삼던 옛날에는 체력이 강한 남성이 바깥일을 맡는 것이 자연스러운 일이었고, 생필품을 구하느라 더 많은 땀을 흘린 남성들이 가족 안에서의 발언권도 강했다. 산업 사회가 되면서 여성으로서도 능히 감당할 수 있는 일들이 많이 생기기는 했으나, 그래도 굳센 체력을 필요로 하는 일들도 많이 있어서 여성보다 남성이 유리한 상황은 계속되었다. 그러나 컴퓨터로 대부분의 일을 처리하게 마련인 정보 산업 시대가 되면, 체력 때문에 여성이 직장 생활에서 불리하게 될 까닭은 거의 없을 것이다. 다만 출산과 육아의 부담만이 여성에게 불리한 조건으로 남게 된다.

이러한 상황이므로 앞으로 정보 산업 사회가 본격화되면 여성의 사회 진출은 더욱 활발해질 것이고, 가정에만 틀어박혀 있기를 거부하는 여성들의 수는 날로 늘어날 것이다. 여성을 위해서 바람직한 현상임에 틀림이 없다. 다만 다음 세대를 짊어질 어린이들에게 충분한 사랑을 베풀 수 있는 따뜻한 가정이 파괴되지 않을까 하는 걱정이 문제로 남는다. 이것은 이 저술과 직접 관계가 없는 문제이기는 하나, 별도의 연구로써 대처해야 할 중대한 문제이다.

현대 사회에도 이미 무수하게 많은 종류의 직업이 존재하고 있거니와, 정보 산업이 주종을 이룰 미래 사회에는 더욱 많은 종류의 직업이 생길 것이다. 직업의 종류가 많아질수록 우리에게는 선택의 폭이 넓어지는 장점이 생기는 동시에, 어떤 직업을 선택하는 것이 옳을지를 판단하기가 더욱 어려워지는 애로도 생긴다. 삶에서 차지하는 직업의 의의는 대단히 큰 까닭에, 여러 가지 직종 가운데서 하나를 선택하는 일은 매우 중요한 과제가 아닐 수 없다. 여기서 우리는 직업을 선택하는 마당에서 중점적으로 고려해야 할 사항이 무엇이냐 하는 물음 앞에 서게 된다.

앞에서 우리는 직업에 세 가지 기능이 있음을 언급한 바 있다. 우리는 직업을 통하여 첫째로 사회에 이바지하고, 둘째로 돈벌이를 하며, 셋째로 자아의 성장이라는 또 하나의 소득을 갖게 된다. 이 세 가지가 모두 잘되는 직업이 가장 바람직한 직업일 것이며, 이 세 가지 목표를 모두 충분히 달성할 수 있는 직업을 선택해야 옳다는 주장이 일단 성립할 수 있을 것이다.

첫째로, 우리는 자신이 사회에 크게 이바지할 수 있는 직업이 어떤 직업인가를 고려해야 할 것이다. 사회와 국가를 위해서 별로 도움이 되지 않는 일은 크게 탐탁한 직업이라고 보기 어렵다. 둘째로, 돈벌이를 생각하지 않을 수 없다. 돈이 없이는 하루도 살기 어려운 것이 현대 사회의 실상이므로, 적어도 기본 생활의 안정에 필요한 정도의 돈은 벌 수 있어야 직업다운 직업이라고 말할 수 있다. 셋째로, 자아의 성장이 잘되는 직업을 선택해야 한다. 비록 많은 돈을 벌 수 있는 일이라 하더라도 자아의 성장에 별로 도움이 되지 않는다면 좋은 직업이라고 보기 어렵다.

위에서 말한 세 가지 목적을 고루 달성하기 위해서 가장 중요한 것은 자신의 적성(適性)에 맞는 직업을 선택하는 일이다. 적성에 맞지 않는 일에 종사하게 되면 자아의 성장을 기대하기 어렵고, 국가와 사회를 위해서 이바지할 수 있는 최선의 길에서 멀어질 수밖에 없다. 둘째로 중요한 것은 시대와 사회가 가장 필요로 하는 일이 무엇인가를 미래 지향적으로 내다보는 일이다. 미래 사회에서 가장 크게 요구되는 일을 하게 되면, 국가와 사회를 위하여 기여하는 결과를 얻는 동시에 생활의 안정에도 유리할 것임에 틀림이 없다.

그러나 앞에서도 이미 지적한 바와 같이, 직업에 관한 가장 중요한 문제는 "어떤 종류의 직업을 선택하느냐?"가 아니라, "어떠한 태도로써 직업에 임하느냐?"이다. 한 개인이 행복한 삶을 갖느냐 또는 불행한 삶을 갖느냐를 결정하는 것은, 그가 어떤 종류의 직업에 종사하느냐에 달려 있다기보다는 그가 어떤 태도로 직업에 임하느냐에 달려 있다. 한 나라 전체를 놓고 보더라도 그 흥망과 성쇠를 좌우하는 가장 큰 요인은 그 나라 국민 일반의 직업을 대하는 태도라 해도 과언이 아닐 것이다.

제 5 장
직업을 대하는 한국인의 태도

1. 몇 가지 사례

사람들이 직업을 대하는 태도는 직업의 종류를 선택하는 과정에서부터 나타나고, 특정 직업에 대한 선호도(選好度)는 대학의 지망 학과를 선정하는 단계에서 이미 나타난다. 바꾸어 말하면, 우리는 한국의 젊은이들이 어떤 대학의 어느 학과에 입학하기를 원하는가를 주시함으로써 직업을 대하는 태도의 큰 줄기를 짐작할 수가 있다.

이른바 명문 대학을 선호하는 것은 세계적인 추세라고 볼 수•있으며, 한때 한국의 대학 지망생들 가운데는 '이류 대학'의 취직이 잘되는 실용적인 학과보다도 '일류 대학'의 취직이 어려운 학과를 선호하는 사람들이 많았다. '돈'보다는 '이름'을 존중하는 가치관의 반영이었다고 볼 수 있다. 그러나 근래에는 학교의 이름보다도 돈벌이의 가능성을 더 중요시하는 방향으로 태도가 변해 가고 있다. 예컨대, '한의학과'라면 어느 대학을 막론하고 우수한 학생들이 많이 지망하는 근래의 통계는 그러한 변화의 한 단면이다.

우리 나라에서는 그전부터 명문 대학교의 법과 대학과 의과 대학의 경쟁률이 높았다. 명문 대학교의 법대를 나오면 판·검사라는 권력의 자리나 변호사라는 경제적으로 유리한 직업을 얻을 수 있다는 예측이 상식에 가까웠다. 의과 대학은 전문의를 길러 내는 곳이고, 일단 전문의의 자격만 따면 돈벌이는 거의 보장된다는 것이 일반인의 통념 (通念)이다.

　　판·검사가 됨으로써 사회 정의 실현에 일익을 담당하기 위해서, 또는 민권 변호사가 됨으로써 억울한 사람들을 도와주리라는 사명감에서 법과 대학을 지망할 경우도 생각할 수 있을 것이다. 더러는 실제로도 그런 경우가 있는 것으로 알고 있으나, 우리 나라 법조계의 현실을 바라볼 때, 그런 사례가 대단히 많은 것으로는 생각되지 않는다. 의과 대학 지망생의 경우에도 인술을 익혀서 수많은 환자들의 고통을 덜어 주리라는 어진 동기에서 그런 선택을 하는 사람들이 있을 수 있고, 또 실제로도 그런 사람이 더러 있는 것으로 알고 있다. 그러나 그러한 사람들이 대세를 이룬다고 말하기는 어려운 것이 우리의 현실이 아닐까 한다.

　　근래에 각광을 받고 있는 대학의 학과 가운데는 경영학과, 전자 공학과, 연극 영화과 등이 손꼽힌다. 이러한 학과들도 졸업한 뒤에 취직의 문이 넓고 보수도 좋다는 공통점을 가지고 있다. 예나 지금이나 별로 인기가 없는 학과로는 철학과, 사학과, 언어학과 등을 들 수 있고 사범 대학과 교육 대학 그리고 가정 대학의 경우는 모든 학과가 그늘진 처지를 벗어나지 못하고 있다. 특히 교육 대학의 경우는 남학생들로부터 외면당하는 경향이 현저하여 장차 남자 교사를 확보하는 일이 어려운 과제로 지적되고 있는 형편이다. 이들 인기가 없는 학과나 학교들의 공통된 점은 그것들이 돈벌이와 인연이 먼 직업과 직결된다는 사실일 것이다.

　종사하고 있는 직업을 대하는 한국인의 태도에는 여러 가지 경우가 있으므로 일률적으로 말하기는 어려우나, 대체로 직업을 대하는 한국인의 태도를 높이 평가하기는 어려울 것으로 보인다. 어떠한 문제점이 있는가를 살펴보기 위하여, 구체적 사례를 생각해 보기로 한다.

　기업이 이윤을 추구하는 것은 당연한 일이라 하겠으나, 기업도 직업의 일종임에는 다를 바가 없으므로, 아무리 '장사'라 하더라도 국가와 사회에 대하여 기여할 책임을 면할 수는 없다. 다시 말하면, 돈벌이를 목적으로 삼는 장사라 하더라도 국가와 사회에 대하여 피해를 주는 방식으로 장사를 해서는 안 된다는 것이 직업 윤리의 기본 원칙이다. 그러나 우리 나라의 경우는 대기업까지도 이 기본 원칙을 어기는 사례가 적지 않다.

　국가와 사회에 이바지해 가며 기업을 경영하자면 우리 나라의 타 기업체에 피해를 주지 않아야 하며, 소비자에게도 피해를 주는 일이 없어야 할 것이다. 그러나 한국의 대기업 가운데는 일차적 경쟁 상대로서 우리 나라의 타 기업을 겨냥하는 경우가 많으며, 속임수나 폭리로써 소비자를 우롱하는 사례도 비일비재하다. 공산품의 경우는 국산품이 수입품으로 둔갑하고, 농산물의 경우는 수입품이 국산품으로 둔갑한다.

　'인술(仁術)'이라는 말로 존경을 받는 의사들 가운데도 환자에 대하여 몹시 불친절한 경우가 흔히 있다. 단순히 불친절함에 그치지 않고 응급 환자의 진료를 아예 거부하는 사례도 가끔 있다고 들었다. 산부인과 전문의가 임신 중절 수술은 기꺼이 하면서 분만 직전의 산모가 입원하는 것은 거절하는 경우가 있다는 이야기가 텔레비전을 통해 소개되기도 하였다. 임신중에 정기적으로 검진을 받아 온 산부인과였음에도 불구하고, 분만을 돕는 일은 사절하는 경우도 있다고 들었다. 그 이유는 분만 시간이 취침 시간인 한밤중이 될지도 모르기 때문이라고 하였다.

낙동강을 비롯해서 우리 나라의 상수도 수원 구실을 하는 모든 강물이 크게 오염되었다는 것이 큰 문제로 지적되고 있다. 거듭된 지적과 문제화에도 불구하고 수질의 개선은 여전히 항상 심각한 과제로 남아 있다. 식수의 심각한 오염 문제가 근본적으로 해결을 보지 못하는 까닭도 역시 직업을 대하는 한국인의 태도가 좋지 않음에 있다고 보아야 한다. 수원지 상류에 위치한 공장이나 목장을 경영하는 사람들이 수질 오염 방지의 규칙을 지키지 않고, 감독의 책임을 진 공무원들이 직무에 태만한 까닭에, 수질 오염의 문제는 해결되지 않는 문제로 항상 남아 있는 것이다.

전투기 기종 변경에 관한 사기 사건이 다시 드러났다. 국방의 중대한 책임을 맡은 장교들의 직업관이 제대로 서 있다면, 이러한 사건은 일어날 리가 없다. 애국자들의 대표적 집단임을 자처한 직업 군인들조차 국고를 축내고 있다는 사실은 한국인의 직업관에 큰 문제가 있음을 단적으로 말해 준다.

김영삼 대통령이 취임한 뒤에 부정과 부패의 척결을 첫째

시정 목표로 삼았을 때, 사정(司正)의 대상으로 떠오른 것은 주로 공직자 사회였다. 나라의 살림을 맡은 공직자들이 그 중책을 외면하고 사리와 사욕을 챙기기에 급급했던 사례가 많았음을 의미한다. 더욱 한심한 것은, 사정의 바람이 몰아쳤을 때 공무원 사회가 개혁의 길에 적극적으로 참여하지 않고 무사안일을 꾀하는 소극적 자세로 돌아섰다는 사실이다. 과거에는 민간과의 접촉이 많은 자리를 선호하던 공무원들이 이제 부수입을 올리기가 어려운 상황임을 눈치채고 도리어 일거리가 별로 없는 한가로운 자리를 선호하는 경향을 보였다는 사실은, 우리 나라 공직자들의 직업 의식의 현수준을 알기 쉽게 말해 준다.

한국인의 직업 의식이 수준 이하임을 가장 여실히 나타내는 것은 택시 운전 기사들이다. 우리 나라에서는 빈 택시를 잡더라도 손님이 마음대로 타고 행선지를 지시하는 관행은 통용되지 않는다. 손님이 가고자 하는 곳을 말하고 그곳으로 가주겠느냐고 운전 기사의 의사를 먼저 물어 보아야 하는 것이다. 어느 곳으로 달리느냐를 결정할 수 있는 권한은 운전 기사가 쥐고 있는 셈이며, 그가 원하지 않는 곳으로 가기 위해서는 웃돈을 주겠다고 약속할 필요가 있다.

요행히 승차 거부를 당하지 않는다 하더라도 목적지까지 데려다 준다는 보장은 없다. 가고자 하는 곳이 뒷골목이거나 그 위치를 잘 모르는 초행길일 경우에는 근처까지만 실어다 주고 그 다음은 걸어서 찾아가라고 하는 경우를 흔히 경험한다. 이러한 태도는 일본의 택시 운전 기사들과 매우 대조적이다.

수년 전 일본에 갔을 때, 첫 숙박지를 교토(京都)로 정하고 어느 일본식 여관에 예약을 해두었다. 300년 이상의 역사를 가진 유명한 여관이라고 하기에, 택시만 타면 쉽게 찾아갈 수 있으리라고 생각하였다. 그러나 우리가 탄 택시는 오사카(大阪)의 것이었기 때문인지, 그 기사는 처음 듣는 여관 이름이라고 하였다. 여관의 전화 번호를 적은 종이가 있기는 했으나, 큰 가방 속에 깊이 들어 있었다.

그러나 택시 기사는 난처하다는 표정을 짓거나 불평을 하는 일이 없이 공중 전화 앞에 차를 세웠다. 거기서 자기 손으로 전화 번호를 찾은 뒤에 자기 돈으로 전화를 걸었다. 전화 연락이 되기는 했으나 그곳 지리에 어두웠던 까닭에, 바로 찾아 가기가 어려운 모양이었다. 그는 여러 차례 차를 세우고 길가는 사람들에게 묻고 또 물었다. 그렇게 해서 그 여관을 찾기까지에 상당히 애를 썼지만 조금도 불평을 하지 않았고, 도리어 미안하다고 하였다. 택시 요금을 받았을 때, 얼마 안 되는 거스름돈을 내주려고 하였다.

요행히 마음씨 착한 택시 기사를 만난 것 같지는 않았다. 다음날 다른 택시를 탔을 때에도 모두 한결같이 친절했던 것이다. 우리가 한국에서 온 여행객임을 알고, 명승지나 유적지 근방을 지날 때는 자상하게 설명해 주는 수고를 아끼지 않았다. 그리고 화제를 우리 한국 이야기로 돌리는 기사도 몇 사람 있었다. 올림픽 이야기, 김대중 씨 이야기 등, 세계 여러 나라에 관한 책을 통하여 평소에 상식을 얻어 두었다가 외국 손님을 만나면 화제에 이용하는 것이 그들의 서비스였을 것이다.

일본의 어느 소도시에 들렀을 때, 그곳의 아는 사람이 나를 초밥집으로 초대하였다. 주인을 포함해서 두 사람의 요리사가 손님 접대를 하는 소규모의 음식점이었다. 나를 초대한 사람이 나를 그 주인에게 소개하면서 40여 년 전에 일본의 '제삼고등학교'를 졸업한 일이 있다는 말도 하였다. 그 말을 들은 초밥집 주인은 이제는 경도대학에 흡수되고 만 그 명문을 추켜세웠다. 그리고 그 학교의 노래 한 곡을 조용히 불렀다. 그러나 그가 제삼고등학교와 특별한 관계를 가진 것은 아니었다. 다만 그 학교의 졸업생인 나를 즐겁게 하기 위하여 그렇게 했을 뿐이다. 그 주인은 김영삼 씨와 김대중 씨가 잘 있느냐고 묻기도 하였다. 초밥 장사도 제대로 하자면 많은 책을 읽어야 한다고 말한 것은, 나를 그곳으로 안내한 일본 사람이었다.

일본의 어느 호스테스에 관한 이야기는 더욱더 인상적이다. 한국의 중소 기업의 중견 간부가 일본에 출장을 가서 그곳 고객에게 술대접을 하게 되었다. 단둘이서 어느 술집에 들어섰을 때, 아가씨는 한 사람만 오라고 미리 부탁하였다. 출장비를 아껴 쓰기 위해서였을 것이다. 부탁한 대로 아가씨는 한 사람만 왔는데, 그 아가씨가 호스테스 한 사람이 더 와도 좋겠느냐고 물었다. 자기 친구가 혼자 쓸쓸히 대기실에 있는 것이 딱하게 보여서 그런 제안을 했던 것이다. 한국 사람은 자기가 인색한 사람으로 보이는 것이 싫어서, 한 사람 더 와도 좋다고 하였다.

술을 마신 다음에 계산을 마친 한국의 회사원은 두 아가씨에게 같은 액수의 봉사료를 주었다. 그러나 두번째로 온 아가씨는 받지 않겠다고 사양하였다. 자기는 손님이 필요해서 부

110

른 사람이 아니라 자기 친구 부탁으로 그 자리에 합석한 것이
므로 그 돈을 받을 계제가 아니라는 것이었다. 한번 내놓은
돈을 지갑에 다시 넣기도 어색해서, 두번째 아가씨에게 주려
고 했던 그 돈으로 맥주 몇 병을 넷이서 더 마시고 헤어졌다
고 하였다.

2. 어디에 잘못이 있는가

　직업을 대하는 한국인의 태도가 낮은 수준을 벗어나지 못하고 있는 가장 근본적인 이유는, 직업이 갖는 세 가지 기능 가운데서 돈벌이만을 주로 염두에 두고 다른 두 가지 기능은 소홀히 여기는 마음가짐에 있을 것이다. 다시 말하면, 직업을 통하여 국가와 사회에 이바지하리라는 생각과 자아의 성장을 도모하고자 하는 생각이 돈벌이에 대한 욕심에 압도당하는 심리 상태로 직업에 임하는 까닭에, 앞에서 예를 든 바와 같은 비리를 저지르게 되는 것이다.

　정도의 차이는 있겠지만, 우리는 누구나 자신이 속해 있는 집단에 대해서 사랑의 감정을 가지고 있다. 한국인은 우리 한국에 대해서 다소간의 애정을 느껴 가며 살고 있다. 더러는 우리 나라에 대해서 증오를 느낀다는 사람도 있다. 그러나 증오라는 것도 사랑이 전혀 없으면 생기지 않는다. 우리 나라 선수와 다른 선수가 대결하는 운동 경기를 바라볼 때, 모든 한국인은 한국 선수를 응원한다는 사실만 보더라도 애국심은 누구에게나 있음을 알 수 있다.

그러나 애국심이 언제나 애국적 행동으로 나타나는 것은 아니다. 현대인의 의식 구조는 철저하게 개인주의적인 까닭에, '나' 개인의 희생을 무릅쓰고 국가를 위하는 행동을 하기가 옛날 사람들의 경우보다 어려운 편이다. '나' 개인의 이익과 국가의 이익이 일치하지 않을 경우 국가에 대한 사랑은 '나' 개인에 대한 사랑에 압도되어 행동으로까지 나타나기 어려운 것이 일반적인 현상이다. 국가에 대한 사랑이 전혀 없는 것은 아니나, 비교적 약한 까닭에 관념 안에 갇혀 있는 꼴이 되는 것이다.

한국에 대한 사랑은 당연히 한국 사람에 대한 사랑을 포함해야 할 것이다. 한국인을 떠나서 한국이라는 것이 따로 존재할 수 없으므로, 논리적으로 따지면 당연히 그래야 할 것이나, 실제에 있어서는 한국을 사랑한다는 사람들이 한국인에 대한 배려는 깊이 하지 않는 경우가 허다하다. 이러한 현상은 우리들의 '애국심'이라는 것이 막연한 관념의 단계를 벗어나지 못한 경우가 많다는 사실을 반영하는 것이며, 우리 한국이 바람직한 방향으로 발전하기 위해서는 우리들이 추상적인 '애국심'을 갖는 데 그치지 않고, 동족 '인간'에 대한 구체적인 사랑을 가져야 한다는 것을 의미한다.

우리는 누구나 나라를 사랑하는 마음을 어느 정도 가지고 있음에도 불구하고, 실제 행동에 있어서는 나라를 위해서 도움이 되지 않을 뿐 아니라 피해를 주는 비행을 저지르기도 한다. '나'의 이익을 추구하는 욕심이 '애국심'보다 강하기 때문이다. 우리는 누구나 '나'를 사랑하고, '나'를 사랑하는 까닭에 '자아의 성장'을 염원한다. 그러나 자아의 성장을 염원함에도 불구하고, 실제 행동에 있어서는 자아의 성장에 역행하는 생활 태도를 취하는 경우가 많다. '자아의 성장'에 대한 염원이 막연한 관념에 불과하고, 그것보다는 '나'의 다른 욕망이 우세하기 때문이다. 그 '다른 욕망'의 대표적인 것으로는 돈에 대한 욕심, 향락에 대한 욕망, 권력 또는 지위에 대한 욕심 등을 들 수 있을 것이다.

택시 운전을 직업으로 삼는 사람이 당장의 돈벌이만을 염두에 두고 손님을 대한다면 승차 거부도 하고 바가지 요금을 받기도 할 것이다. 백화점을 경영하는 사람이 돈벌이를 지상 목표로 삼는다면 속임수 바겐세일을 할 필요가 있을 것이고, 더러는 값싼 수입품을 고급으로 가장하여 높은 가격을 매길 필요도 있을 것이다. 공장을 경영하는 사람이 이윤의 극대화만을 꾀한다면 환경 정화에 필요한 예산은 최소 한도로 줄이는 것이 유리할 것이며, 산부인과 의사의 목적이 오로지 돈벌이에만 있다면 임신 중절 환자는 환영하고 분만을 위하여 입원하기를 희망하는 환자는 기피하는 편이 상책일 것이다. 그리고 권력의 자리에 있는 공직자는 법망에 걸릴 염려만 없다면 공직을 이용해서 돈을 긁어 모으는 것이 그 직권을 가장 잘 살리는 길이 될 것이다.

여기서 우리가 생각하게 되는 것은 돈벌이를 우선적으로 추구하는 직업인의 태도가 과연 옳으냐 하는 문제이다. 그것은 부도덕한 태도이므로 부당하다고 일단은 말할 수 있을 것이나 '부도덕'이 왜 나쁘냐에 대한 납득할 만한 설명이 없으면, 저

말이 충분한 대답이 될 수 없을 것이다. '부도덕'이란 무엇이며, 부도덕한 행동을 해서는 안 되는 이유는 무엇일까?

우리가 일상 생활에서 '부도덕한 사람'이라고 말할 때는, 주로 남에게 피해를 입히는 사람 또는 제 생각에만 골몰하여 공동체에 대한 배려가 부족한 사람을 가리킨다. 그렇다면 남에게 피해를 입히거나 공동체에 대한 배려가 부족한 사람이 되어서는 안 된다는 것을 이론적으로 설명할 필요가 있다. 남에게 피해입히기를 서슴지 않거나 공동체에 대한 배려가 부족한 것은 사람의 도리가 아님이 명백하므로, 별다른 이론적 설명이 필요치 않다는 주장도 있을 수 있다. 그러나 그러한 주장은 엄밀히 말해서 논리적이 아니라는 약점을 가지고 있다.

내가 남에게 피해입히기를 서슴지 않거나 공동체에 대한 배려를 게을리해도 좋다면, 다른 사람들의 경우에도 남에게 피해를 입히고 공동체를 해치는 행동이 나쁠 것이 없다고 말해야 할 것이다. 내가 해도 좋은 행동이라면 다른 사람들의 경우에도 같은 행동을 허용해야 논리의 모순이 없게 된다. 그런데 세상 사람들이 모두 타인에 대하여 피해를 입히고 공동체를 해치는 행동을 한다면, 사회는 큰 혼란에 빠질 것이고, '나' 자신도 불행하게 될 것이다.

직업에 임하는 사람들이 속임수를 쓰기도 하고, 불친절하기도 하며, 더러는 직권을 남용하기도 하는 것은 결국 그들 자신의 이익을 얻기 위해서 그렇게 한다고 볼 수 있을 것이다. 그런데 자신의 이익을 위해서 한 짓이 사실은, 길게 볼 때, 자신에게도 불행을 가져오고 만다. 자신을 위해서 한 짓이 결국 자신에게도 좋지 않은 결과를 가져온다면, 그것은 자기 모순이므로 어리석은 처세임에 틀림이 없다. 일반적으로 이기적인 행동은 양심의 가책을 일으켜 '나'의 마음을 괴롭게 하고, 타인에게 피해를 준다는 사실은 접어 둔다 치더라도, '나' 자신에게까지 결국 불이익을 가져온다. 이기주의를 어리석은 처세의 길이라고 말하는 까닭이 바로 여기에 있다.

모든 생물은 '나'를 지키고 키워 가고자 하는 본능적 욕망을 가지고 있다. 우리 인간의 경우도 마찬가지이다. 다만 다른 생물은 자신의 생명 보존과 종족의 번식을 꾀하는 것이 전부이나, 인간의 경우에는 단순한 육체적 생존과 종족 번식뿐 아니라 정신적 자아(精神的 自我)의 보존과 확장까지를 꾀한다는 차이가 있을 뿐이다. 인간도 생물의 일종으로서 '나'를 위해서 산다는 기본 원칙을 벗어날 수는 없으나, 다만 '나'를 위하는 길이 초목이나 금수와 다르다는 뜻이다.

개나 돼지 또는 참새와 기러기 같은 일반 동물의 경우는 지능이 낮고 생활 양식이 단순한 까닭에, 대개 본능적 행동으로 삶의 문제를 해결해 나간다. 그러나 인간의 경우는 그 생활 양식이 매우 복잡한 까닭에, 본능에 의존하는 반사적 행동만으로는 복잡한 문제들을 풀어 나가기가 어렵다. 바꾸어 말하면, 본능적으로 느끼는 나의 욕망 또는 감정을 따르는 행동만으로는 살아가기 어려운 것이 복잡한 사회 구조 속에서 사는 인간의 생활 조건이다. 우리들의 모든 행동은 넓은 의미의 '나'를 위한다는 목적을 가지고 있거니와, 본능과 감정에만 의존해서 행동할 경우에는 도리어 '나'에게 불이익을 가져올 공산이 크다.

인간도 생물의 일종인 까닭에 '나'를 보호하고자 하는 본능적 욕망을 가지고 있다. 따라서 인간의 경우에도 그가 자신을 위하여 사는 것은 오히려 당연한 일이며, 그것을 부도덕하다거나 이기주의적이라는 이유로 비난할 까닭은 없다. 다만 이성적 존재인 인간의 경우에 '나'라는 것이 도대체 무엇인가를 깊이 생각할 필요가 있다. '나'를 너무 좁은 의미로 이해하거나 '나'를 위해서 하는 행위가 결과적으로 자신을 불행하게 만드는 사람들에 대해서, 우리는 '이기주의자' 또는 '어리석은 자'라는 평가를 내리는 것이다.

우리는 '나'라는 존재가 무엇인지 익히 알고 있는 것으로 믿으며 살아가는 경우가 많다. 우리는 흔히 내 머리 끝에서 발끝까지를 '나'라고 생각한다. 그러나 그 생각이 잘못이라는 것은 다음과 같은 사실을 통하여 곧 알 수 있다. 예술가는 자기의 작품이 받는 평가에 대하여 지대한 관심을 갖는다. 예술가에게는 그의 작품도 '나'의 일부가 된다는 것을 의미한다. 떳떳하지 못한 과거를 가진 사람은 그것을 숨기는 경향이 있고, 화려한 과거를 가진 사람은 그것을 자랑하는 경향이 있다. 과거의 이력도 그 사람의 일부임을 의미한다. 합격자 명단에 아들 또는 딸의 이름이 들어 있는 것을 발견하고 기뻐하는 순간의 부모에게는 자녀가 그들의 '나'에 포함되며, 때묻고 땀내나는 내의를 며느리 앞에 내놓기 싫어하는 시아버지에게는 빨랫감도 그의 '나'의 일부이다.

'나'의 범위를 결정하는 것은 물질이 아니라 의식(意識)이다. 바꾸어 말하면, '나'로서 의식되는 것이 '나'의 범위를 결정한다. 그런 의미에서 '나'는 의식의 체계이다. 의식의 체계인 까닭에, '나'의 범위는 의식의 흐름을 따라서 늘었다 줄었다 한다. 예컨대, 형제의 관계에 있는 두 어린이가 한 봉지의 과자를 놓고 서로 더 많이 먹으려고 다투는 순간에 그 어린이들의 범위는 매우 좁게 줄어든다. 그 어린이들이 과자 봉지를 비운 다음에 함께 밖으로 나가서 이웃집 아이들과 편싸움을 벌였다면, 그 순간의 저 두 어린이는 하나의 '우리'를 형성하는 동시에, 그들의 자아(自我), 즉 '나'는 한 봉지의 과자를 놓고 다투던 순간보다 커지게 된다. 만약 그 두 형제와 이웃 아이들이 한편이 되어 다른 마을 아이들과 농구 경기를 한다면, 그때의 그 어린이들의 자아는 더욱 범위가 넓어질 것이다.

의식의 체계인 까닭에, 동일한 개인의 자아는 심리 상태의 변화를 따라서 그 범위가 늘었다 줄었다 한다고 하였다. 비록 그렇기는 하나 평상시에 자아의 범위가 넓은 사람도 있고, 반대로 그것이 좁은 사람도 있다. 일제 시대의 애국 지사들 가운데는 일신의 고락은 개의치 않고 항상 민족의 광복만을 염두에 두었던 사람들이 있었다. 김구 선생, 안창호 선생 그리고 안중근 의사 같은 분의 자아는 많은 시간 동안 우리 민족 전체를 그 안에 포함했다고 볼 수 있다. 슈바이처 박사와 같이 전인류를 항상 사랑했을 뿐 아니라 모든 생명에 대해 경외(敬畏)를 느끼며 살았던 위인의 자아는 한 민족 전체보다도 더욱 컸던 예라고 볼 수 있을 것이다. 이와는 반대로 평상시에 자기 한 사람만을 생각하는 마음 안에 갇혀서 사는 사람들도 있다. 이는 자아의 범위가 매우 좁은 사람들이며, 우리가 흔히 '이기주의자'라고 부르는 사람들이 이 부류에 속한다.

역사의 기록에 남은 사람들 가운데서 진실로 '위대하다'고 평가되는 사람들의 가장 큰 공통점이 무엇인가를 생각해 볼 일이다. 그것은 그들이 평소에 큰 자아 속에서 살았다는 사실이라고 필자는 생각한다. 위대한 사람들은 모두 그들의 '나'가 넓은 범위를 가졌다는 공통점을 가지고 있다. 굳이 역사적인 인물까지 들추지 않더라도, 우리 주변에서 훌륭한 인물이라고 존경받는 사람들은 대개 그들이 사랑하는 '나'의 범위가 보통 사람들보다 넓다.

우리가 아는 사람들 가운데서 '부도덕하다'는 비난과 지탄을 받는 이들의 가장 큰 공통점이 무엇인가도 생각해 볼 일이다. 그들의 공통점은 작은 '나' 즉 소아(小我)의 테두리 속에서만 살고 있다는 사실이다. 그들은 평소에 좁은 범위의 자아 속에 갇혀서 그 소아의 이익을 추구하기에 골몰한 사람들이다. '큰 나'인 '우리'를 외면하고 '작은 나'에게만 집착한 사람들이다.

직업을 대하는 한국인의 태도가 대체로 바람직하지 못하다고 평가되는 근본 이유는, 대부분의 한국인들이 '작은 나' 즉 소아(小我)의 껍질 속에 갇혀 있기 때문이다. 바꾸어 말하면, 현대인은 대체로 인생을 좁게 살고 있다. 모두들 자기를 열심히 사랑하며 아둥바둥 살고 있는 것인데, 실은 별로 뜻있는 삶을 얻지 못하고 세월을 허송하는 경우가 많다. 자신을 위해서 열심히 뛰었는데 결과는 얻은 것보다 잃은 것이 더 많은 모순에 부딪친 꼴이다.

우리가 모두 '나'를 사랑하는 것은 당연한 일이라 하겠으나, '나'에 대한 사랑이 나에게 행복을 안겨 주지 못한다면, 그 '나에 대한 사랑' 어디엔가 잘못이 있다고 보아야 할 것이다. 자식에 대한 맹목적인 사랑이 자식을 도리어 불행하게 만드는 경우가 흔히 있듯이, 나에 대한 그릇된 사랑이 나를 도리어 불행으로 안내하는 경우도 흔히 생긴다. 삶에 대한 지혜가 부족하기 때문이라고 말할 수도 있고, 눈에 보이는 것만을 계산에 넣고 보이지 않는 것은 계산에 넣지 않기 때문이라고 말할 수도 있다.

개인주의의 의식 구조를 가지고 사는 현대인은 대개 자신의 이익의 극대화를 꾀하며 살아간다. 이익의 극대화를 위해서는 자연히 알게 모르게 계산을 하게 되거니와, 많은 경우에 우리의 계산은 오산을 범한다. 계산을 잘못하게 되는 이유는 당장 눈앞에 보이는 외면적 가치(外面的 價値)만을 근시안적으로 계산하기 때문이다. 우리는 먼 후일까지를 염두에 두고 오늘을 살아야 하며 눈에 보이지 않는 내면적 가치도 존중하며 살아야 하는데 이 당연한 원칙을 어기는 경우가 너무 많다. 직업을 대하는 우리들의 태도가 낮은 수준을 벗어나지 못하는 것도 이 원칙을 배반하기 때문이다.

제 6 장
직업을 대하는 바람직한 태도

1. 정직성과 성실성

직업을 대하는 한국인의 태도에 바람직하지 못한 경우가 많다는 것을 지적하였다. 이제 우리는 "직업을 대하는 바람직한 태도란 어떠한 태도이냐?" 하는 물음에 대답해야 할 차례에 이르렀다. 도대체 무엇을 기준으로 해서 직업을 대하는 태도가 바람직하니 바람직하지 못하니 하고 평가하는 것일까? 태도에 대한 평가는 그것을 보는 시각에 따라서 달라질 수 있는 것이 아닐까?

직업을 대하는 태도가 옳으냐 그르냐를 평가할 때 우리는 흔히 국가와 사회를 위하는 시각을 취한다. 앞에서 필자가 한국인의 직업을 대하는 태도가 낮은 수준에 머물러 있다고 말했을 때도, 국가와 사회를 위해서 바람직하냐 못 하냐 하는 시각을 암암리에 취했던 것이다. 그러나 근로자 개인으로서는 자신을 위해서 바람직한 태도가 무엇이냐고 물을 수도 있을 것이고, 회사를 경영하는 사람은 회사를 위하는 시각에서 같은 문제를 바라볼 수도 있을 것이다.

우리가 소아(小我)의 견지에서 근시안적으로 계산할 경우에는, 국가 또는 사회를 위하는 태도가 나 자신을 위해서는 불리한 결과를 가져온다는 갈등이 생길 여지가 많을 것이다. 그러나 우리가 소아의 좁은 의식을 넘어서서 좀더 큰 자아의 견지를 취하고 원대한 안목으로 이해와 득실을 계산할 경우에는, 국가와 사회를 위하는 길이 결국은 나를 위하는 길도 된다는 것을 깨달을 것이다. 가장 중요한 것은 우리가 어떤 관점에서 인생을 바라보느냐 하는 문제이다.

회사를 경영하는 사람의 견지에서 바람직한 태도와 회사에 고용된 근로자의 견지에서 바람직한 태도는 서로 다를 수 있다는 생각이 든다. 회사를 경영하는 사람의 견지에서 볼 때는 근로자들이 일은 많이 하고 임금은 적게 요구하는 것이 바람직할 것이요, 근로자의 견지에서 볼 때는 일은 적게 하고 돈을 많이 받는 편이 바람직할 것이다. 경영인과 근로자를 대립된 두 당사자로 보고 근시안적 계산을 할 경우에는 반드시 그러한 결론이 나올 것이다. 그러나 경영인과 근로자가 같은 배를 탄 동행자(同行者)로서 보다 긴 안목으로 계산할 경우에는 그 반대의 결론이 나올 수도 있을 것이다. 다만 회사를 경영하는 사람이 국가와 사회의 공익(公益)을 무시하고 부당한 사리(私利)를 추구할 경우에는, 그 경영자와 공범자가 되기를 거부하는 편이 자신과 국가를 위하는 길이 될 것이다.

개인으로서의 '나' 자신을 위하는 길과 공동체인 국가 또는 사회를 위하는 길이 궁극에 가서는 함께 만난다는 논리는 우리의 의식 수준이 '대아(大我)'의 경지에 도달했을 경우에만 설득력을 갖는다. 그러나 우리네 보통 사람들의 의식 수준은 대개 '소아'의 경지에 머물러 있는 것이 오늘의 현실이다. 그러므로 이 자리에서는 '국가와 사회를 위해서 어떠한 태도로 직업에 임할 것인가'라는 거창한 문제는 접어두고, 직장인 자신을 위해서 바람직한 태도가 무엇인가만을 살펴보기로 한다.

"직장인 자신을 위해서 바람직하다" 함은 직장인이 추구하는 삶의 목적을 달성하기에 가장 적합하다는 뜻으로 풀이할 수 있을 것이다. 더욱 알기 쉽게 말하면, 직장인 자신의 행복을 위해서 가장 적합한 태도가 여기서 문제삼는 '바람직한 태도'에 해당할 것이다. 아리스토텔레스가 말한 바와 같이, 사람들은 누구나 결국은 자신의 행복을 추구하며 살게 마련이기 때문이다.

'행복을 위해서 적합한 태도'라는 말의 더욱 구체적인 의미는 '행복의 조건을 갖추기에 가장 적합한 태도'가 될 것이다. 행복의 조건을 갖추게 되면 자연히 행복을 얻는 결과에 도달할 것이기 때문이다. 우리는 앞에서 행복의 객관적 조건으로서 다음 다섯 가지가 가장 기본적임을 살펴본 바 있다. ① 기본 생활의 안정 ② 건강 ③ 자아의 성장 ④ 공동체를 위한 떳떳한 구실 ⑤ 원만한 대인 관계가 그것이다. 직장 생활에 있어서나 그 밖의 생활에 있어서, 이상의 다섯 가지 조건을 갖추도록 사는 것이 가장 바람직한 삶의 태도가 될 것이다.

우리는 삶의 현장에서 이렇게 할 것인가 또는 저렇게 할 것인가 하는 문제를 앞에 놓고 망설일 때가 흔히 있다. 만약 우리들의 궁극적 삶의 목적이 행복이라는 견해를 따른다면, 우리는 항상 행복의 조건을 갖추기에 가장 적합한 행위를 선택함이 바람직할 것이다. 직장 생활에 있어서도 그렇고 직장 생활 이외의 경우에도 마찬가지일 것이다.

직장 생활을 하는 사람들이 이렇게 할 것인가 또는 저렇게 할 것인가 하고 망설이게 되는 심리적 갈등에는 몇 가지 유형이 있다. 그 유형의 첫째는 일을 성실하고 정직하게 할 것인가 혹은 요령껏 적당히 할 것인가 하는 망설임이다. 이러한 망설임은 반드시 직업과 관련해서만 생기는 것은 물론 아니나, 특히 상업성이 강한 직업에 종사하는 사람들이 흔히 겪는다.

어떠한 종류의 직업에 종사하는 경우든, 정직하고 성실한 태도로 일하는 사람들이 국가와 사회에 이바지하는 바가 크다. 그리고 직장 생활을 통해서 얻을 수 있는 또 하나의 소득인 '자아의 성장'으로 말하더라도, 정직하고 성실한 태도가 좋은 결과를 가져올 확률이 높다. 그럼에도 불구하고 우리 나라의 직업인들 가운데 부정직하고 불성실한 태도로 종사하는 사람들이 많은 까닭은, 돈벌이의 목적을 위해서는 정직과 성실성이 오히려 불리한 결과를 가져온다는 계산 때문이다.

비록 돈벌이에서 손해를 본다 하더라도, 국가와 사회에 이바지하는 바가 크고 자아의 성장을 위해서도 바람직한 정직과 성실의 길을 택해야 한다는 것이 교과서적으로는 옳은 주장일 것이다. 교과서적으로 옳다는 것을 인정하면서도 실제로는 그 길을 택하지 않는 사람들이 많다. 비록 교과서적으로 옳은 주장이기는 하나, 돈에서 손해를 보는 길은 현대인의 가슴을 파고드는 매력이 약하기 때문일 것이다. 현대 생활에서 돈이 차지하는 비중이 너무 큰 까닭에 사람들은 돈에서 손해를 보는 길은 회피하기 쉽다.

현대 생활에서 돈이 필요한 것임에는 틀림이 없다. 이러한 사실을 외면하고 돈에 대한 애착을 함부로 비난하면 자칫 위선으로 빠질 염려가 있다. 그러므로 이 자리에서는 돈이 필요한 것임을 일단 인정하는 시각에서 문제에 접근하는 편이 현실에 적합할 것으로 보인다. 이에 필자는 한 걸음 뒤로 물러서서 문제를 이렇게 제기하고자 한다. "정직하고 성실한 태도로는 과연 돈을 벌 수 없는가?"

우리가 만약 단시일 내에 왕창 큰돈을 벌고자 한다면, 정직하고 성실한 태도로써 목적을 달성하기는 대체로 어려울 것이다. 옛날부터 "병풍과 장사는 약간 구부려야 잘 선다"고 하였다. 남기자는 장사이므로 다소의 부정직은 불가피하다는 것이 일부의 상식이기도 하다. 그러나 단시일 내에 왕창 떼돈을 벌자는 것이 아니고, 기본 생활이 요구하는 필요한 정도의 돈을 장기간에 걸쳐서 벌자고 한다면, 도리어 정직하고 성실한 태도가 안전하다고 필자는 믿는다.

현대 한국에는 빨리 큰돈을 벌어야 한다고 성급하게 생각하는 사람들이 많이 있다. 이 성급한 생각에 바로 문제점이 있는 것이다. 우리에게 꼭 필요한 것은 거액의 재산이 아니며, 기본 생활의 안정에 필요한 정도의 돈을 서서히 벌어도 늦을 것이 없다. 사회 사업 또는 문화 사업 같은 좋은 일을 하기 위해서 많은 돈을 필요로 하는 사람들이 더러 있다. 그러나 그와 같은 좋은 일은 정당한 방법으로 많은 돈을 번 다음에 해도 늦지 않다. 좋은 일을 하기 위하여 방법을 가리지 않고 돈을 모은다는 것은 수순에 문제가 있다.

돈은 그것이 무엇을 위하여 사용되느냐에 따라서 그 가치에 큰 차이가 생긴다. 가족들의 기본 생활을 보장하기 위하여 쌀이나 연탄을 사는 데 쓰이는 돈은 가치가 매우 큰 돈이다. 어린이들의 교과서와 학용품을 구하는 데 사용되는 돈도 매우 귀중한 돈이며, 꼭 필요한 병원 치료를 받기 위하여 쓰이는 돈도 매우 값진 돈이다. 그러나 유흥에 사용되는 돈, 값비싼 옷이나 가구를 구입하는 데 사용되는 돈은 가치가 적은 돈이다.

가치가 적은 사치나 낭비에 필요한 거액의 돈을 단시일 안에 벌기 위해서는 비상 수단에 호소해야 할 경우가 많다. 그 비상 수단은 사기나 횡령과 같이 법을 어기는 행위일 수도 있고, 요행을 바라는 투기일 수도 있어서, 자칫하면 패가망신할 위험성을 안고 있다. 그러나 기본 생활에 쓰이는 가치있는 돈은 반드시 거액일 필요가 없는 까닭에, 그것을 얻기 위하여 굳이 범법이나 투기를 감행할 필요는 없다.

정직하고 성실한 태도를 가지고는 기본 생활에 필요한 정도의 그리 많지 않은 돈을 버는 일조차도 매우 어렵다고 생각하는 사람이 있을지 모른다. 어떤 특수한 사정으로 인하여 정직하고 성실한 태도로는 살아가기 어려운 사람이 더러 있다는 사실을 부인하기는 어려울 것이다. 집에 중환자가 있거나 실직을 했거나 그 밖에 어떤 불행한 처지에 놓인 사람의 경우에는 정직과 성실의 덕만으로 문제가 해결되지 않을 수 있다. 그러나 이러한 경우에도 법을 어기거나 그 밖의 어떤 모험을 통해 문제가 풀릴 가능성은 희박하다. 이처럼 특수한 경우에 관한 문제는 사회 제도의 개선 또는 정책적 배려를 요구하는 문제이므로 우리가 지금 고찰하고 있는 직업을 대하는 올바른 태도의 문제와는 차원이 다르다고 보아야 할 것이다. 지금 우리가 다루고 있는 문제는 직업을 가지고 있는 사람에 관한 문제이다.

직업을 가지고 있는 사람이라면, 정직하고 성실한 노력을 오랫동안 꾸준히 하는 것만으로도 기본 생활의 안정에 필요할 정도의 돈은 벌 수 있다고 필자는 믿고 있다. 이러한 믿음을 뒷받침하기 위하여 필자가 잘 아는 실화를 여기에 소개하고자 한다. 하나는 근래에 있었던 이야기이고, 또 하나는 오래 전에 있었던 이야기다.

필자가 살던 집에서 멀지 않은 곳에 전파사(電波社)가 두 집 있었다. 한 집은 간단한 일로 부르는 고객의 집에는 바쁘다는 핑계로 가기를 거부하고, 전기의 합선을 고치는 따위의 돈벌이가 됨직한 일만 찾아다녔다. 뿐만 아니라 고객에게 터무니없이 많은 대가를 요구하는 버릇이 있었다. 다른 한 집은 고객의 요청만 있으면, 일의 크고 작음을 가리지 않고 곧 달려갔을 뿐 아니라, 부당하게 많은 돈을 받는 일도 없었다. 불성실하게 가게를 운영하던 첫째 전파사는 다른 곳으로 이사를 갔거니와, 가게를 줄여서 변두리로 나갔다고 하였다. 성실하게 가게를 운영한 둘째 전파사는 동생에게도 기술을 가르쳐서 또 하나의 가게를 낼 수 있을 정도로 성업을 이루었다.

여기 소개하고자 하는 또 하나의 실화는 필자의 고향 친구에 관한 이야기다. 그 친구는 집이 몹시 가난하여 초등학교도 겨우 다녔다. 중학교 진학은 아예 엄두도 못 낼 처지여서, 초등학교만 마치고 몇 해 놀다가 과일 장사를 시작하였다. 과일을 소쿠리에 지고 다니며 길가에서 파는 행상이었다. 제2차 세계 대전이 시작되었을 무렵의 일이다.

전시(戰時)의 장사는 평화시의 장사와는 사정이 크게 달랐다. 평화시에는 물건을 팔기만 잘하면 장사는 성공적이다. 그러나 전시에는 물건 구입을 잘하는 사람이 장사를 잘하는 사람이었다. 전시에는 모든 물건이 달리게 마련이어서, 팔기는 쉬우나 구입하기가 어렵기 때문이다. 과일 장사의 경우도 사정은 마찬가지여서 물건을 구하기가 어려웠다. 참외와 수박이 흔한 여름 한철과 사과와 배의 수확기인 가을 한때에만 장사할 물건을 구할 수가 있었다. 그러므로 1년에 기껏해야 3개월 내지 4개월 동안 할 수 있는 것이 전쟁중이던 그 당시의 과일 행상이었다.

그러나 내 친구의 경우는 사정이 달랐다. 그는 7월에서부터 다음해 3월경까지 1년에 8개월 내지 9개월 동안 장사를 할 수 있었다. 과수원 주인들이 과일을 저장고에 넣은 다음에, 다른 행상들이 찾아가면 물건이 없다고 거절했으나 내 친구가 찾아가면 조금씩 나누어 주었기 때문이다. 그에게만 특별히 물건을 나누어 준 까닭은 그가 다른 행상들과는 달리 매우 성실하고 정직한 젊은이로 알려졌기 때문이었다. 집이 가난함에도 불구하고 성실하기 그지없는 소년을 도와주자는 동정심이 작용했던 것이다.

그 당시에 과일 행상에 종사한 사람들은 모두 집이 가난했고, 가난했던 까닭에 과수원에서 물건을 받아 갈 때 선금을 내지 않고 외상을 달았다. 그 물건을 판 다음에 와서 대금을 치르는 것이 관례였는데, 대금을 치르는 단계에서 그들은 값을 깎는 버릇이 있었다. 전날 가져간 과일에 흠이 많아서 장사가 안 되었다든가 또는 자기 집의 여러 배고픈 아이들이 과일을 축내서 돈이 모자란다든가 하는 핑계를 대며 떼를 썼던 것이다. 과수원 주인들은 그것이 핑계에 불과한 줄 알면서도 겨주는 것이 그 시절의 인심이었다.

그 당시에 과일을 팔 때는 '덤'이라는 것을 더 얹어 주는 것이 관행처럼 되어 있었다. 과수원 주인의 재량으로 덤을 몇 개씩 더 집어 주었던 것인데, 행상인들은 과수원 주인이 준 것 이외에 자기네 손으로 또 덤을 집어 가는 버릇이 있었다. 이 경우 과수원 주인들은 못마땅하게 생각하면서도 모르는 척하는 것이 보통이었다.

이러한 풍속이 지배했던 과수원 주변에서 내 친구만은 예외였다. 다음날 외상값을 치를 때는, "어제 주신 물건 덕분에 장사 잘했습니다. 고맙습니다" 하며, 약속에서 한 푼도 틀리지 않게 대금을 지불하였다. 그리고 덤도 과수원 주인의 처분에 맡길 뿐 제 손으로 더 집어 가는 일이 없었다. 이와 같은 태도로 인해 그는 '보기 드물게 착실한 아이'로 알려지게 되었고, 과수원 주인들의 호감을 얻게 되었던 것이다.

장사할 수 있는 기간이 다른 행상인들에 비하여 두 배 이상 길었던 까닭에, 내 친구는 다른 사람들보다 비교적 많은 돈을 벌게 되었다. 그런 가운데 전쟁이 끝났고 과일도 점차 흔하게 되었다. 과일을 마음대로 구입할 수 있게 된 다음에도 내 친구의 성실한 태도는 변하지 않았다. 이번에는 주로 고객을 위해서 박리다매(薄利多賣)로 봉사하는 정신을 발휘하였다. 자연히 여러 고객이 그를 찾게 되었고, 그의 소쿠리 장사는 리어카 장사로 성장했다. 그의 리어카 장사는 다시 구멍가게로 성장하여 저축이 날로 늘어 갔다.

어느 정도의 돈을 모으게 된 내 친구는 서울로 진출하여 용산에 있던 청과물 도매 시장 상가 안에 가게터 하나를 얻었다. '복흥상회(福興商會)'라는 간판을 걸고 과일 도매상을 시작한 것이다. 도매상 간판을 단 지 불과 5, 6년 만에 그는 그 시장에서 가장 매상고가 높은 가게의 주인이 되었다. 가락동에 농수산물 도매 시장이 생기기 이전에는 서울의 용산이 전국에서 가장 큰 청과물 시장 지역이었으므로, 복흥상회는 전국에서 가장 매상고를 많이 올리는 기록을 세운 셈이다. 그런데 이렇게 된 것은 복흥상회 주인에게 특별한 경영 수완이 있어서가 아니라, 오로지 그의 성실성과 정직성 덕분이었다.

1950년대 중반, 한국 동란의 상처가 아물기 전의 혼란기였다. 용산 일대의 청과물 도매상들은 모두 두 가지의 속임수를 써서 부당한 이익을 올리고 있었다. 과수원의 생산자가 제대로 포장한 과일 상자를 도매상이 재포장하는 과정에서, 무게도 속이고 등급도 속이는 수법을 썼던 것이다. 본래 15kg 들어 있던 사과나 배 상자를 재포장하면서 1kg씩만 빼면, 14상자를 15상자로 만들 수 있었다. 그리고 B급품 일부를 A급품 바닥에 깔고 C급품 일부를 B급품 바닥에 깔면, 과일의 2할 정도는 등급을 올려서 파는 길이 열렸다.

그러나 복흥상회에서는 재포장이라는 것을 아예 하지 않았다. 과수원에서 담아 온 그대로를 소매상에 넘겼던 것이다. 소매상들은 복흥상회의 물건과 다른 도매상들의 물건 사이에 완연한 차이가 있음을 곧 알게 되었고, 이 소문은 자연히 퍼져 나갔다. 그리하여 마치 눈사람이 불어나듯이 복흥상회의 매상고는 날로 늘어났던 것이다.

그러나 복흥상회의 성업(盛業)은 오래 지속되지 않았다. 단골 소매상들이 등을 돌리기 시작했던 것이다. 등을 돌린 까닭은 간단했다. 복흥상회에서도 재포장하기를 시작하고 다른 도매상들이 사용했던 두 가지 속임수를 썼던 것이다. 성실성 하나로 돈을 번 복흥상회의 김사장이 그 성실성을 버린 것인데, 그동안에 돈을 많이 번 것이 도리어 화근이 된 셈이다.

내 친구 김사장은 본래 술을 좋아하는 체질이었다. 시골에서 소쿠리 장사를 할 때부터 술을 즐겼던 것인데, 가난했던 까닭에 값싼 막걸리를 안주없이 마시는 것으로 만족하였다. 그러나 용산에서 도매상 문을 열고 많은 돈을 번 다음부터는 맥주나 양주 따위의 값비싼 술을 찾게 되었다. 김사장도 역시 '체면'이라는 것을 존중하는 한국인이었고, 용산 일대에서 알아주는 김사장 체면에 막걸리나 소주만 마실 수는 없는 노릇이었다.

술이 고급이면 안주도 고급이라야 격식에 맞는다. 술과 안주가 모두 고급이면 술을 따르는 여자가 시중을 들어야 제격이다. 이리하여 김사장은 방석집과 요정을 드나들게 되었고, 술에는 술친구가 따르게 마련이어서 유흥비로 적지 않은 돈을 쓰게 되었다. 신선 놀음에 도끼 자루가 썩기 시작했던 것이다.

그 다음에 김사장을 기다리고 있었던 것은 춤바람이었다. 친구의 권유로 춤을 배우기 시작했던 것인데, 아주 깊숙이 빠져 버렸다. 휘황찬란한 조명 속에서 직업적 무희(舞姬)와 춤을 추면서 그는 황홀감에 도취하였다. 그는 이미 40고개를 넘은 자신이 청춘을 허송했다고 아쉬워하며, 밤이 새는 줄도 모르고 춤의 늪 속으로 빠져 들었다. 유흥이란 친구와 함께 어울리기 쉬운 것이어서, 건달 친구들의 춤값과 술값까지 부담하게 된 김사장의 유흥비는 분수를 넘어섰다.

지출이 느는 것과는 반대로 수입은 도리어 줄었다. 유흥에 열중하는 가운데 장사에 대한 열의가 떨어지게 되었고, 물건의 구입과 판매를 남의 손에 맡기는 비중이 커짐에 따라서 수입은 감소할 수밖에 없었던 것이다. 수입은 줄고 지출은 늘었으니, 그동안에 저축했던 은행의 잔고가 눈에 띄게 줄어들었다. 이에 김사장은 당황하게 되었고, 그 결손을 채우고 싶은 조급한 마음에서 다른 도매상이 사용해 온 두 가지 속임수를 자신도 모방하게 되었다.

그 속임수로 복흥상회도 한때는 재미를 보았다. 그러나 그 사실은 단골 소매상들에게 자연히 발각되었고, 단골 소매상들은 몇 해 동안 정직하게 장사함으로써 신용을 얻은 다음에 속임수를 쓴 김사장을 '배신자'로 규정하는 동시에 복흥상회를 떠나갔다. 그 뒤에 김사장은 마음을 고쳐먹고 다시 착실한 장사꾼으로 돌아갔으나, 전성기는 다시 오지 않았다.

2. 능동성과 적극적 노력

직장 생활에서 우리가 경험하기 쉬운 또 하나의 심리적 갈림길은, 능동적이며 적극적인 태도로 일을 많이 할 것인가 또는 수동적이며 소극적인 태도로 일을 적게 할 것인가 하는 문제 앞에서 느끼는 망설임이다. 자기 사업을 하는 사람 또는 성과에 따라서 보수의 액수가 결정되는 외판원(外販員)의 경우는 대개 능동적이며 적극적인 자세로 일을 하게 되지만, 일정한 봉급을 받기로 되어 있는 일반 직장의 경우에는 일을 적게 하고 싶은 충동을 느끼는 사람들이 많다. 그러나 한편으로는 일을 열심히 해야 한다는 '양심의 소리'도 들리는 듯하여 마음의 갈등을 느끼는 경우가 흔히 있다.

일반적으로 얘기해서, 우리는 일을 많이 하고 싶은 욕망보다는 편히 쉬고 싶은 욕망을 느낄 때가 많다. 자기가 주인이 되어서 하는 일이 아니라, 돈을 받고 남의 일을 할 경우에는 더욱 쉬고 싶은 욕망이 앞서는 것이 인간의 심리이다. 특히 현대의 근로자들은 노동도 상품이라는 생각을 가지고 있으며 자신들의 노동을 비싼 값에 팔아야 한다는 관념에 익숙한 까닭에, 더욱 그러한 심리에 사로잡히기 쉽다.

나의 노동을 비싼 값에 파는 방법으로서 우리는 두 가지 길을 생각할 수 있을 것이다. 하나는 되도록 돈을 더 많이 주는 일자리를 찾아서 옮기는 길이요, 또 하나는 이미 보수가 정해져 있는 현 직장에서 되도록 일을 적게 해주는 길이다. 돈을 많이 주는 일자리를 찾는 것이 쉽지 않은 일이므로, 비교적 실천하기 쉬운 것은 둘째 길이다. 보수가 일정할 경우에는 일을 적게 해줄수록 단위 노동에 대한 값을 많이 받는다는 계산이 성립할 것이다.

그러나 필자는 보수가 늘거나 진급이 빨라진다는 보장이 없을 경우에도, 어차피 일을 할 바에는 능동적이요 적극적인 자세로 임하는 것이 근로자 자신을 위해서도 바람직하다고 믿는다. 그렇게 믿는 근거는 우리가 마지못해서 일을 할 때와 자진해서 일을 할 때의 심리 상태가 크게 다르다는 사실에 있다. 일반적으로 자진해서 일을 할 때는 그 일이 즐겁고, 마지못하여 억지로 할 때는 그 일이 더욱 부담스럽다.

공부도 일종의 일이다. 집안이 가난하여 어렸을 때 공부를 못 한 사람이 나이가 들어서 그 한을 풀기 위하여 만학의 길에 뛰어드는 경우가 있다. 그런 경우에 그는 자연히 적극적 자세를 취하게 되고, 촌음을 아껴 가며 남보다 더 열심히 공부에 전력한다. 그에게는 공부하는 시간이 즐거운 시간이고, 힘은 들어도 괴로운 줄을 모른다. 그러나 부모의 강요에 못 이겨 마지못해서 공부를 하는 어린이들에게는 공부하는 시간이 바로 괴로운 시간이고 가장 재미없는 시간이다.

등산객에게는 산에 가는 것이 즐거운 일이고, 나무꾼에게는 산에 가는 것이 괴로운 일이다. 경치 좋기도 같고 공기 좋기도 같은 산에 갈 경우에도 등산객에게는 그것이 즐겁고 나무꾼에게는 그것이 괴롭다. 도대체 왜 이러한 차이가 생기는 것일까? 나무꾼은 산에 가서 마른 나뭇가지나 관목을 베는 등 힘든 일을 해야 하고, 또 무거운 짐을 지고 내려오는 고역을 치러야 하나, 등산객에게는 그런 부담이 없다는 사실을 지적할 수 있을 것이다.

　그러나 이것은 등산객의 산행이 즐겁고 나무꾼의 산행은 괴로운 이유에 대한 만족스러운 대답이 될 수 없다. 왜냐하면 어떤 등산은 나무꾼의 노동보다도 훨씬 더 힘들고 어렵지만 역시 즐겁기 때문이다. 줄에 매달려서 암벽을 오르는 등산이나 혹한과 눈보라를 무릅쓰고 세계의 고산에 도전하는 산악인의 수고는 나무꾼의 수고보다도 몇 갑절 힘들고 어렵지만, 산을 타는 사람들은 그 어려움 속에서 환희를 느낀다.

　등산객의 산행이 즐거운 가장 근본적인 이유는 그것이 자진해서 하는 일이라는 사실에 있다. 나무꾼의 산행이 괴로운 가장 근본적인 이유는 그것이 강요당한 노동이라는 사실에 있다. 지금은 나무꾼을 보기 어려운 세상이 되었지만, 옛날의 농촌 사람들은 당장의 땔감을 구하기 위해서도 또는 팔아서 양식을 얻기 위하여 산감독의 눈을 피해 가며 내키지 않는 나무꾼이 되곤 하였다.

　필자는 능동적 자세로 하는 일은 즐겁고 마지못해서 하는 일은 괴롭다는 사실을 필자 자신의 체험을 통해서 깨달았다고 믿었었다. 강의도 준비를 충분히 해서 열심히 했을 때는 즐겁고 준비를 소홀히 해서 의무적으로 시간을 채웠을 때는 괴롭다는 사실을 나는 체험하였다. 쓰고 싶은 충동에 밀려서 스스로 펜을 들었을 때와 청탁에 못 이겨 억지로 원고지 앞에 앉았을 때는 그 심리 상태가 크게 다르다는 사실도 체험하게 되었다. 그러나 나는, 내가 이러한 사실을 체험으로 깨닫기에 앞서 고등학교 교과서를 통하여 그것을 배운 적이 있다는 사실을 뒤늦게 우연히 상기(想起)하였다.

영국의 유머 작가 제롬(Gerome K. Gerome, 1859~1927)의 글 한 편이 일제 시대 고등학교 교과서에 실려 있었다. 그 글의 제목은 '일(work)이 놀이(play)가 될 때'였고, 그 줄거리는 대략 다음과 같은 것이었다고 기억한다.

런던의 어느 철학 교수가 주말에 교외로 산책을 나가게 되었다. 그는 전철을 타고 교외를 달렸고, 창 밖에 전개되는 아름다운 풍경을 바라보았을 때 기분이 매우 상쾌했다. 그때 철학자는 혼자 속으로 이런 생각을 하였다. '나는 어쩌다 한 번 교외선을 타고도 이토록 기분이 상쾌한데, 하루에도 몇 번씩 이것을 타고 경치 좋고 공기 맑은 교외를 달리는 전철 승무원은 얼마나 즐거울까? 나는 돈을 내고 타도 즐거운데, 월급을 받고 매일 나들이를 하는 승무원은 더욱 즐거울 것이다.'

철학자는 전철 승무원을 부럽다고 생각하였다. 그러나 부럽다는 생각만 하고 한마디 축하의 말도 하지 않는다면 그것은 철학자다운 아량이 아니라는 생각이 들어, 그는 기관사 옆으로 가까이 가서 "축하합니다" 하고 말을 걸었다. 영문을 몰라서 어리둥절한 기관사는 무엇을 축하하느냐고 물었고, 철학자는 "당신의 직업을 축하합니다"라고 대답하였다. 이때 기관사는 "선생의 직업은 무엇입니까?" 하고 물었다. "나는 대학 교수입니다." 이런 대답을 듣고 기관사는 매우 불쾌한 표정을 지으며 다음과 같이 말하였다.

"대학 교수가 기관사의 직업을 축하한다고요? 사람을 놀리는 겁니까. 당신과 나는 다같이 지금 열차를 타고 있지만 처지가 다르오. 당신은 놀고 있으며, 나는 일을 하고 있소. 당신은 팔자좋게 교외에 산책을 나온 모양이나, 나는 그것이 아니오. 일요일에도 쉬지 못하고 이렇게 단조로운 노동에 종사하지만 나의 월급은 대학 교수 월급의 절반에도 못 미칠 것이오."

이 말을 듣고 대학 교수는 자기가 모르고 말을 잘못한 것 같다고 사과하며 다음 역에서 내렸다. 내려서 걸어가다가 다른 한 사람을 만났다. 두번째로 만난 사람은 고장난 오토바이를 수리하고 있었다. 19세기 말엽의 비포장 도로에서 일어나는 먼지를 함빡 뒤집어쓰고 손은 기름때로 찌든 그의 모습이 몹시 딱해 보였다. 먼저 만난 전철 기관사는 먼지도 적고 기름때를 묻힐 일도 없는 열차 안에서 그토록 불행하다 했는데, 이 사람은 그보다도 훨씬 더 불행한 사람으로 보였다.

불행한 사람을 보고 한마디의 위로도 없이 지나가는 것은 철학자다운 처신이 아니라고 생각되었다. 그는 오토바이를 수리하고 있는 사람에게로 다가가서, 참 안됐다며 위로의 말을 보냈다. 그러나 위로를 받은 사람의 반응은 뜻밖이었다. 그런 위로는 전혀 필요가 없다고 하였다. 오토바이로 말하면 굉장히 비싼 물건이어서 보통 부자는 살 수 없는 귀물이고(그것이 발명된 지 얼마 안 되는 19세기 이야기), 오토바이의 스피드 스릴은 이루 말할 수 없이 즐겁다고 하였다. 고장은 곧 수리 될 것이고, 수리만 끝나면 다시 스피드를 즐기게 될 것이라 며, 무안을 주었다.

철학자는 자기가 말을 잘못한 모양이라고 생각하며 다시 걸 었다. 얼마쯤 걸었을 때 어느 농장 앞에 당도하였다. 농장 한 편에는 과일이 익어 가고 있었으며, 다른 한편에는 가을꽃이 아름답게 피어 있었다. 그 목가적인 분위기 속에서 농장 주인 으로 보이는 남자가 괭이로 흙을 일구고 있었다. 유유자적한 그의 모습이 매우 보기에 좋았다. 이 사람이야말로 축하를 받 아 마땅할 것이라는 자신감이 섰다. 이번에는 틀림이 없을 것 이라고 믿으며 농부에게로 가까이 갔다.

가까이 가서 진심으로 축하한다고 말을 걸었다. 참으로 좋 은 직업에 종사하고 있음을 축하한다는 뜻이었다. 그러나 농 부는 "그런 소리 말라"며 손을 가로저었다. 가장 힘이 많이 들고 수입은 가장 적은 것이 농사라는 직업이라고 하였다. 이 른 봄부터 겨울까지 하루도 쉴 사이 없는 것이 농사이며, 그 렇게 많은 땀을 흘려도 살아가기가 어렵다고 하였다. 철학자 는 자기가 잘못 알고 말을 잘못했음을 자인하고 농장을 떠났 다.

철학자가 다음에 당도한 곳은 골프장이었다. 골프장 한 모 퉁이에서 남자 한 사람이 땀을 뻘뻘 흘리며 스윙 연습을 하고 있었다. 골프채로 골프공을 때리며 땀을 흘리는 모습이 괭이 로 흙을 찍으며 땀을 흘리는 농부의 모습과 흡사하다고 철학 자는 생각했다. 다만 골프장에는 익어 가는 과일도 없고 아름다운 꽃도 없는 것이 농장과 달랐다. 땀을 흘리며 고생을 하는 점은 같고 주위 환경은 골프장이 농장만 못하다고 본 것이다. 그렇다면 이 골퍼는 저 농부보다도 더 불행한 사람임에 틀림이 없다고 보아야 할 것 같았다.

불행한 사람을 보고서 위로의 말 한마디 없는 것은 철학다운 처신이 아니다. 이에 철학자는 골퍼에게 가까이 가서, 어쩌다 이러한 곤경에 처하게 되었느냐고 하며 위로의 말을 건넸다. 그러나 그와 같은 위로는 전혀 필요가 없다고 하며 골퍼는 웃었다. 골프로 말하자면 돈이 아주 많이 드는 고급 스포츠라는 설명까지 하며, 동정을 함부로 낭비하지 말라고 친절하게 일러주었다.

세상 물정에 어두운 철학자는 또 한 번 쑥스러움을 느끼며 발길을 돌렸다. 발길을 돌리면서 철학자는 고민을 금치 못했다. 도무지 알 수가 없었다. 기관사와 농부는 자신의 처지에 왜 그토록 불만이 많고, 오토바이 타는 사람과 골프 치는 사람은 왜 그토록 자신의 처지에 만족을 느끼는지 도무지 모를 일이었다. 그는 멈추어 서서 한동안 생각에 잠겼다. 한참 생각한 끝에 그는 드디어 결론을 얻었다. 그가 얻은 결론은 다음과 같았다. "돈을 받아 가며 하는 일은 괴로운 일이고, 돈을 써가며 하는 일은 즐거운 일이다!"

돈을 받아 가며 하는 일, 그 일을 할 때 우리는 수동적 자세로 마지못해 억지로 하기 쉽고, 따라서 그 시간이 괴롭게 느껴진다. 돈을 써가며 하는 일, 그 일을 할 때 우리는 능동적 자세로 신바람이 나기 쉽고, 따라서 그 시간이 즐겁게 느껴진다. 필자는 서울대학교 관악 캠퍼스 안을 돈 받아 가며 걸어 보기도 하고, 돈 써가며 걸어 보기도 하였다. 평소에 출퇴근을 위해서 그 길을 걸었을 때는 돈을 받아 가며 걸은 경우이고, 관악산 등산로의 일부로서 그 길을 걸었을 때는 돈을 써가며 걸은 경우에 해당한다. 그런데 같은 길도 출퇴근을 위해서 걸었을 때는 따분하고 부담스러웠으며, 등산을 위해서 걸었을 때는 즐겁고 발걸음도 가벼웠다.

직장의 근무 시간에 하는 일은 돈을 받고 하는 일이고, 수동적 자세로 마지못해 하기 쉬우므로, 그 시간이 지루하고 괴롭게 느껴지게 된다. 만약 우리가 직장에서 하는 일을 능동적 자세로 열심히 한다면, 돈을 받아 가며 즐거운 시간을 갖는 결과가 될 것이다. 그러나 직장에서 하는 일에 능동적 자세로 임한다는 것이 생각처럼 쉽지가 않다. 도대체 그 까닭이 무엇일까? 아마 직장에서 하는 일의 의의를 과소 평가하기 때문일 것이다.

우리는 직장에서 하는 일의 의의를 주로 돈벌이에서 느낀다. 주로 돈벌이를 위해서 일을 한다는 것이 우리들의 무의식(無意識)을 지배하는 생각이다. 월급을 받고 직장에서 일을 하는 의의가 주로 돈벌이에 있다면, 직장에서 하는 일을 능동적으로 하고자 하는 의욕이 일어나지 않을 것이다. 한 달에 한 번 있는 월급날을 기다리며, 매일 비슷한 일에 종사하는 것은 지루하고 따분한 일상(日常)일 수밖에 없다.

그러나 돈벌이는 직장에서 하는 일이 갖는 보람의 일부에 지나지 않는다. 직장에서 하는 일이 갖는 가장 중요한 의의는 국가와 사회에 대한 참여와 기여에서 찾아야 할 것이다. 우리는 직업을 통하여 국가와 사회에 참여하고 이바지하거니와, 이것은 우리 모두를 위하여 매우 뜻있고 중요한 일이다.

우리는 '국가를 위하여'라는 말에 대해서 직감적으로 거부감을 느끼기 쉽다. 임금을 '나랏님'이라고도 했던 우리 나라에서는 전통적으로 국가와 정부를 혼동하는 경향이 있었다. 요즈음도 '국가를 위하자'는 말을 '정부를 위하자'는 말과 같은 뜻으로 듣는 사람들이 적지 않다. 그리고 해방 이래 우리 나라 정부는 국민의 전폭적 지지를 받지 못한 때가 많았고, 특히 군사 정권이 지배했던 30여 년 동안은 국민이 정부로부터 등을 돌리는 분위기가 현저하였다. 대체로 이러한 상황이었던 까닭에, '국가를 위하자'는 말에 대해서 직감적 거부감을 느끼는 사람이 많은 것은 자연스러운 현상이 아닐 수 없다.

그러나 국가와 정부는 엄연히 구별해야 한다. 실제로 같은 것이 아니기 때문에 혼동해서는 안 된다. 정부에 대해서 반기를 드는 것은 옳을 수도 있지만, 자신의 조국에 반기를 드는 것은 어떠한 경우에도 옳을 수 없다. 비록 정부가 못마땅한 경우라 하더라도, 국가를 위해서 꼭 필요한 일이라면 그 정부의 정책에 협조해야 할 경우도 흔히 있다.

우리 한국인의 조국은 한국이다. 한국은 하나밖에 없는 우리들의 조국이다. 우리는 한국을 떠나서 살 수도 있을 것이다. 비록 조국을 떠난다 하더라도 한국은 우리 나라이며, 한국의 흥망성쇠와 우리들 개인의 행·불행 사이에는 회피할 수 없는 인과 관계가 있다. 한국의 융성이 한국인의 행복을 보장해 주지는 않는다. 그러나 만에 하나라도 한국이 쇠망한다면, 대부분의 한국인은 불행하게 될 것임에 틀림이 없다.

한국을 지켜 줄 사람은 결국 한국인이다. 한국인이 한국을 외면하면 어느 누구도 한국을 지켜 줄 도리가 없다. 우리밖에는 지켜 줄 사람이 없는 한국을 우리가 지켜야 하거니와, 우리가 한국을 지키는 가장 확실한 길은 각자가 맡은 일, 즉 직업을 충실하게 이행하는 그것뿐이다. 말로 하는 애국은 별로 의미가 없고, 행동으로 하는 애국만이 실질적 의미를 갖는다. 그리고 행동으로 애국하는 마당에서 가장 먼저 해야 할 일은 직업을 위하여 최선을 다하는 것이다.

매일 마시는 물이나 공기가 별로 중요하지 않게 느껴지기 쉽듯이, 매일 직장에서 하는 일상적인 일은 대수롭지 않게 느껴지기 쉽다. 그러나 직장에서 맡은 일은, 나라를 지키고 나라를 융성하게 만드는 큰 일의 일부라는 점에서 매우 소중한 것이다. 교향악단의 모든 연주자들이 하는 동작 가운데 중요하지 않은 것은 하나도 없듯이, 한 나라의 모든 직장인들이 하는 일 가운데 귀중하지 않은 것은 하나도 없다.

이토록 귀중하다는 것이 사실이라면, 우리가 직장에서 하는 일에 능동적이고 적극적인 태도로 임해야 할 이유는 충분하다. 단순히 돈벌이를 위한 수단에 불과하다면, 우리는 직장에서 하는 일에 적극성을 보이기가 어려울 것이다. 그러나 그것이 하나밖에 없는 우리 조국을 위하는 길이요 우리들 자신의 행복을 위해서 필요한 일임을 명심한다면, 우리는 그 일에 적극적 태도로 임하고자 하는 의욕을 느끼게 될 것이다. 그리고 적극적 태도로 일에 임할 때, 우리는 일하는 시간을 즐거운 마음으로 보내게 될 것이다.

시간을 즐거운 마음으로 보낸다는 것은 매우 중요한 의미를 갖는다. 즐거운 마음으로 시간을 보냄은 그 자체가 행복의 한 조건이다. 그리고 즐거운 마음으로 시간을 보낼 때, 우리의 건강은 증진된다. 괴로운 시간이 건강을 해치고 즐거운 시간이 건강을 돕는다는 사실을 우리는 잘 알고 있다. 그리고 건강은 행복의 필수 조건 가운데서 가장 기본적인 것이다.

3. 창의성

옛날 농경 사회의 직업인들에게 가장 소중한 것은 조상들이 이룩한 기법(技法)을 이어받고 다시 그것을 후손에게 물려주는 일이었다. 농부의 아들은 농사의 기법을 아버지로부터 배워서 농부가 되고, 대장장이 아들은 아버지로부터 대장간 기술을 배워서 대장장이가 되었다. 대를 이어서 기법 또는 기술을 배우고 가르치는 과정에서 장인 정신(匠人精神)이 발휘되어 그 기법과 기술이 새로운 경지로 진입하기도 하였으나, 그 향상의 과정은 서서히 진행되었다. 급격한 사회 변동도 치열한 생존 경쟁도 없었던 까닭에, 선대가 터득한 기법과 기술을 익히는 것만으로도 별다른 지장은 없었다.

개항(開港)을 계기로 서양의 과학 문명이 들어오면서 사정은 달라졌다. 조상으로부터 물려받은 전통적인 기법과 기술만으로는 살아 남기가 어렵게 되었다. 과학과 기술의 힘을 이용해 강대국으로 발전한 서양의 여러 나라들 앞에서 살아 남기 위해서는 우리도 그들의 과학과 기술을 배워야 했던 것이다.

일본은 동양의 다른 나라들에 앞서서 서양의 문물을 적극적으로 수용하여 명치유신(明治維新)을 이룩했고, 동양에서는 가장 빨리 공업화와 근대화를 추진하였다. 그러나 우리 한국이 본격적으로 근대화를 서두른 것은 1960년대 이후의 일이다.

우리 나라에서의 근대화(modernization)는 그 내용에 있어서 서구화(westernization)에 가까운 것이었다. 바꾸어 말하면, 우리는 절대 빈곤의 굴레를 벗어나기 위하여 서구의 기계 문명을 모방해야 했고, 이 모방의 과정을 '근대화'라는 이름으로 불렀던 것이다. 물질 문명에서 멀리 뒤떨어진 우리 나라가 물질 문명에서 앞섬으로써 선진국이 된 서양의 여러 나라를 빨리 뒤쫓는 효과적 방법은 모방이라고 보았던 까닭에, 우리는 모방에 열을 올렸다.

모방을 하는 나라는 모방을 당하는 나라보다 항상 한 걸음 뒤떨어지게 마련이다. 비록 뒤떨어지기는 했으나 우리는 그나마를 대견하게 생각하였고, '개발 도상국' 또는 '중진국'이라는 이름에 한때 만족하고 살았다. 그 정도의 발전만으로도 그 옛날보다는 훨씬 살기가 좋아졌기 때문이다. 그러나 이 수준에서의 안주(安住)를 언제까지나 지속하기는 어려운 일이다. 역사의 수레는 계속 굴러가게 마련이기 때문이다.

말타면 경마 잡히고 싶은 것이 인간의 심리여서, 우리가 '개발 도상국'의 수준에 언제까지나 만족할 수는 없었다. 우리는 좀더 잘살고 싶은 욕망을 느끼게 되었고, 이 욕망을 충족시키기 위하여 더욱 분발하였다. 분발한 결과로서 선진국에 한 발짝 더 가깝게 다가섰다. 그러나 바로 이 시점에서 우리는 새로운 심각한 문제에 부딪치게 되었다. 선진국에 대한 모방만으로는 현상을 유지하기조차 어려운 새로운 국면을 맞이하게 된 것이다.

우리 나라의 기술 수준과 생산력이 멀리 뒤떨어진 수준에 있었을 때는 미국과 유럽의 여러 나라들이 우리 나라를 경쟁 상대로서 경계하지 않았다. 경계하지 않았던 까닭에 우리 나라의 기업들은 관세를 비롯한 각종 장치를 통하여 정부의 보호를 받을 수 있었고, 그 보호와 지원의 덕분으로 단순히 모방에 의한 낙후된 생산 기술을 가지고도 전자 제품과 자동차 등의 공산품을 선진국에 수출할 수가 있었다.

그러나 우리의 경제 수준이 중진국에서 선진국 방향으로 한 걸음 더 상승했을 때, 미국을 비롯한 서구의 선진국들은 우리를 경쟁 상대로서 경계하기 시작하였다. 그리고 그들의 경계는 우리 나라에 대한 무역 압력으로 나타났고, 우리는 이제 모방만으로는 살아 남기 어려운 새로운 국면에 부딪치게 되었다. 그 새로운 국면을 상징적으로 보여 주는 것이 바로 저 '우루과이 라운드'라는 이름의 국제적 협정이다.

무제한의 자유 무역 경쟁을 하자고 강대국들이 요구해 온 것이고, 우리는 이 요구를 거절하기 어려운 어정쩡한 처지에 놓이게 되었다. 이제 우리는 첨단 기술에서 앞선 선진국들과 자연 자원과 노동 인력에서 우리보다 유리한 개발 도상국들 사이에 끼어서 치열한 경쟁을 하지 않을 수 없는 난국에 처해 있다. 이 난국을 헤쳐 나가기 위해서는 한 단계 위로 뛰어야 하고, 한 단계 위로 뛰기 위해서는 모방을 넘어서서 독창성을 발휘해야 한다. 모방의 명수로 알려진 이웃 나라 일본이 모방의 한계에 부딪쳤을 때, 피나는 노력으로 창의성(創意性)을 발휘하여 일약 선진국 대열로 진입한 역사적 사실을 우리는 타산지석(他山之石)으로 삼아야 한다.

미국과 유럽 또는 일본의 흉내만 내는 방법으로서는 그들과의 경쟁에서 견디기 어렵다. 그들이 가지고 있지 않은 것을 무엇인가 만들어 내야 한다. 그들이 가지고 있지 않은 무엇인가를 만들어 내기 위해서는, 우리 조상들의 창의력의 결정(結晶)인 전통 문화의 힘을 되살리는 한편, 후손인 우리들 자신의 창의력을 십분 발휘해야 할 것이다.

창의력의 발휘가 요구되는 것은 새로운 상품을 개발하는 일에만 국한되지 않는다. 인력의 양성과 개발, 경영 기법, 선전과 고객 관리, 그리고 노사 분규의 해결 방식 등 모든 분야에 걸쳐서 창의력을 발휘하여 새로운 경지를 개척해야 한다. '국제화' 내지 '세계화'가 강조되는 이 시대에 낙오자가 되지 않기 위하여, 여러 분야에 걸쳐서 한국 고유의 모형을 창출할 필요가 있는 것이다.

우연한 착상(着想)이 창작의 출발점이 된다는 인상을 받기 쉽다. 그러나 우연한 것처럼 보이는 그 착상에 도달하기까지는 많은 시행착오의 노력이 선행되는 것이 보통이다. 바꾸어 말하면, 피나는 노력없이 요행으로 창의성이 발휘되기를 기대하기는 어렵다. 그런 뜻에서 창의성의 발휘는 능동적이요 적극적인 자세와 밀접한 관계를 가졌다. 능동적이요 적극적인 태도로써 꾸준히 노력하는 사람들이 창의성을 발휘할 가능성이 높다. 다만 무작정 맹목적으로 노력하는 것이 아니라 깊이 생각하고 궁리해 가며 노력하는 사람들이 창의성을 발휘하게 된다.

그렇다고 하더라도 창의성을 발휘한다는 것은 탁월한 재능을 타고난 특수한 소수에게만 관계되는 문제요, 평범한 일반인과는 관계가 없는 문제라고 보아야 할 것이 아닌가? 그러나 그렇다고 단정하기는 어렵다. 독창성있는 신상품을 개발하는 일은 아마 아무에게나 가능하다고 보기 어려울 것이다. 그러나 이른바 '새로운 아이디어'라는 것은 신상품의 개발 같은 큰 일에 관해서만 요구되는 것은 아니다. 세상에서 말하는 탁월한 재능을 가진 사람들이 관심을 갖지 않는 일에 관해서도 창의성은 요구되는 것이며, 그런 일에 대해서는 오히려 보통 사람들이 더 좋은 생각을 해낼 수도 있는 일이다.

중요한 것은 무엇이든 남보다 잘해 보고자 하는 일반적 분위기이다. 반드시 어떤 개인이 새로운 것을 창안해 내는 것만이 소중한 것은 아니다. 우리 한국인 전체의 생기 넘치는 분위기 속에서 '한국적'이라고 말할 수 있는 것을 창출해 내는 일이 중요하다.

4. 원만한 대인 관계

우리는 앞에서 행복의 다섯 가지 조건을 고찰할 때 '원만한 대인 관계'를 그 하나로 손꼽은 바 있다. 삶의 모든 국면에서 원만한 대인 관계 즉 인화는 크게 중요하지만, 직장 생활에서는 이 점을 더욱 깊이 명심해야 한다. 직장 생활에 즐거운 마음으로 종사하기 위한 지혜로서 우리는 능동적이고 적극적인 자세가 필요함을 강조해 두었거니와, 또 하나의 지혜로서 우리는 원만한 대인 관계를 생각하게 된다.

우리는 직장을 통하여 많은 사람들과 교제를 하게 된다. 같은 직장 안에서도 여러 상사와 부하 직원 그리고 동료들과 만나게 되고, 일과 관련이 있는 외부 사람들과도 교섭을 갖게 된다. 이 여러 사람들과의 관계가 원만한 사람은 그것만으로도 직장 생활이 즐겁고, 그렇지 못한 사람은 직장에 있는 시간이 긴장과 갈등으로 가득 차게 된다.

직장에서의 인화(人和)를 특별히 강조하는 또 하나의 이유로서 인화와 협동 그리고 일의 능률의 관계를 생각하게 된다.

현대 사회의 대부분의 직장은 치열한 경쟁 상황에 놓여 있고, 이 경쟁에서 낙오자가 되면 직장인으로서 뜻있게 살아 남기가 어렵다. 경쟁에서 이기기 위해서는 직장 내부의 긴밀한 협동이 요청되고, 긴밀한 협동을 위해서는 인화가 전제되어야 한다. 사이가 나쁜 사람들이 협동하기는 매우 어려운 일이고, 협동이 없이는 일의 능률 또는 생산성을 높일 도리가 없다.

사회 생활에서 인화가 중요하다는 것은 의심의 여지가 없는 상식이다. 문제는 대인 관계를 원만하게 한다는 것이 뜻대로 되기 어렵다는 사실에 있다. 정직하고 성실한 태도로써 직장 생활에 임하는 것은 본인 한 사람의 결심만 확고하면 가능하다. 능동적이고 적극적 자세로써 일하는 것도 나 한 사람의 의지만으로 가능하다. 그러나 인화는 내 마음 하나만으로는 도달하기 어려운 목표이다. 관계를 맺은 여러 사람들이 뜻을 모아야 인화를 얻게 되는 것인데, 인간이란 대체로 까다로운 존재여서 여러 사람들이 힘을 모으기가 생각보다 어렵다.

원만한 대인 관계가 나 한 사람의 결심만으로는 실현되기 어려운 목표이기는 하나, 그것도 역시 노력의 대상이다. 인화를 위해서 항상 유의하고 노력하는 사람들은 대인 관계가 비교적 원만하지만, 그 노력을 게을리하는 사람들이 비교적 많은 갈등 속에 산다는 것은 우리가 도처에서 경험하고 목격하는 사실이다. 그렇다면 우리가 인화를 위하여 노력함에 즈음하여 일반적으로 염두에 두어야 할 원칙에는 어떤 것이 있을까?

첫째로, 대인 관계로 감정이 상했을 때, 무던히 참도록 노력을 해야 한다. 감정이 상하면 흥분하게 되며, 흥분한 상태에서 말을 함부로 하면 폭언으로 나타나고, 행동을 함부로 하면 폭행이 된다. 그리고 폭언과 폭행은 대인 관계에 치명적 악영향을 미친다. 하고 싶은 말, 하고 싶은 행동을 함으로써 감정을 발산하는 편이 오히려 낫다는 견해도 있으나, 길게 보면 역시 참는 편이 상책이다.

인간은 일반적으로 감정적 존재이지만 한국인의 경우는 그 감정적 성향이 더욱 강하다. 감정적 성향이 강한 까닭에 한국인은 쉽게 흥분하고, 흥분하면 말이나 행동을 함부로 하게 된다. 별것도 아닌 사소한 문제로 크게 사이가 벌어지는 경우가 많은 것은 그 때문이다.

말과 행동을 겉으로 억제하는 것만으로 원만한 대인 관계가 형성되고 유지되는 것은 물론 아니다. 더욱 중요한 것은 상대편의 견지에 서서 상대편을 이해하고자 하는 성실한 노력이다. 가장 중요한 것은 넓은 아량으로 사람을 용서하고 따뜻한 가슴으로 남을 사랑하는 마음이다.

둘째로 유의해야 할 점은 겸손한 태도로 사람을 대하되, 자기의 잘났음을 앞세우지 아니함이다. 교만하고 잘난 척하는 사람을 세상은 좋아하지 않는다. 그런 뜻에서 잘났다는 것은 축복받은 일이나, 잘났음을 앞세우는 것은 복을 쫓는 짓이다. 진정 잘난 사람은 본인이 굳이 그것을 내세우지 않아도 상대편이 저절로 알게 될 것이다. 별로 잘나지도 못한 사람이 잘난 척하면, 남들은 그를 못난 사람으로 분류할 것이다.

사람들에게는 대개 경쟁심이 있어서 나와 남을 비교하는 버릇에 빠지기 쉽다. 나와 남을 비교하는 무의식 속에서 자신의 우월성을 확인하고자 한다. 자기 혼자서만 안으로 확인하는 데 그치지 않고, 타인에게까지 그것을 확인시키고자 하는 욕심에서 자기 자랑을 늘어놓기도 하고 자기의 주장만을 앞세우기도 한다. 그러나 이러한 태도는 상대편에게 거부감을 주는 짓이니 차라리 침묵을 지킴만 못하다.

셋째로 유의할 점은 욕심을 부리지 아니함이다. 여기서 '욕심을 부린다' 함은 일정한 대상을 두 사람 이상이 나누어 가져야 할 상황에서 부당하게 많은 몫을 차지하려 드는 태도를 가리킨다. 그러므로 누가 욕심을 부리면 그 주위에 있는 다른 사람들은 손해를 보게 마련이다. 세상에 욕심쟁이를 좋아하는 사람은 아무도 없다. 욕심을 부리면 남의 미움을 사게 마련이므로, 원만한 대인 관계를 위해서 욕심이 금물임은 당연한 상식이다.

당연한 상식임에도 불구하고, 세상의 많은 사람들은 이 상식을 외면하고 욕심을 부린다. 다른 사람의 욕심을 나무라면서도 자신은 욕심을 부린다. 욕심을 부리는 사람이 결과적으로 이득을 보게 되고, 양보하면 제 몫도 찾아 먹지 못하게 된다는 계산 때문일 것이다. 눈앞에 보이는 나누어 가질 대상만을 놓고 계산을 하면, 그러한 결론밖에 나올 수가 없는 것이 사실이다. 그러나 눈을 크게 뜨고 원대한 안목으로 계산을 하면, 전혀 다른 결론에 도달할 것이다.

이미 확보된 한 시루의 떡을 여럿이 나누어 먹을 경우에는 욕심을 부리는 사람이 더 큰 몫을 차지하고, 양보하는 자세를 취하는 사람들은 손해를 보게 될 공산이 크다. 이른바 '제로 섬 (zero sum) 게임'의 논리가 적용되기 때문이다. 그러나 여럿이 힘을 합하여 떡시루를 여러 개 장만할 경우를 생각한다면, 전혀 다른 숫자의 계산도 나올 수 있다. 더 더욱 중요한 것은 이 세상에는 경쟁적 분배의 대상이 아닌 무형(無形)의 가치도 많으며, 그 무형의 가치는 유형(有形)의 가치보다 더 소중할 경우가 많다는 사실이다. 이 더욱 높은 무형의 가치를 얻기 위해서 필요한 것은 욕심(慾心)이 아니라 의욕(意慾), 즉 큰 포부이다.

욕심을 부리는 사람은, 눈앞에 보이는 적은 이익을 얻는 대가로, 당장 눈앞에 나타나지 않는 큰 이익을 놓친다. 욕심을 자제하고 양보하는 사람은, 눈앞에 보이는 적은 이익을 잃는 대신, 눈에 보이지 않는 큰 이익을 얻는다. '눈에 보이지 않는 큰 이익' 가운데는 우정도 포함될 수 있고, 마음의 평화도 포함될 수 있다. 일반적으로 말해서, 내면적 가치 또는 정신적 가치의 세계는 눈에 잘 보이지 않는다.

인화를 위해서 넷째로 유의해야 할 점은, 자질구레한 일을 가지고 꼬치꼬치 따지지 않는 일이다. 대의(大義)에 관계되는 크고 원칙적인 문제에 대해서는 따지고 넘어가는 것이 바람직하다. 그러나 사소한 이해 관계나 대수롭지 않은 감정의 문제 따위는 덮어두는 아량으로 모르는 척해 둘 일이다. 특히 우리 한국 사람들은 전통적으로 따지는 태도를 좋아하지 않는다. 우리 나라에서는 일일이 따지기 좋아하는 사람이 '말많은 사람'이라는 이유로 인심을 잃는 경우가 흔히 있다.

직장에서의 인화를 위하여 다섯번째로 유의해야 할 점은 공(公)과 사(私)를 구별하는 일이다. 같은 직장에서 일하는 사람들은 공적 관계로 만나기도 하고 사적 관계로 만나기도 한다. 같은 두 사람이라 하더라도 공적인 일로 만날 때와 사적인 일로 만날 때는 피차 태도를 달리하는 것이 바람직할 경우가 많다. 예컨대, 동기 동창이 같은 회사에서 일할 경우에 한 사람은 부장이고 다른 한 사람은 차장일 수가 있다. 이러한 두 사람이 회사의 공적인 일로 만날 경우에는 차장이 부장을 상사로서 대우해야 할 것이다. 그러나 사적인 자리에서 두 사람은 동기 동창의 친구로 서로를 대하는 것이 마땅하다. 또 나이가 적은 사람의 직위가 나이가 많은 사람의 그것보다 높을 경우도 있다. 이러한 경우에 젊은 상사는 공적 사무를 처리할 때 연상의 부하에게 취하던 태도를 사적인 자리에까지 연장하는 일이 없어야 한다.

5. 예절 존중

인화와 불가분의 관계를 가진 것으로서 예절(禮節)이 있다. 예절은 삶의 모든 현장에서 두루 중요한 구실을 하거니와, 성공적 직장 생활을 위해서도 매우 중요한 의미를 갖는다. 예절의 본질이 무엇이며 인간 관계에 있어서 그것이 중요한 의미를 갖는 까닭은 무엇인지 살펴보기로 한다.

예절의 기원은 상대편에 대한 존중에서 유래했을 것이다. 마음속에 있는 감정은 자연히 겉으로 나타나게 되거니와, 상대편에 대하여 느낀 감정을 겉으로 나타낸 모습이 하나의 형식으로 굳어진 것이 바로 예절이다. 예컨대 존경하는 사람 또는 권위가 있는 사람 앞에 가까이 가면, 자연히 고개가 수그러지고 몸 전체의 자세가 낮아지기 쉽다. 상대편을 우러러본다는 감정의 표시로써 그러한 모습을 취하게 되는 것이며, 그러한 모습이 일정한 형식으로 굳어지게 되면, '절' 또는 '배례(拜禮)'라는 예절이 생긴다.

예절이 중요한 본래의 근거는 그 형식에 담긴 내용에 있으며, 그 형식 자체가 본래 중요한 것은 아니다. 예컨대, '세배'의 예절이 소중한 것은 세배하는 사람이 그것을 받는 사람에 대해서 존경이나 감사의 감정을 가질 경우이며, 그러한 감정은 전혀 없이 세뱃돈을 받아 내기 위한 수단으로서 하는 세배에는 큰 가치를 인정하기 어렵다. 또 '악수'의 예절은 친밀감 또는 우호의 감정을 표시하는 뜻으로 교환하는 것인데, 증오감이나 적개심을 숨기고 손만 내미는 악수에는 악수 본래의 의의가 없다고 볼 수 있다. 심한 경우에는 예절이라는 것이 도리어 속임수 또는 위선에 불과한 것이 될 수도 있을 것이다.

이러한 논리에 근거하여 예절 무용론(禮節無用論)을 주장하는 견해도 있다. 중요한 것은 형식이 아니라 내용이며, 번거로운 형식이 도리어 사람과 사람의 사이를 굳어지게 한다는 이유를 들어서 예절을 부정적으로 보는 견해이다. 또 예절의 기원이 봉건적 인간 관계에 유래한다는 근거에 입각하여 부정적 시각을 취하는 사람들도 더러 있다.

우리 나라의 전통적 예절 가운데는 수직적 위계 질서로 특징지어진 신분 사회를 배경으로 해서 생긴 것이 많으며 불평등한 인간 관계를 고정시키기 위하여 인위적으로 만들어 낸 것도 적지 않다. 예컨대 제사를 지낼 때 남자는 두 번 절하고 여자는 네 번 절하도록 한 제례(祭禮)가 그것이며 '하십시오', '하오', '하게', '해라' 등 존대어와 하대어(下待語)의 구별이 까다로운 언어의 예절도 그것이다. 전통적 예절 가운데 비민주적인 것은 고치는 것이 마땅하다. 그러나 비민주적 예절의 존재를 이유로 예절 그 자체를 부인하는 것은 부당하다.

형식보다는 내용이 더욱 소중하며 지나치게 예절을 강조하면 인간 관계가 오히려 소원해진다는 견해에도 일리가 있다. 예컨대, 너무 정중하게 대하는 것보다는 농담도 섞어 가며 허물없이 대하는 편이 두 사람의 관계를 가깝게 만드는 경우는 흔히 있는 일이다. 그러나 내용물을 안전하게 간직하기 위해서는 적당한 그릇에 담을 필요가 있듯이, '원만한 인간 관계'라는 내용을 잘 지키기 위해서는 '예절'이라는 형식을 존중하는 편이 안전하다. 일반적으로 말해서, 형식을 무시하고 내용만을 따로 간직하기는 매우 어려운 일이다. 거듭 말하거니와, 원만한 인간 관계를 위해서 근본적으로 중요한 것은 상대편의 인격을 존중하는 성실한 마음이요, 좋은 사이가 되기를 바라는 친화(親和)의 의지와 감정이다. 그리고 이 마음씨의 내용을 키우고 간직하기 위해서 필요한 그릇의 구실을 하는 것이 형식으로서의 예절이다. 그런데 내용으로서의 마음씨와 형식으로서의 예절 사이의 관계는 지극히 미묘하다. 이 미묘한 관계를 터득하여 실천에 반영하는 것이 사회 생활을 원만하게 하기 위하여 매우 중요한 지혜가 된다.

예절을 지나치게 강조하면 마음의 문이 닫힌다. 마음의 문이 닫히면, 각자의 자아는 둘레에 성(城)을 쌓고 방어 자세를 취하기에 여념이 없게 되고, 영혼의 교류는 이루어지지 않는다. '너'는 '너'요, '나'는 '나'로서 살게 될 따름이니 진정 인간다운 인간의 삶이라고는 보기 어렵다.

반대로 예절을 무시하면 마음의 문은 열리나 자세가 흐트러지기 쉽다. 자세가 흐트러지면, 마음까지도 방자하게 되어 절도를 지키기 어렵다. 마음이 절도를 잃으면 말과 행동이 자칫 빗나간다. 빗나간 말과 행동은 상대편에게 큰 상처를 주기 일쑤다. 아무런 생각없이 무심코 한 말이나 행동이 사람의 관계를 멀리 떼어 놓는 경우는 흔히 있는 일이다.

결국 중용(中庸)을 얻어야 한다는 결론으로 접근하게 되었다. 그런데 그 '중용을 얻는다'는 것이 사실은 매우 어렵다. 예절의 중용은 그것을 존중하되 지나치게 강조하지 않는 경지라고 말할 수 있겠으나, 바로 그 경지를 포착하기가 어려운 것이다. 왜냐하면 지나치지도 않고 모자라지도 않는 그 적절한 선(線)이 때와 장소에 따라서 다르고, 상대방에 따라서 다르기 때문이다.

잔칫집에서 적합한 행동이 초상집에서는 적합하지 않을 수 있다는 원칙쯤은 대개 알고 있다. 그러나 잔칫집에도 여러 가지 경우가 있고 초상집에도 여러 가지 경우가 있어서, 각기 경우에 맞도록 말하고 행동하기는 쉽지 않을 경우가 있다. 같은 말이 상황에 따라서 즐거운 농담이 되기도 하고 불쾌한 성희롱이 되기도 한다. 음담패설이 어울리는 때와 장소가 있고, 그렇지 않은 경우가 있다. 수재로 소문난 친구들 가운데는 '자네는 머리가 나빠서 탈이야"라는 농담을 즐겁게 받아들이는 사람도 있고, 그렇지 못한 사람도 있다. 정말 머리가 나쁜 친구들 가운데서 그런 말을 즐거운 농담으로 받아들일 사람은 거의 없다.

예절은 세계 어느 나라에나 있고, 나라에 따라서 상당한 차이를 보인다. 본래 프랑스 말인 '에티켓(etiquette)'은 지금 서양 여러 나라에서 공통으로 쓰이고 있으니, 서양의 예절에 해당하는 것이 바로 '에티켓'이라고 말할 수 있을 것이다. 예절과 에티켓은 그 바탕에 깔린 근본 정신이 거의 비슷하다고 보아도 무방할 것이나, 겉으로 나타난 모습에는 상당한 차이가 있다. 이 차이를 모르고 행동을 하면 자칫 큰 실수를 저지르기도 한다.

미국으로 관광 여행을 간 한국의 어느 중년 부인이 유원지를 산책하다가 유모차를 밀고 온 그곳 주민과 마주쳤다. 유모차 안의 사내 아기가 너무나 귀여워서 '사랑스럽다'고 말한 것까지는 좋았다. 그러나 귀엽게 여기는 자기의 감정을 한국식으로 표현하기 위하여 아기의 고추를 살짝 건드린 것이 문제가 되었다. 성폭행을 범했다는 고발을 당하게 되었고, 결국 풀려나기는 했으나 해명하기에 상당한 어려움이 있었다고 들었다.

서양에도 여러 나라가 있고 나라에 따라서 에티켓에도 차이가 있다. 이제 국제적 교류가 빈번한 시대를 맞아서 세계의 거의 모든 나라 사람들과 접촉할 기회가 많다. 그 여러 나라 사람들과의 관계를 원만하게 하자면 예절에 대해서 각별한 신경을 써야 할 것이며, 나라마다 가지고 있는 고유한 예절 내지 에티켓에 대해서도 세심한 주의를 기울여야 할 것이다. 잘 진행되던 무역 상담이 사소한 언동의 실수로 깨어지는 경우도 있다고 들었다.

그러나 겉으로 언행을 예절바르게 하는 것만으로 인간 관계가 원만하게 되는 것은 물론 아니다. 더욱 중요한 것은 성실하고 정직한 마음가짐이다. 진정한 마음가짐은 풍습과 예절이 다른 외국 사람들에 대해서도 대개는 전달되게 마련이다. 다만 예절을 모르거나 소홀히 하면 속마음이 제대로 전달되기까지에 시간이 걸린다는 사실을 염두에 두어야 할 것이다.

직장 생활을 하는 사람은 자연히 많은 사람들과 만나게 된다. 직장 내부의 상사와 동료 직원 그리고 부하 직원과도 만나게 되고, 직장 외부의 사람들과도 만날 기회가 자주 있다. 직장 생활을 만족스럽게 수행하기 위해서는 이 여러 사람들과의 관계가 원만해야 하고, 원만한 관계를 수립하기 위해서는 예절에 유의할 필요가 있다.

직장에서의 예절 가운데 특히 중요한 것은 언어의 예절이 아닐까 한다. 우리 나라는 전통적으로 언어의 예절이 잘 발달한 나라였으나, 근래에는 교양이 의심스러운 언어를 사용하는 사람들과 자주 만나게 된다. 우리의 인격을 가장 알기 쉽게 나타내는 것이 우리가 사용하는 언어임에도 불구하고, 사람들은 거칠고 바르지 않은 말을 흔히 사용한다. 언어가 온화해야 인간 관계가 온화하고, 인간 관계가 온화해야 밝고 정겨운 사회가 실현된다.

제 7 장
맺는 말

역사상의 모든 시점이 중요하지만, 지금부터 앞으로 10년 동안은 우리 한국을 위해서 특별히 중요한 시기라는 견해에 반대할 사람은 없을 것이다. 우리 나라가 선진국으로 도약하여 세계사의 주역으로 부상하느냐 또는 후진국에 머물러 국제화 시대의 낙오자로 전락하느냐가 아마 앞으로 10년 이내에 판가름날 것으로 보인다.

우리 나라가 장차 선진국으로 도약하느냐 또는 후진국으로 몰락하느냐를 결정하는 것은 세월이 아니라 우리들 자신이다. 우리들이 하기에 따라서 저 길로 올라갈 수도 있고 이 길로 떨어질 수도 있다. 우리 나라의 장래가 우리들 사람의 어깨에, 우리들 자신의 선택에 달려 있는 것이다. 아무도 우리를 대신하여 우리 나라를 지켜 주지 않는다.

개인주의가 몸에 배어서 '국가'와 '민족'을 이야기함이 도리어 쑥스럽게 느껴지기도 하는 시대이다. '나' 하나 살기에도 바쁜 세상에 '나라' 걱정까지 할 여유가 없을 것도 같다. 나라 일이라면 그것을 전문적으로 맡아서 하는 사람들이 있지 않은가. 세상에는 '애국'을 도맡아서 하는 단체와 개인들이 남아돌 정도로 많이 있다고 들었다.

그러나 '나'를 희생하고 오로지 '나라'를 위하여 헌신하자고 주장하는 것이 아니다. '나'를 위해서도 '나라'일을 골똘히 생각해야 할 상황임을 강조하고자 함에 지나지 않는다. 나라가 쓰러지면 그 안에 사는 '나'들도 결국 따라서 쓰러지게 마련이다. 진정 '나'를 위하는 길이 '나라'를 위하는 길을 떠나서 따로 있다고 보기는 어렵다. 크게 볼 때, 저 길과 이 길은 결국 하나의 길이다.

나라에 관한 일은 '애국'을 도맡아서 하기로 되어 있는 단체와 개인들에게 맡기자는 것은 기본 상식을 벗어난 생각이다. 명색이 '민주주의'를 내세우는 세상에 '애국'을 도맡아서 할 단체나 개인이 있을 수 없다. 필요한 때만 우리 한 사람 한 사람이 나라의 주인임을 강조하고, 책임을 져야 할 마당에서는 꽁무니를 빼는 것은, 민주 시민의 도리가 아니다.

'나라 사랑'을 거창하게 외치는 사람들도 더러는 필요할 것이다. 그러나 목청큰 사람이 언제나 일도 크게 하는 것은 아니다. 화려한 무대와는 전혀 관계가 없는 곳에서 묵묵히 일하는 사람들이 도리어 나라를 위하여 더 많은 공헌을 하는 경우가 허다하다.

국가와 사회가 수행해야 할 공동의 과제 가운데서 각자의 능력과 분수에 적합한 일을 분담해 맡은 것이 다름아닌 직업(職業)이라고 하였다. 우리는 직업을 통하여 국가와 사회에 참여하고, 직업을 통하여 국가와 사회에 이바지한다. 그러므로 '애국의 길'이 따로 있을 리 없고, 그날 그날 직업에 충실한 사람이 가장 확실한 방법으로 나라를 위하여 일하는 사람들이다. 별로 대수롭지 않게 느껴질지도 모르는 직장일을 묵묵히 착실하게 책임지는 사람들. 어쩌면 그들이 의정단상(議政壇上)에서 큰소리 땅땅 치는 사람들보다 더 확실한 애국자일지도 모른다.

직장만 가지면 누구나 애국자가 된다고 말하기는 어렵다. 올바른 태도로 직장에 임하는 사람들만이 국가를 위해서 귀중한 사람들이다. 직장에 임하는 올바른 태도에 관하여 우리는 앞에서 네 가지 원칙을 제시하였다. ① 성실하고 정직한 태도로 직업에 종사한다 ② 능동적이요 적극적인 자세로 직장에 임한다 ③ 창의성을 발휘한다 ④ 직장을 통하여 교섭을 갖게 되는 사람들과의 관계가 원만하도록 노력한다. 모든 한국의 직장인들이 이 네 원칙을 꾸준히 지킨다면, 우리는 밝은 내일을 갖게 되리라고 기대해도 좋을 것이다.

만약 우리 모두가 위에서 말한 네 가지 원칙에 충실하게 산다면, 우리 나라가 밝은 내일을 가지게 될 뿐 아니라, 우리들 개인도 각각 행복을 누리는 결과를 얻게 될 것이다. 위에서 제시한 네 가지 원칙은 개인이 행복을 얻기에 필요하고 충분한 조건도 되기 때문이다.

성실하고 능동적이며 대인 관계가 원만한 사람은 기본 생활의 안정에 필요할 정도의 돈을 벌 수 있을 것이다. 능동적 자세로 자진해서 일을 하는 사람은 즐거운 시간을 많이 가질 수 있으므로 다른 무리를 하지 않는 한, 건강을 유지하는 데 별다른 어려움이 없을 것이다. 성실하고 능동적이며 창의성을 발휘하는 사람의 정신적 자아(自我)는 꾸준히 성장하게 마련이며, 그런 사람은 자연히 공동체를 위해서 필요한 일꾼 노릇을 하는 결과에 이를 것이다.

국가의 번영을 위하는 길과 개인의 행복을 위하는 길은 두 가지의 다른 길이 아니라, 결국은 하나의 같은 길이다.

제 2 부
우리들의 가치 의식과 한국의 장래

제 1 장
한국의 현실과 가치 체계의 문제

1) 한 나라의 흥망과 성쇠를 좌우하는 여러 가지 요인들 가운데서, 그 나라 국민들의 정신적 자세 내지 가치관보다도 더욱 결정적인 힘을 가진 것은 없다. 개인의 성공과 실패가 그 사람의 마음가짐과 행동에 거의 달려 있듯이, 국가의 흥망도 그 나라 사람들의 현우(賢愚)와 생활 태도를 따라서 대체로 결정된다.

8·15 이래 우리 한국이 걸어온 과정에 대해서는 논자를 따라서 그 평가에 차이가 생길 수 있을 것이나, 어느 정도 양식을 갖춘 사람이라면 적어도 다음 두 가지 사실만은 부인하지 않을 것이다.

첫째, 우리는 국가의 균형된 발전과 번영, 그리고 개인의 자아 실현(自我實現)과 행복을 위해서 유익한 여러 기회와 조건을 충분히 살리지 못했다.

둘째, 우리는 현재 경제, 정치, 사회 등 여러 분야에 걸쳐서 온갖 어려운 문제에 부딪치고 있으나, 낡고 혼란된 가치관에 사로잡혀, 이 심각한 난국(難局)을 극복하기에 적합한 정신의 자세를 아직 바로 세우지 못하고 있는 실정이다.

이 두 가지 사실에 대한 반성은 뜻있는 사람들로 하여금 새로운 윤리 내지 가치관의 수립을 외치게 하였거니와, 도의를 앙양하고 정신 자세를 바로 세우는 일이 한국 국민 전체의 근본적 공동 과제로서 우리 앞에 놓여 있음은 의심의 여지가 없는 것으로 보인다.

묵은 가치관에 잘못이 있다고 하며, 새 인간상의 탄생이 요청된다고 한다. 그러나 묵은 가치관의 어떤 점이 잘못되었다는 것일까? 새로운 가치 체계를 논하기에 앞서서, 우선 묵은 체계의 결함이 밝혀져야 할 것이며, 그것이 밝혀질 수 있기 위해서는 우리가 말하는 '묵은 가치관'의 기본적인 특색 내지 구조를 정확하게 알아야 할 것이다.

우리가 현재 가지고 있는 가치관은 도대체 어떠한 특색과 구조를 가지고 있는 것일까? 이 물음에 제대로 대답할 수 있기 위한 준비로서, '가치관'이라는 말의 뜻을 분명히 해두는 것이 좋으리라고 생각된다.

가치관이라는 말의 본래의 뜻은 가치에 관한 **사상** 내지 **생각**에 가까운 것이었다고 여겨진다. 인생관 또는 세계관 따위의 말이 그렇듯이, '가치관'도 본래는 일종의 관념, 즉 머리 속에 있는 어떤 **생각**을 가리키는 말이었다. 그러나 오늘날 우리가 "가치관이 잘못되었다" 또는 "가치관을 고쳐야 한다"고 주장할 때, 우리는 단순한 내면적 심리 현상으로서의 관념의 세계를 문제삼는 것이 아니라, 오히려 행동의 세계에 초점을 두고 있을 경우가 많다. 그러므로 우리는 '가치관'이라는 말이 행동의 경향 또는 행동을 일으키는 원동력으로서의 심리적 요인, 즉 의식적일 수도 있고 무의식적일 수도 있는 **행동의 동기**를 가리킬 경우도 있다는 사실을 인정해야 할 것으로 보인다.

요컨대 '가치관'이라는 말은 서로 다른 두 가지 뜻으로 쓰인다. 첫째로 선악 또는 시비 따위의 실천적 문제에 대해서 가지고 있는 **생각**을 의미하기도 하고, 둘째로 사람들로 하여금 어떤 **행동을 일으키게 하는** 심리적 요인을 의미하기도 한다. 첫째 뜻의 가치관을 우리는 '관념으로서의 가치관'이라고 부를 수 있을 것이며, 둘째 뜻의 것을 '행동의 원동력으로서의 가치관'이라고 부를 수 있을 것이다. [1]

'관념으로서의 가치관'과 '행동의 원동력으로서의 가치관' 사이에 밀접한 관계가 있음은 물론이다. 짧게 말해서 전자는 후자를 결정하는 매우 중요한 인자의 하나이다. 만약 관념으로서의 가치관이 확고부동한 신념의 경지에 이른다면, 그것은 그대로 행동의 원동력으로서의 가치관의 구실을 할 것이다. 그러나 현실적으로는 그것이 확고부동한 신념 이전의 단계에 머무는 경우가 많은 까닭에, 저 두 가지 '가치관' 사이에 차질이 생기는 것이며 일반적으로 '관념으로서의 가치관'이 부실할 경우에는 우리들의 실천의 세계에도 오류와 혼란이 따르게 마

---

1) "관념으로서의 가치관"과 "행동의 원동력으로서의 가치관"을 구별할 수 있다 함은 이 두 가지가 외연적으로 서로 배척한다는 뜻은 아니다. "관념으로서의 가치관"이 동시에 행동의 원동력으로서의 구실을 할 경우도 많다. 다만 생각에만 그치고 행동에까지 이르지 못하는 "가치관"도 있으며, "옳다"는 의식 또는 관념을 동반함이 없이 행동을 일으킬 경우도 있다는 사실을 지적하고자 하는 것이다.

련이다. 그러므로 관념으로서의 가치관의 중요성을 망각하거나 두 가지 가치관의 구별을 지나치게 강조해서는 안 될 것이다. 다만, 우리들에게 궁극적으로 중요한 것은 행동의 세계이며, 관념과 행동이 언제나 일치하지는 않는 까닭에, 저 두 가지 가치관을 일단 구별해 두는 것이, 명백한 서술과 이해를 위해서, 도움이 되리라고 판단하는 것이다.

우리가 한국인의 가치관을 문제삼을 때 관심의 초점을 차지하는 것은 행동의 세계이며, 관념은 행동의 세계를 결정하는 유력한 요인이라고 보는 까닭에, 관념의 방향에 대해서도 깊은 관심을 금치 못한다. 따라서 우리가 한국인의 묵은 가치관을 비판적 각도에서 분석할 경우에도, 우리는 '행동의 원동력으로서의 가치관'을 중심으로 고찰하되, '관념으로서의 가치관'에 대해서도 응분의 주의를 기울여야 할 것이다.

2) 오늘을 사는 우리의 가치 체계를 걱정하는 사람들 가운데는 문제의 핵심을 우리 나라의 역사가 처해 있는 과도기적 시점과 관련시켜서 이해하는 경향이 있다. '근대화'라는 과제를 앞에 놓고 숨가쁘게 움직이는 한국에 있어서 옛날부터 내려오던 전통적 윤리는 이미 무너지고, 서양으로부터 받아들인 근대적 가치관은 아직 우리 실정에 맞지 않는 까닭에, 사회 생활이 확고한 규범을 잃고 혼란에 빠져 있다는 것이다. 문제의 핵심을 이와 같이 동서의 이질적인 두 가치 체계의 부딪침에서 발견하는 사람들은, 문제 해결의 요결(要訣)도 동양적인 것과 서양적인 것의 알력을 해소하는 방향에서 모색되어야 한

다고 흔히 암시한다. 동양의 전통 윤리의 장점과 서양의 근대적 가치관의 장점을 조화시키고 종합하는 방향으로 새로운 길을 찾아야 한다는 것이다.

오늘날 한국인이 당면한 가치관의 문제를 우리가 처해 있는 역사적 상황에 비추어 이해하려는 태도는 너무나 당연한 것이며, 동양의 오랜 지혜와 서양의 새로운 경험을 살리는 가운데 문제 해결의 관건(關鍵)을 찾으려는 생각도 매우 적절한 의견임에 틀림이 없다.

그러나 문제의 핵심을 동양과 서양의 두 이질적 가치관의 충돌의 결과로서만 이해한다면, 문제의 한 측면만을 강조하는 상식적인 견해에 머무를 것이며, 그 문제 해결의 열쇠를 동양적인 것과 서양적인 것의 평면적 절충 내지 종합에서 찾을 수 있다고 낙관한다면, 현실에 대한 관찰이 피상적이라는 비판을 면치 못할 것이다.

오늘날 가치관의 문제가 심각한 것은 동양의 전통과 서양의 문물이 부딪치는 일부 지역에만 국한된 특수 현상이 아니라, 동서양을 막론하고 널리 발견되는 일반적 현상인 것으로 보인다. 우리 한국인이 당면한 가치관의 문제도 저 현대사적 가치관의 문제와 밀접히 연결되어 있으며, 따라서 그것은 옛날의 동양적 전통으로 되돌아감으로써 해결할 수 있는 것이 아닐 뿐 아니라, 서양의 이른바 선진 문명을 모방함으로써도 해결할 수 없는 어려움을 간직한 문제라고 보아야 할 것이다.

과거의 경험 속에 담긴 지혜가 새 날의 문제 해결을 위해서 막대한 도움이 될 수 있다는 것은 의심의 여지없는 상식이다.

그러나 현대가 직면한 실천 문제의 해답을 오로지 과거의 원리를 되풀이하는 가운데서만 찾아볼 수 없음은 더욱 명백하다. 우리의 문제는 현재를 분석하는 정확한 관찰과 미래를 내다보는 창의적 구상(創意的 構想)의 토대 위에서 그 해결이 모색되어야 할 것이다.

다만 현재의 진상은 과거와 연결되는 역사적 맥락을 따라서 파악되어야 하며, 미래의 목표 또한 조상들의 실패와 성공의 기록을 살리는 가운데 구상되어야 하는 까닭에, 우리는 동양의 전통과 서양의 문물에 대해서도 응분의 관심을 게을리할 수 없을 따름이다.

우리가 당면한 가치관의 문제는, 좁은 뜻의 문화사적 고찰을 요구할 뿐 아니라, 정치와 경제, 사회와 교육, 종교와 예술 등 여러 분야의 문제들을 살피는 넓은 시야와, 인간 심리의 심층에 대한 깊은 통찰까지도 요구한다. 따라서 그것은 어떤 전문 분야에 속하는 한 개인이 충분하게 다루기 어려운 문제이며, 여러 분야의 전문가들이 공동으로 연구할 과제라고 이해된다. 필자의 이 논고도 앞으로 실현될 것을 기대하는 공동 연구를 위한 조그만 자료를 준비하고자 하는 의도에서 시작된 시론(試論)에 지나지 않는다. 필자는 앞으로 다음과 같은 물음들을 염두에 두고, 필자의 능력과 시간이 허락하는 범위 안에서, 고찰을 전개하고자 한다.

(1) 현재 한국인에게서 일반적으로 발견되는 가치관 내지 행동 경향의 주요한 특색으로서 어떠한 것들이 있는가?

(2) 현재 한국인에게서 일반적으로 발견되는 가치관의 주요 특색은 어떻게 평가되어야 할 것인가?

(3) 새로운 가치 체계는 어떠한 방향으로, 그리고 어떠한 원리를 따라서, 모색될 것인가?

(4) 가치 체계의 개조를 위하여 주역의 임무를 맡아야 할 사람들은 어떠한 계층이며, 그 전략의 기본은 무엇일까?

제 2 장
현대 한국인의 가치관의 일반적 특색과
그 문화적 배경

   1) 사람들의 사고 방식과 행동 양식은 성별, 연령, 지역 등을 따라서 다르며, 개인의 기질과 성격에 따라서도 현저한 차이를 보인다. 그러므로 한 국가 또는 민족의 성원 **모두가 한 결같이** 나누어 가진 가치관의 특색은 찾아보기 힘든다. 다만 천차만별한 사고 방식과 행동 양식 가운데도 시대와 민족의 특색을 나타내는 **우세한 경향**은 있게 마련이니, 우리 한국인의 가치관에 관해서도 그 기조를 이루는 몇 가지 일반적 경향을 찾아보는 것이 반드시 무리한 시도는 아닐 것이다. [2]

   현대 한국인에게 흔한 사고 방식과 행동 양식의 대표적인 것을 살펴볼 때, 우리는 그것들 사이에 이질적인 것들의 혼합과 그로 말미암은 부조화를 발견한다. 우리들의 사고 방식 내

---

  2) 앞으로 필자는 김태길 저, 『한국 대학생의 가치관』, 보건사회부 사회보장심의위원회의 조사 보고서, 『한국인의 가치관』 (이 조사는 1969년에 시행한 것으로서 필자도 참여하였음), 홍승직 저, 『지식인과 근대화―한국인의 태도 조사』 및 필자의 개인적 관찰을 토대로 삼고, 한국인의 가치관의 일반적 특색을 정리하고자 한다. 그러나 이 논문의 성격과 지면의 제약을 고려하여, 숫자적 근거를 문헌적으로 밝히는 일은 생략하기로 한다.

지 행동 양식의 대표적인 것들 사이에 이질성과 부조화가 흔히 발견되는 근본적인 이유의 하나는 그것들이 유래한 근원이 서로 다르다는 사실에서 찾아볼 수 있을 것이다. 단적으로 말해서, 우리들의 가치관의 어떤 것은 동양적 전통의 강한 영향 아래 발달된 반면에, 다른 어떤 것은 서구적 근대 사조의 강한 영향을 받고 형성된 것이며, 그들 영향의 두 원천이 본래 근본적 이질성을 내포했던 까닭에, 원천을 달리하는 사고 방식 내지 행동 양식 상호간에 이질성과 부조화가 나타나게 된 것으로 해석할 수 있음직하다. 이 점을 고려하여, 필자는 한국인의 가치관의 일반적 특색을, 주로 동양적 전통의 영향 아래 발달한 것과 주로 서구적 근대 사조의 영향을 받고 형성된 것으로 나눔으로써 서술의 편의를 도모하고자 한다.

동양적 전통의 유산을 강하게 반영한 한국인의 가치관의 일반적 특색 가운데서, 필자는 다음 세 가지를 가장 현저하고 중요한 것으로 본다.

(1) '가족주의적'이라고 부를 수 있는 사고 내지 행동의 경향
(2) 사고 및 행동에 있어서 이지(理智)를 앞지르는 감정의 우세
(3) 내실보다 외관과 형식을 존중히 여기는 성향[3]

동양에 있어서의 가족주의는 오랜 전통을 가졌다. 그것은

---

3) 이상 세 가지의 경향이 동양적 전통의 영향을 강하게 반영시킨 것이라 함은, 그것들이 동양적 전통에 보다 가깝다는 뜻에 지나지 않으며, 서양의 전통에는 가족주의나 감정의 우세 또는 형식의 존중이 전혀 없다는 뜻은 아니다. 요컨대 상대적 정도의 차이를 말하는 것이며 절대적 양분법을 취하는 것이 아니다. 이 점은 다음에 '서구적 가치 풍토의 영향'을 논하는 경우에 있어서도 다를 바가 없다.

가족을 생활의 기본 단위로 삼은 오랜 사회 제도를 배경으로 삼고 형성되었으며, 혈연 관계와 가족 윤리를 인류의 근본으로서 숭상한 유교 사상의 후원을 받고 성장하였다. 우리 나라의 경우, 가족주의는 특히 조선조 시대에 더욱 강화된 것으로 알려져 있다.

조선조 시대는 유교가 국교로서 신봉되었을 뿐 아니라, 그 중엽 이후는 국운의 쇠퇴와 사회의 혼란을 심각하게 겪은 시대이기도 하다. 국가와 사회의 모습에 실망한 백성들이 관심의 중심을 가족 생활에 고정시킨 것은 자연스러운 추세였다고 이해되거니와, 같은 추세는 나라의 주권을 빼앗긴 일제 시대에도, 높은 의식 수준에 달한 일부 지사(志士)의 경우를 제외하고는, 그대로 지속되었다.

'가족주의(familism)'란 어떤 이론 체계의 이름이 아니라, 가족에 대한 애착 내지 관심이 다른 의욕과 동기를 압도하고 행동의 주도권을 잡는 **생활 태도**를 가리키는 말이다. 가족주의적 생활 태도는 가족의 번영 또는 가문의 영예를 무엇보다도 소중히 여긴다. 따라서 그것은 한편으로는 개인주의와 대립하게 되며, 다른 한편으로는 민족주의 내지 국가주의와 대조를 이룬다.

오늘의 한국은 한편으로는 서구적 개인주의의 물결이 휩쓸려 들어오고, 다른 한편으로는 국가의 이익과 민족의 단결이 강조되는 상황 속에 있다. 이러한 상황인 까닭에 한국의 가족주의도 점차 그 세력이 쇠퇴하는 경향을 보이고 있기는 하나, 아직도 그 잔영은 상당히 농후한 색채를 유지하고 있는 것으로 보인다.

가족주의적 생활 태도는 가족 또는 친족의 문제에 관련해서
만 남아 있는 것이 아니라, 그 밖의 생활 영역에 있어서도 여
러 형태로 나타나고 있다. 예컨대 같은 모교(母校), 같은 고
향, 같은 단체에 속하는 사람들이 자기네끼리 뭉치는 가운데,
배타적 색채를 띠기에 이르는 경향도 가족주의의 한 변형으로
볼 수 있을 것이다.

가족주의적 사고 방식 내지 행동 양식의 다른 표현으로서
는, 우리 나라에 있어서 우세한 온정주의적 태도 및 아직도
도처에서 발견되는 권위주의와 수직적 인간 관계를 지적할 수
있다. 가족이란 본래 편의나 이익을 위해서 계획적으로 결정
한 단체가 아니라 성(性)과 혈연의 유대를 통하여 자연적으로
발생된 공동체인 까닭에, 그 내부의 질서 유지를 위해서 중요
한 것은 법이나 규칙보다도 온정과 사랑이다. 가족 내부에 어
떤 알력이 생겼을 경우에는, 경위를 밝혀 시비와 곡절을 따지
는 것보다도 감화와 양보로써 문제를 해결함이 정도(正道)로
서 환영을 받는다.

우리 나라의 가족주의는 본래 봉건적 가족 제도를 바탕으로
삼고 형성되었던 까닭에, 사람과 사람의 관계를 상하의 수직
관계로서 의식하는 경향을 수반했으며, 윗사람들에게는 권위
주의적 태도가 몸에 배게 되었다. 근래 민주주의의 새로운 물
결을 타고 사람과 사람의 사이를 평등한 수평 관계로서 이해
하는 관념이 보급되는 한편, 가부장적 권위주의도 점차 약화
되는 경향을 보이고 있기는 하나, 아직도 여러 인간 관계에
있어서 그 잔영을 찾아볼 수 있다.

2) 동양적 전통의 영향을 크게 받고 형성된 우리들의 가치
관의 두번째 특색으로서 지적된 것은, 행동과 사고에 있어서
이지보다도 감정이 우세하게 작용하는 경향이었다. 감정이 뜨
겁고 정서가 풍부한 것은 우리 한국인의 한 가지 특색이며,
이 특색은 여러 분야에서 여러 가지 형태로 나타나고 있음을
본다.

한국 민족은 인정이 두터운 민족으로 옛날부터 알려져 왔으
며, 이 인정미는 현대에 있어서도 크고 작은 인간 관계를 통
하여 발휘되고 있다. 우리 민족은 문화의 다른 분야에 있어서
보다도 예술에 있어서 탁월하다는 것이 대체로 일치된 관찰이
거니와, 이것도 우리 민족성 안에 깃든 뜨거운 정감과 관련이
깊은 것으로 해석된다. 기질 속에 타고난 뜨거운 정열은, 슬
기로운 도덕의 원천일 뿐 아니라, 세련된 예술적 정서의 바탕
이기도 하다.

그러나 우세한 감정이 언제나 좋은 방향으로만 나타나는 것
은 물론 아니다. 합리적이며 냉정한 태도가 요구되는 경우에
있어서까지 감정을 앞세워 흥분하는 사례가 많으며, 객관적
기준을 따르는 공정무사한 처사가 요청되는 마당에서, 정실
(情實)에 끌려 공(公)과 사(私)를 혼동하는 경우도 없지 않
다.

우리들의 사고 방식 내지 행동 경향 가운데서 동양의 전통
과 깊은 관련을 가진 것으로서 세번째로 든 것은, 외관 또는
형식을 내용과 실질에 앞서서 중요시하는 기풍이었다. 고래로
유교에서는 예절을 숭상해 왔거니와, 유교의 영향을 크게 받

은 우리 한국에 있어서도 예절을 도의(道義)의 근본으로서 존중하는 전통이 형성되었다. 그리고 예절이란 본래 행동의 형식과 절차를 심하게 따지는 규범인 까닭에, 예절 숭상의 전통은 생활 전반에 걸쳐서 외관과 형식을 존중하는 기풍(氣風)으로 발전하였다. 이 기풍은 오늘의 한국에도 현저하게 남아 있을 뿐 아니라, 동양의 전통과는 관계가 먼 새로운 사태의 자극을 받고 불건전한 풍조에로 연결되는 일면을 보이기에 이르렀다. 즉 광복 이후의 우리 나라가 건실한 발전을 이루지 못하고 내실의 허약을 외형의 허식으로써 감추고자 하는 심리와, 선전을 일삼고 전시 효과만을 노리는 상품 문화적 풍조의 자극을 받음으로 인하여, '내용의 충실을 도모하기 위한 방안으로서의 형식의 존중'이라는 유교 본래의 정신을 망각하고, 외형 그 자체를 위해서 외형을 존중하는 폐단을 야기하기에 이르렀다.

우리 나라에 있어서 외관과 형식을 앞세우는 경향은 의식주 어느 생활의 측면에서도 발견할 수 있다. 의생활에 있어서 속옷보다도 겉옷에 더 치중하는가 하면, 식탁을 차릴 경우에는 내용과 실질보다도 겉모양과 가짓수에 더욱 신경을 쓴다. 그리고 건물에 있어서도, 실내의 시설이나 실용적 고려보다도 대문, 담장, 겉벽 따위의 겉으로 드러나는 부분에 역점을 둘 경우가 많다.

이상에서 고찰한 세 가지 경향, 즉 가족주의와 감정의 우세 및 외형의 숭상이라는 세 가지 경향은, 상호간에 밀접한 내면적 관계를 가지고 있다. 가족주의와 외형의 숭상이 유교적 윤리 사상을 공통의 배경으로 삼고 있음은 이미 언급한 바 있거니와, 사고와 행동에 있어서 감정이 우세한 영향을 미치는 경향도 다른 두 가지 경향과 내면적으로 연결되고 있음을 발견한다. 가족주의는 본래 자연의 정(情)에 이끌리는 생활 태도이며, 따라서 온정주의를 수반하는 동시에 경위를 밝혀 따지는 것을 탐탁하게 여기지 않는다. 이는 곧 정을 앞세워서 생각하고 행동하는 경향에로 연결되는 것이니, 가족주의와 감정의 우세 사이에 밀접한 내면의 관계가 있음을 본다. 그리고 셋째번 특색으로서 지적한 외형의 존중은 내용과 실질에 치중하는 태도와 맞서는 경향이다. 이에 내용의 충실을 위한 지름길이 알뜰하게 경제적이며 치밀하게 합리적인 생활 태도임을 생각할 때, 외형을 존중하는 태도와 이지보다도 감정을 앞세우는 태도 사이에도 밀접한 내면의 연결이 있음이 명백하다.

서양 사람들이 논리적 추리에 강한데 비하여, 동양 사람들은 직관적 판단에 있어서 강점을 가졌다고 하거니와, 이 직관적 사고와 관련해서도 저 세 가지 특색 사이에 내면적 관계가 있음을 찾아볼 수 있다. 직관적 사고란 논리적 추리에 비하여 감성적 기능에 의존하는 바가 크다. 그것은 감정적 사고와 멀지 않은 거리에 있으며, 경위를 따짐으로써 시비를 가리기보다는 온정과 감화를 숭상하는 가족주의와도 일맥상통한다. 그리고 직관적 사고 방식이, 합리성과 내실을 추구하는 태도보다도 외관과 형식을 숭상하는 태도와 서로 통하기 쉽다는 것도 의심의 여지가 없다.

3) 오늘날 한국인의 생활 태도 특히 도시인의 생활 태도에

는 전통적인 의미로 동양적이라고 보기 어려운 몇 가지 특색
이 나타나고 있다. 이 새로운 특색들은 현대의 물질 문명을
배경으로 삼고 발달한 것으로 보이며, '서구적'이라기보다는
'현대적'이라고 부르는 것이 정확할지 모르나, 현대 물질 문명
의 본산(本山)이 유럽 내지 미국이라는 사실을 고려하여 역시
'서구적 가치 풍토에 근원을 둔 생활 태도'라고 불러도 무방할
것이다.

　주로 근래 도입된 서구적 가치 풍토의 영향을 받고 형성된
것으로 보이는 한국인의 생활 태도 가운데서, 필자는 다음 세
가지를 특히 주목할 것으로서 지적하고 싶다.

　⑴ 금전 만능의 풍조
　⑵ 관능적 쾌락에 대한 우선적 추구
　⑶ 개인주의 내지 이기주의적 행동 경향

　우리 조상들의 전통적 가치관에 따르면, 금전 또는 물질에
대한 탐욕은 권장할 만한 태도가 못 된다. 의식주에 필요한
범위 안에서 분수에 맞는 생계를 꾀하는 것은 당연한 마음가
짐으로서 긍정되었으나, 금전이나 재물 그 자체를 본래적 가
치로서 추구하는 것은 저속한 삶의 태도로서 물리침을 받았
다. 풍류와 예술, 학문과 도덕 등 정신적 탁월에 높은 가치를
인정해 온 것은 동양적 전통의 기본 특색이다.

　그러나 근래에 이르러 사태는 많이 달라진 것으로 보인다.
우리는 아직도 관념과 언어의 세계에서는 금전 내지 물질을
가벼이 여기는 기풍을 견지하는 한편 정신적 가치의 우위를

강조하는 버릇이 있다. 그러나 실제적 행동의 세계에 있어서 가장 지배적인 동기의 구실을 하는 것은 금전 또는 물질에 대한 욕망이다. 이 점을 가장 알기 쉽게 설명해 주는 것은, 오늘날 사람들로 하여금 내가 원하는 행동을 실천하게 하는 가장 효과적인 방법이 돈과 재물로써 유혹하는 수법이라는 사실이다. "이 세상에 돈 가지고 안 되는 일이 없고, 돈없이 되는 일도 없다"는 유행어가 단순한 농담으로 들리지 않고 어떤 실감을 동반한다는 사실은 주목할 현상이다.

금전과 재물에 대한 극도의 숭상을 가장 여실히 나타내는 것은, 어떤 사람이 평가의 대상이 될 경우에, 그 사람이 소유한 재산 또는 경제적 활동의 능력이 큰 비중을 차지한다는 사실이다. 아직도 언어의 세계에 있어서는, 인물 평가의 진정한 기준이 될 수 있는 것은 오로지 그 사람의 내면적 인품이라고 말하는 버릇이 있지만, 실제 행동으로써 사람을 대접하는 마당에서는, 그가 소유하는 재산과 경제적 능력에 큰 비중을 두는 것이 우리들의 실정이다.

금전 내지 재물에 대한 숭상을 반드시 서구 사상의 영향 때문이라고 보는 것이 과연 옳은 관찰이냐에 관해서는 의심의 여지도 없지 않다. 서구 사조의 영향이 아니었더라도, 사회 구조와 생활 조건의 변화를 따라서, 경제적 가치의 우위가 불가피했으리라는 주장도 성립할 수 있음직하다. 그러나 우리의 사회 구조와 생활 조건이 오늘과 같은 양상으로 변화한 것 자체에도 서구 문명의 영향이 컸다고 보아야 할 것이며, 황금 만능의 서구적 풍조가 영화와 신문 등의 대중 매체를 통하여 흘러들어 왔다는 사실도 부인하지 못한다. 이러한 점을 종합

적으로 고려한다면, 금전과 재물을 극도로 숭상하게 된 원인
의 적지 않은 부분이 서구적 가치 의식의 도입에 있었다고 보
아도 좋을 것이다.

금전 또는 재물을 숭상하는 경향과 관련하여, 권력 또는 지
위에 대한 욕망이 몹시 강하다는 현상에 대해서도 이 자리에
서 언급해 두는 것이 좋을 듯하다. 재물에 대한 애착이 거의
대부분의 사람들에게서 찾아볼 수 있는 일반적 현상임에 비하
여, 권력에 대한 관심은 권력의 세계와 직접 또는 간접으로
관계를 가진 특수층에 있어서 현저하게 나타난다는 정도의 차
이는 있으나, 권력과 지위에 대한 욕망도 오늘날 우리 심리
가운데 상당한 자리를 차지하고 있는 것으로 보인다. 정치계
에 있어서의 권력 투쟁은 말할 것도 없으며, 정치 이외의 분
야에 있어서도 권력 또는 지위를 에워싼 경쟁은 어디서나 치
열하다.

권력의 자리를 탐내는 것은 결코 새로운 형상이 아니며, 이
것을 함부로 서구적 물질 문명의 영향 때문이라고 해석할 성
질의 것은 아니다. 벼슬 자리에 오르는 것을 가문의 영광이라
고 찬양했으며, 관존민비의 관념이 오랜 전통을 이루었던 우
리 나라는 옛날부터 관권에 대한 관심이 높은 나라였다.

이러한 전통은 오늘도 여전히 살아 있을 뿐 아니라, 금전
만능 풍조의 자극을 받고 더욱 강화된 듯한 느낌조차 있다.
다시 말해서, 현대 우리 사회에 있어서 금력과 권력의 함수
관계가 매우 긴밀하다는 사정으로 말미암아, 금전 만능의 풍
조가 권력에 대한 욕구를 더욱 자극한 듯한 인상이 강하다.

4) 현재 우리 나라 사람들의 생활 태도를 관찰할 때, 우선 현저하게 눈에 뜨이는 것은 관능의 쾌락을 추구하는 경향이다. 먼 장래를 내다보고 원대한 목적을 위해서 참고 노력하는 길보다도 우선 당장의 순간을 즐길 수 있는 길을 택하는 경향이 대체로 강하다. 대소 도시에 있어서 유흥 업소가 해마다 늘어나는 현상이며, 흥미 위주의 인쇄물이 양서(良書)를 물리치고 출판계를 장악하는 현상 등은, 그러한 경향을 입증하는 대표적인 것이라고 볼 수 있을 것이다.

관능의 쾌락을 좇는 것은 우리 한국에만 국한된 현상이 아니라, 온 세계에 걸친 일반적 현상이다. 사실 그것은 인간의 본능에 바탕을 둔 현상이며, 현대에 있어서만 특유한 경향으로서 떠들 성질의 것도 아니다. 다만 성생활을 비롯한 육체의 쾌락을 공공연하게 찬미하고, 이를 노골적으로 추구하는 풍조가 오늘과 같은 지경에 이른 것은 과거에 그리 흔하지 않았다는 점에서, 이 현상이 우리의 주목을 끄는 것이다. 특히 유교의 영향을 받고, 관능의 쾌락을 권장하기보다는 이를 억제해 온 우리 나라의 전통에 비추어 볼 때, 여기 심상치 않은 문제가 개재해 있음을 간과할 수 없다.

향락을 추구하는 풍조와 금전 내지 재물을 숭상하는 기풍 사이에도 밀접한 관계가 있는 것으로 보인다. 황금 만능의 풍조가 물질주의 세계관과 결합하기 쉬우며, 물질주의 세계관이 쾌락주의 인생관으로 기울어지기 쉬운 것은 심리학적 상식이다. 그러나 더욱 중요한 것은, 금전이 최고의 가치처럼 추구되는 자본주의 사회에 있어서 문화 전체의 성격이 상품 시장의 색채를 띠기 쉽다는 사실이다. 사람들이 돈을 가장 열심히 추구하는 사회에 있어서는 모든 것이 상품화하는 경향이 있다. 학문, 예술, 교육, 운동, 기술 그리고 심지어는 종교까지도 돈벌이의 수단으로 변질한다.

그러나 이것들보다도 더욱 팔아먹기에 적합한 것은 관능적 쾌락이다. 학문 또는 예술과 같은 정신적 가치를 실현하는 데도 돈이 필요한 것은 사실이나, 돈과 아울러 많은 시간과 노력을 바쳐야 한다. 이에 비하여 관능의 쾌락은 돈만 주면 당장 손쉽게 얻을 수 있을 뿐 아니라 그 자리에서 곧 감각적 위로를 주는 까닭에 상품으로서의 매력이 크다. 특히 도시화 문명에 시달려 피로한 사람들에게는 말초 신경적 쾌감에 대한 수요가 크다. 이리하여 금전 문화는 관능적 쾌락의 값을 올리고, 관능적 쾌락에 대한 수요는 금전에 대한 욕구를 더욱 자극하는 순환이 이루어진다.

금전과 권력 그리고 관능의 쾌락은 모두 경쟁성이 매우 강한 가치들이다. 일부가 그것을 차지하면 다른 사람들의 몫은 그만치 줄어든다. 따라서, 금전과 권력 그리고 관능의 쾌락을 열심히 추구하는 풍토 안에서는, 그것들을 에워싸고 항상 치열한 경쟁이 발생한다. 이 치열한 사회 경쟁은 우리들의 행동 양식에 또 하나의 경향을 초래했으니, 그것이 바로 이기주의의 경향이다. 사람들은 모두 저마다 자기의 재산과 지위 그리고 쾌락을 위해서 최선을 다해야 하는 까닭에, 남의 사정을 돌아볼 여유가 없을 뿐 아니라 자기와 운명을 같이할 공동체의 이익을 망각하는 지경에 이르기도 한다.

우리 나라의 이기주의는 근대 서양의 개인주의 내지 자유주의가 들어온 것과 밀접한 관계를 가지고 발달하였다. 서양의 개인주의가 본래 뜻했던 이념은, 모든 개인들의 권익과 자유를 다같이 존중한다는 것이었으므로, 남의 권익은 안중에 두지 않는다는 뜻의 좁은 이기주의와는 원칙적으로 구별되는 것이었다. 그러나 서양의 개인주의가 자유 방임의 경제 제도와 결합했음으로 말미암아 그것이 이기주의의 색채를 더해 갔으며, 그 두 개념의 이론적 구별이 현실적으로는 모호해진 느낌이 있다.

다만 서양의 경우에 있어서는 합리적 사고의 전통이 강하고 계몽된 대중의 자기 권익에 대한 주장이 활발했으므로, 강자들의 이기주의의 횡포를 어느 정도 견제할 수가 있었다. 그러나 우리 한국의 경우에 있어서는 합리적 사고의 전통이 결여되고 대중의 권리 의식이 약했을 뿐 아니라, 8·15 이후의 사회적 혼란까지 겹쳤던 까닭에 '자유주의' 또는 '개인주의'의 이름으로 도입된 서구의 사조가 절제없는 이기주의에로 전락하는 경향을 막지 못한 결과가 되었다.

오늘날 금전과 관능의 쾌락을 추구하고 남의 권익을 돌보지 않는 사람들도 그러한 태도를 공공연하게 옳다고 말하지는 않으며, 아마 마음속에서도 그 길이 옳다고 확신하지는 않을 것이다. 머리 속에서 조용히 반성하는 순간에는, 아직도 인격이나 의리나 학식 따위의 것이 돈이나 향락보다 귀중하다고 생각하는 경향이 있으며, 언어로써 토론에 참가하거나 **남의** 행동을 평가할 경우에는 이기적 행동을 비난하는 것이 보통이다.

그러나 자기가 실제로 어떤 행동을 취할 단계에 이르러서는, 자기 스스로의 생각이나 말과는 달리, 돈이나 향락을 위해서 인격 또는 의리를 손상하기도 하고, 내 이익을 위해서 남의 권익을 침범하기도 한다. 짧게 말해서, '관념으로서의 가치관'은 여전히 전통적 체계의 테두리를 지키고자 하는데, '행동의 원동력으로서의 가치관'은 딴 길로 달아나는 것이다. 이와 같은 관념과 행동의 유리는 어느 시대 어느 사회에도 다소는 있게 마련이나, 그 **정도가** 매우 심하다는 사실에 오늘날 우리 가치 체계의 문제점의 하나가 있는 것으로 보인다.

끝으로 한 가지 더 언급해 둘 것은, 근래 도입된 서구적 가치관 가운데서 합리주의적 사고 방식이 비교적 많은 사람들에 의해서 높은 평가를 받고 있다는 사실이다. 서양의 근대화가 합리주의적 사고와 행동에 힘입은 바 크다는 사실에 주목하고, 우리도 그 점을 본받아야 한다고 주장하는 사람들이 많다. 그러나 이 합리주의에 대한 긍정 내지 찬양은 어느편이냐 하면 '관념으로서의 가치관' 즉 당위 **의식**의 선에서 머무는 경우가 많으며, 실제 행동으로써 그것을 실천하는 습성에까지 이른 사람은 비교적 드물다. 금전과 향락 그리고 이기주의를 대하는 태도의 경우와는 반대로, 관념은 오히려 서구적인 것에로 달리는데, 행동은 도리어 동양적 전통에 머무는 경향을 보이는 것이다.

제 3 장
한국인의 기존 가치관에 대한 평가

1) 이제까지 우리는 한국인의 가치관 또는 생활 태도의 일반적 특성을 개관했거니와, 다음에는 평가적 각도에서 그 기존하는 가치관의 장단점을 살펴보기로 하자. 우선 그 준비 작업으로서 가치관을 평가하는 기준 또는 '바람직한 가치 체계의 조건'에 대하여 간단하게나마 고찰해 두어야 할 것으로 보인다. 평가는 평가의 기준을 전제 조건으로서 요청하기 때문이다.

가치관 또는 가치 체계의 평가 기준의 문제는 철학의 영역에서도 가장 궁극적인 문제에 속한다. 철학의 모든 궁극적 문제가 그렇듯이 가치관의 평가 기준의 문제에 대해서도, 어떤 전제를 기본 원리로서 증명없이 받아들이지 않는 한, 논란의 여지가 없는 해답에 도달할 수가 없다. 다시 말해서, 어떤 평가의 기준이 옳고 그름을 오로지 경험적 사실과 일반적 논리에만 의존하여 증명하기는 원리상 불가능한 일이며, 반드시 어떤 전제를 하나의 신념으로서 우선 받아들이고 출발해야 한다.

바람직한 가치 체계의 기준을 논함에 있어 우선 받아들일 것을 제언하고 싶은 기본 전제는, 윤리나 가치의 체계도 결국은 우리 인간을 위한 것이라야 한다는 원칙이다. 다시 말해서, "우리 인간으로 하여금 만족스러운 생활을 하게 함에 있어서 가장 많은 도움을 주는 가치 체계가 가장 바람직한 가치 체계다"라는 명제를 근본 전제로서 받아들이자는 것이다.

그러나 위의 명제 그 자체는 바람직한 가치 체계의 조건을 명시하는 뚜렷한 기준의 구실을 할 수가 없다. 왜냐하면 '만족스러운 인간 생활'이 무엇이냐를 결정하는 것은 필경 우리의 가치관에 달려 있는 까닭에, "만족스러운 인간 생활을 위해서 적합한 가치 체계가 바람직한 가치 체계다"라는 명제에는 순환론의 성격이 깃들어 있기 때문이다.

한편 저 명제는 비록 바람직한 가치 체계의 조건을 명백히 밝혀 주지는 못한다 하더라도, 그 조건을 밝히는 데 상당한 도움을 줄 수는 있다. '바람직한 인간 생활'을 **완전히** 정의할 수 있기 위해서는 그 기준이 될 가치관이 먼저 확정되어야 할 것이나, 그 가치관이 확정되지 않더라도, '바람직한 인간 생활'의 조건에 관해서, 양식을 가진 사람이라면 누구나가 동의할 몇 가지 기본 원칙에 도달할 수 있을 것이기 때문이다.

'바람직한 인간 생활'이 어떠한 생활이냐는 물음을 앞에 두고 우선 생각하지 않을 수 없는 것은 인간의 욕구이다. **만약** 세상의 모든 사람이 소망하는 생활이 있다면, 다시 말해서 모든 사람들의 모든 욕구를 만족시킬 수 있는 생활이 있다면,

그러한 생활은 바람직한 생활이라고 보아야 할 것이다. "모든 사람들의 모든 욕구를 만족시켜 주는 생활이 반드시 바람직한 생활은 아니다"라고 주장하는 것이 **형식 논리상으로** 불가능한 것은 아니나, 그러한 생활이 바람직하지 않다는 것을 **진심으로** 믿는 사람은 없을 것이다. 그러나 실제에 있어서 모든 사람의 모든 욕구를 만족시켜 주는 생활이란 있을 수 없다. 그러므로 모든 사람의 욕구를 만족시키는 생활은 바람직한 생활이라는 주장은 현실적으로는 무의미하다. 다만 이 주장의 논리만을 살리고 그 내용에 약간의 수정을 가함으로써 우리는 다음과 같은 명제를 현실적으로 의미가 있는 결론으로서 얻을 수 있을 것이다.

"적은 사람의 욕구를 만족시키는 것보다는 많은 사람들의 욕구를 만족시키는 것이 바람직하고, 한 개인의 부분적 욕구를 만족시키는 것보다는 그 사람의 인격 전체의 욕구를 만족시키는 편이 바람직하다."[4]

위에서 도달한 우리의 결론은 바로 민주주의의 이상과 일치하는 것이기도 하다. '민주주의'라는 개념의 해석에 대해서는 서로 다른 견해가 있을 수 있을 것이나, 다음 두 가지 점만은 아무도 반대하지 않을 것이다. 첫째로, 민주주의는 정신과 육체의 통일로서의 인간, 즉 전인으로서의 인간이 매우 존귀한 존재라는 것을 믿는다. 둘째로, **모든** 사람이, 그가 인간이라는 사실로 말미암아 다같이 존귀하다는 것을 믿는다. 이 두

---

4) 이와 같은 주장은 이미 R. B. Perry에 의하여 표명된 바 있다. 가치를 '모든 욕구의 모든 대상(any object of any intereat)'이라고 정의한 그는 욕구의 포괄성을 가치 비교의 최고 원리라고 주장하였다. (R. B. Perry, *The General Theory of Value,* Havard University Press, 1954, p. 115, 617, pp. 657~658 참조)

가지 믿음에 결합하여, 모든 인간은 귀중한 존재로서의 대접을 받아야 한다는 결론을 빚어 내거니와, 이 결론은 모든 사람들의 인격적 욕구를 되도록 크게 만족시키는 것이 바람직하다는 뜻을 그 안에 품고 있다. 그리고 여기서 말하는 '인격적 욕구' 가운데는 생물학적 기본 욕구와 '정신적 욕구'라고 흔히 불리는 높은 차원의 욕구가 모두 포함된다고 보아야 할 것이다.

바람직한 가치 체계를 위한 기준으로서 또 한 가지 제시할 수 있는 것은 논리의 일관성의 요청이다. 바람직한 가치 체계에는 논리의 일관성이 있어야 한다는 것은 명백하다. 우리는 지금 가치 체계에 관한 **이론**을 논하고 있거니와, 이론을 따진다는 것 자체가 논리의 일관성을 전제로 삼는다. 지성을 가진 인간으로서 이론적인 문제를 다룰 때, 우리는 이미 논리의 일관성을 존중할 것을 암묵리에 전제하고 출발하는 것이다.

논리의 일관성의 요청이 바람직한 가치 체계의 조건으로서 제시하는 첫째 원칙은, 관념의 체계와 행동의 체계가 **되도록** 일치해야 한다는 것이다. 앞에서 우리는 관념의 체계로서의 가치관과 행동의 체계로서의 가치관을 구별한 바 있거니와, 이 두 가지는 합하여 하나의 전체로서의 가치 체계를 형성한다. 이 전체로서의 가치 체계가 논리의 일관성을 가지기 위해서는, 우선 관념의 체계와 행동의 체계 사이에 큰 모순이 없어야 할 것이다. 쉽게 말해서, 머리 속에서 옳다고 생각하는 바와 실제로 행동하는 바가 일치해야 한다.

관념과 행동이 유리해서는 안 된다는 것은, 단순한 논리의 요구에 그치는 것이 아니라, 여러 사람들의 인간적 욕구를 만족시킨다는 실천적 목적을 위해서도 요청되는 원칙이다. 관념과 행동이 서로 다르다는 것은 개인적으로는 위선 또는 인격의 분열을 의미하는 것이며, 사회적으로는 상호 불신 풍조의 가장 큰 원인이 되는 것이다.

관념과 행동의 유리(遊離)를 막아야 한다는 원칙에서 파생되는 또 하나의 기준이 있다. 그것은 우리들의 관념적 가치관이 우리 **현실에 대한 적합성**을 가져야 한다는 것이다. 관념과 행동이 어긋나는 근본 이유는, 우리가 옳다고 믿는 바대로 행동하기를 방해하는 현실적 여건에 있다. 따라서 행동이 관념의 지시를 따라 그대로 실천할 수 있기 위해서는, 관념이 지시하는 바가 현실의 여건을 도외시한 것이어서는 안 되며, 그러한 뜻에서, 관념으로서의 가치관은 현실에 대한 적합성을 가져야 한다. 다만 여기서 명심해 두어야 할 것은, "현실에 대한 적합성을 갖는다" 함이 모든 현실을 있는 그대로 긍정하고 따라가야 한다는 뜻이 아니라는 점이다. 우리의 관념이 옳다고 믿는 바를 따라서 현실을 개조하고자 하는 의지가 작용하는 곳에 인간의 인간다움이 있는 것이며, 우리가 지금 우리들 자신의 가치관을 문제삼는 근본 동기도 저 개조의 의지에 있었던 것이다. 그러므로 관념으로서의 가치 체계와 현실의 조화는, 현실에 대한 일방적 타협에 의해서 모색될 것이 아니라, 현실을 관념의 높이에로 이끌어 올리는 방향으로 모색되어야 할 것이다. 다만 현실을 관념의 높이에로 끌어올리는 작업은 현실적 여건과 인간적 능력의 한계의 제약을 받는 것이며, 노력을 해도 도달할 수 없는 목표를 제시할 때, 그러한 관념은 현실에 대한 적합성을 결여한 것으로서 물리침을 받아야 할 것이다.

논리의 일관성의 요청이 바람직한 가치 체계의 조건으로서 제시하는 또 하나의 원칙은, 관념의 체계와 행동의 관계가 각각 **그 체계의 내부에 있어서** 논리적 정합성(論理的 整合性)을 가져야 한다는 것이다. 예컨대, 어제 말한 바와 오늘 말한 바 사이에 모순이 있거나, 상황에 본질적 차이가 없는 두 곳에서 한 행동 사이에 모순이 있는 것은 바람직한 일이 아니다. 그리고 나에게 적용하는 규범과 남에게 적용하는 규범이 서로 달라도 안 된다. 일반적으로 말해서 양립할 수 없는 두 가지 원칙을 주장하거나 서로 모순된 원칙을 따라서 행동하는 것은, 논리의 일관성의 요청을 배반하는 짓이 아닐 수 없다.

2) 위에서 우리는 가치 체계의 평가를 위한 몇 가지 기준 내지 조건을 고찰했거니와, 그러한 기준에 비추어 볼 때 현재 우리 생활의 바탕을 이루고 있는 가치관 내지 가치 체계는 어떻게 평가되어야 할 것인가? 제2장에서 살펴본 한국인의 가치관의 몇 가지 특색을 하나하나 떼어서 생각할 때, 그 특색들은 각각 긍정적으로 받아들일 수 있는 좋은 일면을 간직한 것으로 보인다.

첫째로, 가족주의의 경향은 사람이 한 개인의 테두리를 넘어서서 타인과 깊게 융화되는 유대의 원리를 그 안에 품고 있다. 만약 이 유대의 원리가 좁은 집단에 애착하는 배타성을 극복하고, 더욱 넓은 범위의 융화를 추진하는 협동과 단합의 원리로서 승화될 수 있다면, 그것은 "되도록 많은 사람들의 많은 욕구를 조화롭게 만족시킨다"는 우리의 이상을 위해서,

우리들이 제시한 첫째 평가 기준에 해당하는 민주주의 이상을 위해서, 크게 도움이 될 것이다.

'감정의 우세'라는 둘째 특색에 대해서도 비슷한 주장을 할 수 있을 것이다. 본래 가족주의의 바탕을 이룬 것이 자연의 정이었으며, 단순히 이지와 법만으로 살 수 없는 것이 사회적 동물로서의 인간이라면, 우세한 감정의 승화된 형태로서의 인정은 물질 문명 속에 자기를 상실해 가는 인간이 그 본연의 모습을 회복하기에 큰 도움을 줄 수 있을 것이다. 뿐만 아니라 풍부한 감정은, 인간이 자아를 실현하는 중요한 길의 하나인 예술의 영역에 있어서도 귀중한 자원의 구실을 한다.

우리가 세번째로 지적한 '외관과 형식의 존중'도 예술의 영역을 위해서 과거에도 많은 도움을 주었으며, 또 앞으로도 우리 민족 문화의 발전을 위한 역량으로서 작용할 수 있을 것이다. 그리고 더욱 중요한 것은 외관과 형식을 존중히 여기는 경향이 슬기로운 중용의 정신과 결합할 때, 그것이 내용과 실질을 향상하고 충실케 하는 **그릇**으로서의 구실을 한다는 사실이다.

서구 문명의 도입과 깊은 관련을 가진 한국인의 생활 태도로서 첫째로 지적한 '금전 만능의 기풍'도, 그것만을 따로 떼어서 볼 때, 반드시 나쁘게만 평가할 성질의 것이 아니다. 인간이란 본래 물질에 의존해서 살도록 마련되어 있거니와, 특히 밀도 높은 인구가 복잡한 사회 생활을 영위하는 현대에 있어서, 경제에 대한 깊은 관심이 없이는 생존 그 자체가 위협을 받는다. 한국의 살 길도 경제적 후진성을 탈피하는 방향으로 모색되지 않을 수 없다는 사실을 고려할 때, 금전과 물질에 대한 국민의 깊은 관심은 마땅히 긍정되어야 할 일면을 가졌다고 생각된다.

관능의 쾌락도 욕구가 충족될 때 생기는 것이니, **그 자체로 볼 때는** 좋은 것들의 범주 안에 들어간다고 보아야 할 것이다. 옛날에는 쾌락을 죄악시하고 금욕을 올바른 삶의 길로서 권장하는 사상이 세력을 떨친 시대도 있었으나, 인간도 일종의 동물임을 인정하는 현대 과학의 견지에서 볼 때, 금욕 그 자체에 본래적 가치가 깃들었다고는 생각되지 않는다. 향락이 지나칠 때 수반하는 폐단을 이유로 쾌락을 경계하는 것은 옳을지 모르나, 쾌락 그 자체가 나쁘다고 보기는 어렵다. 쾌락을 긍정하는 태도는 지상의 생활을 긍정하는 건전한 태도로서 시인되어야 할 것이다.

이기주의도, 그것이 자아를 보전하고자 하는 본성의 발로이며 삶의 의욕의 활발한 표현이라는 점에서, 마땅히 긍정적으로 받아들여져야 할 일면을 가졌다. 조그만 자아에 애착하는 나머지 더욱 큰 자아를 망각하는 것은 어리석은 짓임에 틀림이 없으나, 인간이 자기를 아끼고 사랑하는 의욕 그 자체는 건강하고 자연스러운 현상으로서 긍정되어야 할 것으로 믿는다.

우리의 가치 체계를 구성하는 요소들 하나하나를 따로 떼어서 생각할 때 그것들이 크게 나무랄 데가 없을 경우에도, 그것들이 결합되어 이루어진 전체로서의 가치 체계는 많은 결함을 가질 수도 있다. 훌륭한 가치 체계를 위하여 가장 중요한 것은, 그 체계를 구성하는 여러 요소들이 하나의 타당성있는 근본 원리의 일관성있는 매개를 통하여, 조화로운 관계를 이루고 통합되는 일이다. 이 점은 바로 '바람직한 가치 체계의 조건'의 하나로서 이미 지적한 바 있는 저 '논리의 일관성의 요청'의 문제에로 연결된다. 하나의 근본 원리를 일관된 토대로 삼고 조화롭게 통합된 가치 체계는 자연히 논리의 일관성을 갖는 반면에, 그렇지 못한 가치 체계는 논리적 혼란에 빠지게 마련인 것이다. 그리고 어떤 가치 체계가 논리의 일관성을 잃고 혼란에 빠져 있다면, 그것은 그 체계가 하나의 근본 원리의 일관된 토대 위에 조화로운 통합을 이루지 못한 증거라고 보아도 좋을 것이다.

3) 현재 우리들의 가치 체계는 논리의 일관성의 요청을 별로 만족시키지 못하는 것으로 보인다. 식자들은 흔히 우리들의 가치 체계가 혼란에 빠졌다고 개탄하거니와, "가치 체계가 혼란에 빠졌다" 함은, 앞에서 언급한 바 있는 '관념과 행동의 유리'를 지적함은 물론이요, 또 그 밖에도 여러 가지 현상을 염두에 두고 하는 말이다. 그리고 그러한 현상들은 모두 논리의 일관성의 요청을 배반하는 성질의 것이다.

우리가 '가치 체계의 혼란'을 말할 때 첫째로 염두에 두는 것은, 사람들의 가치관에 개인차가 많다는 사실이다. 가치관이 사람에 따라서 약간의 차이점을 갖는 것은 자연스럽고 좋은 현상이라 하겠으나, 대국적 견지에서 볼 때, 같은 문화적 배경을 가지고 같은 사회 안에 살고 있는 사람들의 가치관은 가장 기본적인 측면에 있어서 공통성을 갖는 것이 보통이며, 또 그것이 그 사회의 안정과 평화를 위해서 바람직하다. 그러나 우리 나라의 경우는 여러 실천적 문제에 대한 견해와 신념에 개인차가 지나치게 심한 것으로 관찰된다. 특히 젊은 세대와 늙은 세대 사이의 생활 감정의 차이는 거시적 협동에 지장을 가져올 정도로 현저하며, 대도시와 농어촌의 생활 태도의 차이도 많은 문제점을 내포하고 있다.

가치 체계의 혼란은 전체로서의 사회에만 있는 것이 아니라, 한 개인의 마음 내부에도 있다. 다시 말해서 같은 사람도 때에 따라서 그가 주장하는 바 또는 행동하는 바에 변동이 심하다. 어느 때는 매우 급진적인 언행을 하는 사람이 다른 때는 매우 보수적인 경향을 보이기도 하고, 평상시에 늘 합리주의를 역설하던 사람이 때로는 매우 불합리한 처사를 옹호하기도 한다. 요컨대 어제와 오늘 또는 이곳과 저곳 사이에 논리의 일관성이 부족한 것이다.

논리의 일관성의 결여 또는 가치 체계의 혼란은, 혼란한 사회 현실의 반영인 동시에 사회 현실의 혼란을 조장하는 요인이기도 하다. 우리들의 가치 체계가 사회적 조화와 논리적 일관성을 결여함이 심하다는 사실은, 우리들의 가치 체계로 하여금 우리가 당면하고 있는 공동의 문제들을 해결하는 원리로서의 구실을 못 하게 할 뿐만 아니라, 우리들이 당면하는 공동의 문제 그 자체를 더욱 어렵게 만드는 결과를 부르기도 한다. 바꾸어 말하면, 논리의 일관성의 요청을 만족시키지 못하는 우리들의 가치 체계는 형식상의 결함을 가졌을 뿐 아니라, 우리의 현실을 더욱 어려운 것으로 만든다는 실질적 결함도 아울러 가지고 있다. 다음에는 실질적 견지에서 볼 때 우리의 가치 체계가 어떠한 난점을 가지고 있는지에 관하여, 더욱 상세한 고찰을 꾀해 보기로 하자.

4) 우리 사회의 현저한 특색의 하나는 모든 사람들이 치열한 경쟁을 겪고 있다는 사실이다. 치열한 경쟁에 휘말리게 되는 근본 원인은, 사람들이 가장 열심히 추구하는 목표가 강한 경쟁성을 가졌다는 점에서 발견된다. 우리는 이미 금전과 물질, 권력 또는 관능의 쾌락 따위의 것들이 행동의 세계에 있어서 강력한 추구의 대상이 되고 있음을 지적한 바 있거니와, 그것들은 경쟁성이 매우 강한 가치인 까닭에 그것들이 인생의 가장 귀중한 목표처럼 추구되는 사회에 있어서 치열한 경쟁은 불가피한 현상이다.

정정당당한 선의의 경쟁은, 경쟁하는 쌍방을 모두 한층 높은 경지에로 이끄는 좋은 결과를 가져오기 쉽다. 그러나 우리가 흔히 경험하는 경쟁의 대부분은 특혜적 이권 또는 국내 소비 시장의 쟁탈전 따위의 것으로서, 본래 공명정대한 경쟁이 어려운 성질의 것일 뿐 아니라, 우리 나라에는 사회 생활의 여러 분야에 있어서 공명정대한 경쟁을 위한 윤리적 전통이 미약하다. 그러므로 우리들의 사회 경쟁은 비열한 이기주의의 풍토 위에서 벌어지고 있으며, 그 결과는 대체로 부정적이다.

도의심의 바탕이 허약한 풍토 위에서 전개되는 경쟁은 승리를 위해서는 수단을 가리지 않는 폐단을 동반하기 쉬우며, 경쟁이 과열하면 자기가 세운 삶의 궁극 목적까지도 망각하고 눈앞의 승리에만 급급하게 되는 경향이 있다. 그리고 수단을 가리지 않고 눈앞의 승리에만 급급한 경쟁이 경쟁자 쌍방을 모두 파멸에로 이끄는 사례를 우리는 우리 주변에서 흔히 본다. 지나친 투자와 지나친 선전 등으로 생산비를 너무 높인 까닭에, 업자들끼리의 경쟁에서는 이기게 되었으나, 결국은 손해를 보고 쓰러지는 기업체의 경우가 그것이며, 입학 시험 경쟁에서 이기기는 했으나, 지나친 시험 준비 때문에 건강을 해치는 젊은이들의 경우도 바로 그것이다. 지나치게 치열한 경쟁으로 말미암아 쌍방이 모두 피해를 입고 마는 현상이 일반화될 때, 그 사회나 국가는 몰락의 길을 밟게 될 것이며, 사회나 국가가 몰락할 때 그 안에 사는 개인들도 따라서 불행하게 되는 악순환이 경험될 것이다.

공동체의 번영과 타인의 처지를 안중에 두지 않는 이기주의자들의 지나친 경쟁의 결과로서 초래되는 현상 가운데서 가장 심각한 문제를 내포하는 것은 사회 불균형이라는 현상이다. 금력 또는 권력과 같은 경쟁적 가치를 둘러싸고 앞을 다투는 사람들의 실력에는 심한 개인차가 있다. 체력과 두뇌에도 사람을 따라 큰 우열의 차이가 있으며, 개인들의 경쟁을 후원하는 사회적 배경에도 심한 차이가 있다. 힘의 차이가 많은 사람들이 수단을 가리지 않고 가혹한 경쟁에 종사할 경우에 있어서, 그 승패는 대체로 일방적이다. 그리고 그 결과는 심한 사회적 불균형이라는 현상으로 나타나게 된다.

우리 나라에 있어서도 현재 사회적 불균형이 심각한 문제를 제기하고 있음은 거듭 지적되고 있는 상식이다. 오늘날 우리 한국은 도시와 농촌의 격차가 지나치게 크며, 부자와 빈자의 생활이 너무나 차이가 진다. 흔히 말하듯이 현대와 전근대가 나란히 이웃해 있으며, 웅장한 저택과 비참한 판잣집이 멀지 않은 거리를 두고 마주서 있다.

인생에는 본래 경쟁과 승패가 따르게 마련이며, 사람들의 사회적 지위에 높고 낮음이 생기는 것은 불가피한 현상이라는 이론도 제기될 수 있음직하다. 사실 모든 사람들이 완전히 평준화된 생활을 즐긴다는 것은 현재로서는 공상에 가까운 꿈에 지나지 않는다. 그러나 필연불가피한 어느 정도의 사회적 불균형을 용인하지 않을 수 없다는 사실이, 지나친 이기주의와 불합리한 사회 구조에 기인하는 극단적인 불균형을 정당화하는 근거가 될 수는 없다. 사회 정의의 이념이 지시하는 바를 따라서, 가능한 한도까지 사회적 불균형을 시정하도록 노력하는 것은 우리들 민주 시민의 공통된 의무가 아닐 수 없다.

균형된 사회 발전이 바람직한 것은 비단 어렵고 가난한 사람들만을 위해서뿐이 아니다. 사회적으로 유리한 처지에서 영화를 누리는 사람들을 위해서도 사회적 불균형은 애써 극복해야 할 공동의 과제이다. 특권을 누리는 사람들의 인도주의를 위해서 그렇다는 뜻이 아니다. 오로지 실리만을 따진다 하더라도 현재 유복한 사람들은 사회적 불균형을 크게 경계해야 할 이유를 가졌다. 왜냐하면 균형을 잃은 사회는 곧 불안정한 사회이며, 안정을 잃은 사회는 폭동, 전쟁, 정변 따위의 큰 변동의 가능성을 내포하기 때문이다. 그리고 급격한 사회 변동이 생겼을 경우에 가장 큰 타격을 입는 것은 현재 지배적 위치를 차지한 사람들이다. 현존하는 사회 질서의 지속에 의하여 누구보다도 이익을 얻는 것은 상류에 위치한 사람들이며, 바닥에 깔린 사람들은 오히려 급격한 사회 변동을 계기로 자기네의 처지에도 변동이 오기를 기대하는 심리가 크다. 요 컨대 지속적 평화는 모든 사람들을 위해서 바람직한 것이나, 특히 지배적 상류층에 위치하는 사람들을 위해서 절실하게 소 망되는 것이며, 지속적 평화를 실천하기 위하여 가장 중요한 조건은 균형된 사회 발전을 이룩하는 일이라는 사실이 깊이 고려되어야 한다는 뜻이다.

5) 재물과 관능의 쾌락 따위의 경쟁성이 강한 가치를 삶의 목적인 양 열심히 추구하는 가치 체계의 더욱 근본적인 폐단 은, 그것이 '인간의 비인간화' 또는 '인간의 자기 상실'이라고 흔히 불리는 현대적 불행에로 우리를 인도한다는 사실이다.

인간에게 가장 중요한 것은 인간이며, 따라서 우리는 언제 까지나 인간이기를 희구한다. 인간이 언제까지나 인간이기를 지속한다 함은 인간으로서의 본질을 끝까지 지킨다는 뜻이 아 닐 수 없으니, 인간으로서의 본질을 지킴은 우리들의 가장 절 실한 요청이라 하겠다. 많은 사람들이 믿어 왔으며 오늘도 믿 고 있듯이, 인간이 만물 가운데서 가장 존귀한 존재라면, 인 간이 그 본질을 지켜야 할 이유는 더욱 명백하다.

"인간의 본질이 무엇이냐?"는 물음에 대해서 사람들이 내 리는 대답은 반드시 일치하지 않을 것이나, 인간이 **자유의 주 체**라는 사실을 그의 기본적 특색 가운데서 중요한 것이라고 보는 견해에 반대하는 사람은 적을 것이다. '자유의 주체'라 함은 자기 자신의 의사 또는 스스로 세운 목표를 따라서 행동 하는 자주적 존재라는 뜻이니, 그것은 남을 위한 단순한 수단 으로서 이용될 수 없는 것, 다시 말하면 자기 자신을 위해서 존재하는 것이며, 그 자체 속에 목적으로서의 가치를 지닌 존재이기도 하다.

그러나 불행히도 오늘의 인간은 자유의 주체로서의 그 본연의 모습을 잃어 가고 있다. 때로는 단순히 무엇을 위한 수단으로 전락하기도 하고, 때로는 외적 조건에 얽매여 피동적으로 움직이는 가운데 방향 감각을 잃는다. 인간을 한갓 노예처럼 묶어 놓는 멍에에도 여러 가지가 있을 것이나, 그 가운데서도 매우 중요한 것으로서 우선 금전 및 (금전을 중심삼는) 물질 문명을 들 수 있을 것이다. 돈이나 물질은 본래 인간을 위한 수단으로서 소중한 것이었으나, 그것들에 대한 사람들의 욕구가 극도로 높아짐에 따라서, 도리어 인간보다도 귀중한 것 같은 착각을 일으켜, 인간 위에서 인간을 지배하는 지경에까지 이르렀다는 느낌이 있다.

가난한 사람들은 우선 생존에 필요한 재화를 벌기 위해서 골몰한 가운데 자기 자신의 모습을 상실한다. 상품을 생산하는 기계의 신호를 따라서 노동에 종사하는 가운데, 어느덧 기계의 한 부분과 같은 구실을 하는 자리에 익숙하게 된다. 큰 공장에서 일을 하는 사람의 경우에 있어서는 자기가 만들고 있는 부품이 사회에 어떻게 공헌하는 것인지조차도 모를 경우가 있다. 그러므로 자기가 종사하는 노동의 과정 그 자체 안에서 보람을 찾기는 매우 어려운 일이며, 오로지 임금을 얻기 위한 수단으로서 노동에 종사해야 한다. 더구나 노동에 종사하는 시간이 잠자는 시간을 제외한 하루의 대부분을 차지하는 까닭에, 노동 시간 이외의 다른 시간 가운데서 삶의 보람을 찾는다는 것도 어려운 일이다. 따라서 결국 "죽지 못해 산다"

는 하소연이 메울리는 서글픈 생존으로 나날을 보내는 형편이
되기도 한다.

부유한 사람들은 부유한 자리를 유지하고 또 더욱 부유하게
되기를 바라는 욕망으로 말미암아 그들대로 돈과 재물의 노예
가 된다. 오늘과 같이 경쟁과 불안이 심한 시대에 있어서, 큰
재산을 유지한다는 것은 쉬운 일이 아니다. 그리고 가지면 가
질수록 더 많이 갖고 싶은 것이 소유욕의 심리이기도 하다.
그러므로 돈을 가진 사람이 돈에 얽매이기 쉬운 것은 그것을
갖지 못한 사람의 경우보다도 오히려 그 정도가 심하다. 인생
을 위해서 재물을 갖는다 하는 본래의 취지를 벗어나서, 도리
어 재물을 위해서 인생을 사는 것에 가까운 지경에까지 이른
다. 필경 돈이 사람의 상전으로서 군림하는 것이며, 자유의
주체로서의 인간의 모습은 빛을 잃는 셈이다.

돈의 노예가 된 사람들의 대부분은 시간의 노예이기도 하
다. 돈을 중심으로 삼는 경쟁 사회에 있어서 시간은 가장 중
요한 조건의 하나이기 때문이다. 이 점에 관해서, "시간은 돈
이다"라는 미국의 격언은 매우 상징적이며, "돈은 시간이다"
라고 말하는 대신, "시간은 돈이다"라고 뒤집어 말한 것이 조
금도 이상하게 느껴지지 않는다는 사실은 더욱 의미심장하다.
"돈은 시간이다"라고 말한다면 그것은 돈의 도구적 가치
(instrumental value)를 강조한 것으로 이해할 수 있을 것이
나, "시간은 돈이다"라는 말은 생명의 한 측면이라고 볼 수
있는 시간보다도 돈을 더 중요시하는 우리들의 의식 구조와
현대 문명의 심층에 자리잡은 어떤 부조리를 반영한 것으로
주목되는 것이다.

208

시간에 몰린다는 것은 부지런히 일하고 있다는 증거라고 볼수 있다는 뜻에서 좋은 현상이기도 하다. 그러나 지나친 한가로움이 불행을 의미하듯이, 지나치게 시간에 몰리는 것도 불행한 일이다. 스스로 작성한 계획을 따라서 차근차근 일해 가는 과정에서 적당히 바쁜 것은 매우 바람직한 일이나, 밖으로부터 강요된 사정으로 말미암아 전혀 선택의 여지없이 분주한것은 결코 다행한 일이 아니다.

도대체 누구를 위해서 분주한 것인지 자기도 모를 어떤 외부적 강요에 의해서 시간의 노예가 될 때, 우리는 벌써 자신의 주인공이 아니다. 복잡한 사회의 한 성원으로서 살아야 하는 우리는, 각자의 직분을 다하기 위하여 침식을 잊고 부지런히 활동해야 할 경우가 많은 것이 사실이다. 그러나 때로는자기의 시간을 가지고 자기의 삶을 음미해 볼 수 있는 마음의여백을 가질 필요도 있다. 그럼에도 불구하고 오늘의 우리 생활에 있어서는——특히 대도시의 생활에 있어서——자기의 시간이 점점 줄어드는 동시에 저 마음의 여백이 거의 없어져 가는 추세를 보인다. 그리고 이 추세는 인간이 자기를 상실해가는 징조의 대표적인 것으로 이해되는 것이다.

오늘날 우리에게 굴레를 씌우는 또 하나의 장치로서 **유행**을들 수 있다. 유행이란 어느 시대 어느 사회에서나 자연스러운사회 현상일 뿐 아니라, 그것이 건전할 경우에는 문화의 발전을 위해서도 도움이 된다. 그러나 오늘의 유행은 단순한 자연현상이기보다도, 금전 문화의 풍토 위에서 돈벌이에 열중한사람들의 인위적 조작에 의하여 촉진된다는 점에 그 병리학적 특색이 있다.

제작 업자와 상인들이 상품을 팔기 위해서 자연스러운 풍속의 변천을 앞질러 가며, 새로운 유행을 만들어 낸다. 새로움을 위한 새로움을 무리하게 꾸며 만드는 까닭에 불합리하고 병적인 것이 선전될 경우도 적지 않으며, 발달한 광고술의 마력에 의하여 그 기형성은 은폐되고 도리어 매력의 초점으로 화한다. 그리고 소속감과 유대감에 미약한 현대의 인간 관계 안에서 고독을 무의식 속에 깊이 간직해야 하는 군중들은, "소비는 미덕"이라는 구호에 현혹되어 가며, 저 기형적인 유행을 비싼 값으로 사들이는 것이다.

유행의 심리는 옷차림과 머리 모양 그리고 가구 따위에만 작용하는 것이 아니라 우리들의 의식 내지 사상의 영역에까지 침투한다. **여론**의 이름을 빌린 일종의 유행이 우리의 독자적 사유를 방해하는 것이다. 본래 건실한 여론은, 지성과 양식에 입각한 자주적 사유의 변증법적 종합을 통해서 얻어지는 중지(衆智)의 결론에 해당하는 것이다. 그러나 오늘의 대중은 끊임없이 닥쳐 오는 어려운 문제들에 대해서 자신의 머리로 깊이 생각하기를 원치 않으며, 이른바 저명 인사들의 발언 또는 그것을 전달하는 대중 매체의 암시에 쉽게 말려든다. 이리하여 중지의 종합이기보다도 사고의 유행으로서의 성격이 강한 '여론'의 탄생을 본다.

이러한 '여론'은 개인 각자가 깊이 생각한 끝에 동의한 결과로서 얻어진 신념의 총화가 아니라, 암시와 유행의 심리를 따라서 형성된 것으로서 부화뇌동의 성질을 띠는 까닭에, 현실을 움직이는 강력한 윤리 지침의 구실을 하기 어렵다. 그것은 깊은 신념으로서 우리의 마음속에 뿌리를 내리지 못한 관념인 까닭에, 강한 실천의 의지를 동반하지 않는 것이다. 그리고 또 그것은 머지않아 유행의 바람이 반대의 방향으로 불 때는 쉽사리 허물어질지도 모르는 허약한 관념이기도 하다.

사람들이 유행의 바람을 따라 이리저리 나부낀다는 것은, 각자의 개성을 잃고 남의 것을 모방하는 풍조가 강하다는 것을 의미한다. 그리고 모방의 풍조가 강하다는 것은 사람들이 각자의 자주성을 상실하여 그 본연의 모습으로부터 멀어짐을 의미한다. 한 민족 또는 국가에게 자주성이 요구되듯이 개인에게도 자주성은 필요한 것이며, 그것을 잃을 때 인간으로서의 본연의 모습도 희미해지는 것이다.

사람들이 자기의 개성과 신념을 굳게 지키지 못하고 여러 사람들이 가는 길로 휩쓸려 버리는 이유의 하나는, 자기에 대한 타인의 의견 또는 평가에 대하여 몹시 민감하게 반응하는 심리에 있다고 생각된다. 우리는 **남들이 나를 어떻게 보느냐**에 유달리 많은 신경을 쓴다. 다른 사람들의 눈에 좋게 보이기를 열망하며, 그들에게 좋은 인상을 주고자 애를 쓴다. 따라서 항상 남의 눈치를 살피게 되며, 눈치를 살피기에 여념이 없다 보면, 자기 스스로의 개성과 신념을 죽이고 남들의 가는 길로 추종하는 결과에 이르기 쉽다.

다른 사람들에게 잘 보이기를 바라는 것은 사회적 존재로서의 인간이 공통으로 가진 경향이며, 현대인만의 특수성이라고 단정할 성질의 것은 아니다. 그러나 프롬(Erich Fromm)도 지적하고 있듯이, 자기의 개성과 신념을 거의 망각하고 오로

지 남의 눈치와 평가에만 신경이 예민한 것은 최근 수십 년
동안에 일어난 새로운 경향이다. 프롬에 따르면 현대 우리 사
회에서는 모든 것이 돈벌이를 위한 상품으로 화하는 추세를
보이는 가운데, 인간도 하나의 상품으로서 자처하는 현상을
보이고 있다. 자신의 성공을 갈망하는 것은 인간의 상정이거
니와, 성공을 위해서 가장 결정적인 구실을 하는 것은, 본인
의 실력 그 자체보다도 그를 대하는 다른 사람들의 의견과 평
가이며, "우리가 우리 자신을 얼마나 요령있게 팔아먹느냐에
따라서, ……우리의 포장이 얼마나 잘되어 있느냐에 따라서,
우리의 성공이 좌우되는" 것이 상품 문화가 지배하는 현대 사
회의 실정이다. 5) 자기의 가치를 내재하는 능력과 인품에 의하
여 측정하지 않고 남의 기호 즉 교환 가치에 의하여 측정하는
성격을, 프롬은 "장사꾼의 성격 (marketing oriention)"이라
부르고, 현대인의 대부분이 이 성격의 소유자라고 관찰하고
있다. 6)

---

5) E. Fromm, *Man for Himself,* New York, 1947, pp. 69~70.
6) E. Fromm, 같은 책, pp. 67~68 참조.

제 4 장
새 가치 체계의 방향

1) 이제까지 우리는 현대 한국인의 사고 방식 및 행동 양식의 일반적 특색을 살펴보았으며, 이어서 그 장점과 단점의 대강을 고찰하였다. 그러나 이 논고의 기본 목표는 새로운 가치 체계의 방향을 모색함에 있었으며, 지금까지의 고찰은 그 준비 작업으로 볼 수 있는 성질의 것이다. 우리의 평가적 고찰이 부정적 측면에 역점을 두게 된 것도 새로운 것의 모색을 위하여 가장 필요한 것이 묵은 것의 잘못된 점을 파악하는 일이라고 믿었기 때문이다. 다음은 지금까지의 고찰을 토대로 삼고, 장차 바람직한 가치 체계의 기본적 방향을 더듬어 보기로 하자.

올바른 윤리의 원칙에 부합되는 가치 체계가 곧 바람직한 가치 체계이며, 올바른 윤리란 만족스러운 사회 생활을 위한 지혜에 해당한다. 그리고 인간으로서 인간다운 생활을 하기에 충분히 적합하지 못하다는 사실에 우리들의 묵은 가치 체계의 가장 근본적인 결함이 있었다. 그러므로 장차 세워져야 할 새

가치 체계는 무엇보다도 우선 인간의 회복을 가져오는 것이어
야 한다.

인간이 자기를 회복하기 위해서는 인간적 가치가 가치 체계
의 정상을 다시 차지해야 한다. 돈 또는 권력 따위의 수단적
가치가 (본래적 가치로서의 인간 위에 군림하여) 인간을 억압
하는 본말의 전도에 묶은 가치관의 근본적 결함이 있다는 우
리의 관찰이 타당성을 갖는 것이라면, 새 가치 체계의 첫째
과제는 저 뒤바뀐 가치 서열을 그 본래의 위치에로 되돌려놓
는 일이 아닐 수 없다.

인간적 가치를 가치 체계의 정상으로 올린다 함은, 관념 또
는 언어의 세계에 있어서 "인간적 가치가 가장 귀중하다"고
생각하거나 말하는 데 그치는 것을 의미하지 않는다. 행동과
실천에 있어서 인간적 가치를 최고의 주가치(主價値)로서 추
구하기에 이를 때 비로소 인간적 가치가 그 본래의 자리를 회
복했다고 말할 수 있을 것이다. 그리고 여기서 '인간적 가치'
라는 말은 매우 넓은 의미로 쓰이고 있으며, 인간의 정신 및
육체에 깃들 수 있는 모든 가치를 통틀어 가리킨다. 다시 말
하면 개인이 가진 도덕적 인품, 학식, 예술적 기능 등은 말할
것도 없으며, 사람의 생명, 건강, 육체의 아름다움 그리고 스
포츠 기능 따위도 인간적 가치의 범주 속에 포함되는 것으로
보아야 한다. 뿐만 아니라 사회 정의와 평화 그리고 찬란한
민족 문화 등을 비롯한 여러 가지 사회적 업적도 인간적 가치
의 중요한 것으로서 헤아려져야 할 것이다.

여기서 우리는 한 가지 어려운 이론적 문제에 부딪치고 있
음을 본다. 즉 인간 또는 인간적 가치를 가치 체계의 정상에

위치해야 할 것으로 평가하는 근거를 어느 정도 밝힐 수 있어야 할 것으로 보인다. 그러나 이 문제도 가장 궁극적인 문제의 하나로서 엄밀한 증명을 허락하지 않는 문제이며, 오직 설득적 근거를 제시하는 정도로 만족할 수밖에 없을 것이다.

인간이 귀중한 존재라는 판단을 뒷받침하는 근거의 하나로서, 우리는 우선 인간이 인간 자신을 경험적 세계에 있어서 가장 귀중한 존재라고 느끼는 것은 인간 심리의 필연이라는 사실을 지적할 수 있을 것이다. 자아 보존의 본능적 욕구와 자아 의식을 아울러 가진 모든 개인은, 자기 자신 즉 '나'라는 존재를 정말 귀중한 것으로서 느끼도록 마련되어 있다. 그리고 일단 자기 자신이 귀중하다는 것을 인정한 이상, 다른 사람들도 모두 귀중하다는 것을 인정하지 않을 수 없다. 왜냐하면 다른 사람들도 심신의 근본 구조에 있어서 나와 본질적으로 다를 바가 없는 존재이며, 본질이 같은 두 대상에 대하여 서로 다른 평가를 내린다는 것은 논리에 맞지 않기 때문이다.

인생이 존귀하다고 주장하는 근거로서 흔히 인간의 이성을 지적한다. 그러나 이성을 가졌다는 사실이 왜 존귀성 내지 존엄성의 근거가 되는 것일까? 이성이라는 기능 자체가 존귀하다기보다도, 이성의 기능으로 인하여 인간의 행동이 고유한 특색을 갖게 되며, 그 행동의 특색이 인간을 존귀한 것으로 만드는 근거가 된다고 보아야 할 것 같다. 좀더 부연해 말한다면 인간은 이성을 소유하는 까닭에, (1) 세계와 자기를 인식할 수 있으며, (2) 스스로의 신념을 따라서 자주적으로 행동하는 도덕의 주체일 뿐 아니라, (3) 유혹과 권력 앞에서도 꺾이지 않고 꿋꿋하게 일어서는 용기와 자존심을 발휘할 수 있다는 사실이, 인간을 존귀한 것으로 보지 않을 수 없게 하는 중요한 이유가 된다고 생각된다.

첫째로, 갈대와 같이 약하고 작은 인간이 광막한 우주를 인식의 대상으로 삼을 수 있다는 사실도 위대한 일이며, 특히 안으로 자신을 들여다볼 수 있는 마음의 여유를 가졌다는 사실은 더욱 놀랍고 장한 일이다. "자신을 안다" 함은 "자신을 대상화한다"는 뜻이며, 그것은 자기를 초월할 수 있음을 의미하는 것이니, 이에 우리는 매우 작은 것으로 보이기 쉬운 인간이 실은 무한히 큰 존재임을 인정하지 않을 수 없다.

사람은 누구나 자기 자신을 어느 정도 알고 있다. 인간이란, 보기에 따라서는 지구 위의 가장 강한 존재이기도 하지만 한편으로는 매우 허약한 존재에 지나지 않는다는 사실까지도, 우리는 알고 있다. 특히 우리는 인간이 조만간 **죽어야 할 운명**을 지니고 있다는 사실을 알고 있으며, 그것을 아는 까닭에 우리는 같은 운명을 나누게 마련인 다른 인간 가족에 대한 깊은 공감과 사랑을 느낀다.

마르셀(G. Marcel)은, "인간이 유한자라는 바로 그 사실 가운데 그의 본질적 존엄성의 원리를 찾을 수 있다"는 역설적 결론을 앞세운 다음, 그러한 주장의 근거로서 "인간은 자기 스스로가 죽어야 할 운명을 지니고 있다는 사실을 깨닫고 있는 것으로 알려진 유일한 존재"라는 사실을 지적하고 있다. [7] 유한자로서의 자신의 운명을 똑바로 바라보면서 그러나 여전

---

7) G. Marcel, *The Existential Background of Human Dignity,* Harvard University Press, 1963, p. 136.

히 높은 이상을 버리지 않고 갈 수 있는 곳까지 가보자고 노력을 기울이는 인간, 그리고 같은 운명 아래 사는 다른 사람들에 대한 인간으로서의 사랑을 깊이 느끼기도 하는 인간, 이러한 인간을 우리는 존귀하다고 생각하지 않을 수 없는 것이다.

둘째로, 인간은 스스로 옳다고 믿는 바를 따라서 행동하는 도덕적 주체이다. 밖으로부터의 자극을 따라 완전히 피동적으로 움직이는 무생물이나, 본능이 가리키는 바에 따라 맹목적으로 행동하는 일반 동물과는 달리, 인간은 스스로 정한 목표와 스스로 내린 판단에 따라서 자주적으로 행동한다. 그리고 자주적으로 행동할 수 있다는 뜻에서 인간은 자유를 가진 존재이며, 자유의 주체라는 이 사실 가운데, 우리는 인간을 존엄한 존재로서 인정하지 않을 수 없는 또 하나의 이유를 발견한다.

셋째로, 인간은 유혹과 권력 앞에서도 꺾이지 않는 용기와 자존심을 가지고 있다. 이것은 자유의 주체라는 사실에서 자연히 따라오는 현상이거니와, 이 용기와 자존심은 우리로 하여금 인간을 존엄한 것으로 느끼지 않을 수 없게 하는 가장 직접적인 사유이다. 유혹과 권력으로도 꺾기 어려우며, 스스로 존귀한 존재로서 자처하는 인간 앞에서 우리는 존경과 엄숙함을 느끼지 않을 수 없는 것이다. 인간은 스스로를 존엄하게 대접하는 까닭에 진실로 존엄하다.

여기서 우리는 인간이 스스로를 존엄하게 대접하는 굳건한 태도와 세도나 금력을 잡은 사람들이 권세를 자랑하고 권위주의를 휘두르는 오만한 태도를 혼동해서는 안 될 것이다. 위엄

을 과시하기 위하여 화려한 옷차림이나 웅장한 주택 따위로
겉모습을 장식하는 특권층의 태도를 비판하여, "그것은 공허
와 기만을 숨기는 것에 지나지 않을지 모르며, ……진실로 자
기 자신을 배반하는 것이라 할 것이니, 비판적인 사람의 눈으
로 볼 때, 스스로의 권위에 치명상을 입히는 것"이라고 설파
한 마르셀의 말도 바로 이 점을 지적한 것으로 해석된다. [8]

2) 인간 또는 인간적 가치의 우위를 강조함은 금전과 물질
또는 권력 따위의 외면적 가치가 배척되어야 할 악(惡)이라는
뜻은 물론 아니다. 인간적 가치가 **실현**될 수 있기 위해서는
물질 생활의 뒷받침이 절대로 필요한 것이니 인간성의 회복을
염원하는 우리의 주장이 한갓 공론으로 그치지 않기 위해서도
경제적 가치의 중요성을 망각하는 일이 없어야 할 것이다. 다
만 우리가 항상 명심해야 할 것은 금전 내지 물질은 **인간을**
위해서 중요한 **수단적** 가치이며, **목적**으로서의 가치는 어디까
지나 인간에게 있다는 사실이다. 묵은 가치관의 잘못은, 물질
내지 경제를 중요시한 바로 그 사실에 있는 것이 아니라 물질
이 도리어 인간을 압도하게 된 주객의 전도에 있었다. 따라서
새 가치 체계가 역점을 두고 지향할 바는, 물질 또는 경제의
중요성을 부인함에 있는 것이 아니라, 인간과 물질의 관계를
올바로 회복하는 일에 있다.

권력의 문제에 관해서도 우리는 위에서 말한 바와 비슷한
주장을 할 수 있음직하다. 현대 민주 국가에 있어서 권력의
원천이 되는 것은 국민 각자의 인권 또는 시민권이며, 이 각

---

8) G. Marcel, 같은 책, p. 136.

자의 주권을 국민 생활의 질서와 능률을 위해서 소수에게 위임했을 때 생긴 것이 곧 정치 권력이다. 이와 같이 이해할 때, 권력도 그 본질에 있어서 인간을 위한 수단이며, 현대의 사회 생활이 복잡다단하니 만큼, 매우 중요한 수단이라는 것도 명백하다. 그러므로 권력을 중요시하는 태도 그 자체는 도리어 당연한 것이며, 다만 문제가 생기는 것은 권력을 목적으로서 추구하거나, 또는 그것을 공동체의 번영 내지 성원의 행복을 위하여 사용하지 않고 사사로운 목적을 위해서 남용할 경우에 있어서뿐이다.

물질 생활의 안정과 권력의 올바른 사용을 위해서 절실하게 요청되는 것은 합리적 정신이다. 우리 동양의 전통적 가치 체계에 있어서 합리적 정신이 부족하다는 것은 이미 지적한 바 있으며, 이 점에 있어서는 서구적 합리주의로부터 배워야 할 교훈이 적지 않은 것으로 보인다. '합리적 정신' 또는 '합리주의'라는 개념도 여러 가지 측면을 가지고 있으나, 우리는 특히 두 가지 측면에 역점을 두고 합리주의의 정신을 살려야 한다고 생각한다.

첫째로, 경제 생활의 합리적 운영이 절실하게 요청되고 있다. 우리 나라가 경제에 있어서 후진성을 면하지 못하고 있다는 사실을 고려할 때, 특히 이 점이 강조되지 않을 수 없다. 겉으로 국제주의 내지 세계주의를 표방하는 나라들까지도 실제로는 각기 자기 나라의 이익을 추구하기에 여념이 없는 역사의 현단계에 있어서, 우리 한국은 여러모로 불리한 여건 아래서 국제 경쟁에 임하고 있거니와, 그 경쟁의 중심이 경제적

이득이라는 사실을 상기할 때, 국민 경제의 발전이 얼마나 절실한 과제인가는 스스로 명백하다. 그리고 합리적 운영을 떠나서 국민 경제의 발전을 기대할 수 없다는 것도 이미 주지의 상식이다.

경제 생활의 합리적 운영은 생산과 분배 그리고 소비 등 모든 측면에서 이루어져야 할 것이다. 생산의 여러 과정은 기업 정신과 과학적 경영의 원칙을 따라서 수행되어야 할 것이며, 가족주의적 사고 방식, 특혜 조치, 사사로운 결탁 등 불합리한 요인들이 개입해서는 안 될 것이다. 분배는 공정의 원칙을 따라 이루어져야 하며, 소비 생활에 있어서도 사치와 낭비 그리고 허례 등의 불합리한 습성을 탈피해야 할 것이다.

합리성에 관련하여 또 한 가지 역점이 주어져야 할 것은 **공정** 또는 **사회 정의**의 측면이다. 그리고 이 측면은 일상 생활에 있어서 합리적 태도를 취하는 문제보다도 더욱 중요한 문제를 내포한다고 필자는 믿는다.

'합리성' 및 '공정'은 모두 다소의 다의성(多義性)을 가진 개념이기는 하나, 모든 불공정은 합리성을 갖추지 못했다고 볼 수 있다는 뜻에서, 즉 모든 불공정한 것은 동시에 불합리한 것이라고 볼 수 있다는 뜻에서, 전자는 후자를 포섭하는 개념이라고 해야 할 것이다. 따라서 정치와 경제, 종교와 예술 그리고 교육 등 여러 분야의 현실적 문제들을 합리적으로 처리하는 것은 공정한 사회 또는 사회 정의의 수립을 위해서 필수 불가결한 조건이다. 우리는 이 논고 제3장에서 우리 한국에 사회적 불균형이 심하다는 사실을 지적한 바 있거니와, 이 사실을 극복하기 위해서 우리들의 전통적 가치관 내지 사고 방식에 있어서 미약했던 합리적 정신이 앞으로는 크게 육성될 필요가 있음을 본다.

공정 내지 사회 정의가 절실하게 요청되는 이유에 대해서는 이미 언급한 바 있으므로, '공정', 또는 '사회 정의'의 개념을 어느 정도 밝혀 두는 것이 이 소절을 끝마무리할 단계에 이른 이 자리에 적합하리라고 생각된다. '사회 정의'란 곧 사회의 **공정성**을 의미하는 것으로 볼 수 있으니, 여기서는 공정이라는 개념에 초점을 두고 잠시 고찰해 보기로 하자.

'공정'의 원칙을 풀어서 말한다면 "처지와 형편이 같은 두 사람은 차별없는 대우를 받아야 한다"라는 표현으로 일단 바꾸어 놓을 수 있을 것이다. 아무리 차별없는 대우가 요청된다 하더라도, 모든 사람을 엄밀하게 똑같이 대접한다는 것은 사실상 불가능하며 또 바람직한 일도 아니다. 예컨대 국민 전부에게 대통령의 자리를 고루 나누어 주는 것은 불가능한 일이며, 갓난 어린이와 장정에게 똑같은 음식을 분량도 같게 주는 것은 바람직한 처사가 아니듯이, **처지**와 **형편**이 다를 때에는 사람들이 받는 대접도 달라지는 것이 불가피하거나 바람직할 경우가 많다. 따라서 '처지와 형편이 같은'이라는 제한이 붙게 되는 것이다.

엄밀하게 말해서 모든 사람들의 처지와 형편에는 다소간의 차이가 있게 마련이며, 모든 종류의 처지와 형편의 차이를 차별 대우의 정당한 사유로서 인정할 수는 없다. 이에 처지와 형편의 차이 가운데서 차별 대우의 정당한 사유가 될 수 있는 것과 없는 것을 구별할 필요가 생긴다. 그렇다면 차별 대우의 정당한 사유가 될 수 있는 사정의 차이란 어떠한 것일까?

이 물음에 대한 대답으로서 매우 유력한 것의 하나는 "각자의 필요(needs)에 따라서 분배해야 한다"는 것이요 그 또 하나는 "각자의 능력과 업적에 따라서 분배를 달리해야 한다"는 것이다. [9] 각각 일장일단을 가지고 있는 것으로 보이는 이 두 가지 원칙을 참고로 해가며, 우리들 자신의 해답을 꾀해 보기로 하자.

사람들이 필요로 하는 바의 차이가 차별 대우의 사유가 된다는 것은 대체로 수긍이 가는 의견이다. 책이 필요한 사람에게는 책을 주고, 농기구가 소망되는 사람에게는 농기구를 주는 것은 확실히 사리에 맞는 일이다. 우리가 공정을 요청하는 가장 근본적인 이유는 모든 사람들이 각자의 뜻을 이루어 행복에 도달하기를 바란다는 사실에 있으며, 사람들이 필요로 하는 바에 개인차가 있다는 것은 각자의 행복을 위해서 요구되는 조건이 다르다는 뜻이다. 그러므로 필요에 의거하여 분배를 달리한다는 것은 모든 사람들의 행복이 고루 실현되도록 하는 방안에 해당하는 것이니, 대국적 견지에서 볼 때 그것은 공정의 이념에 합치되는 것이라고 판단되는 것이다.

그러나 사람들이 필요로 하는 것을 모두 공급한다는 것은, 물자와 인력의 한계로 말미암아 사실상 불가능하다. 여기서

---

9) 그레고리 블라스토스(G. Vlastos)는 공정한 분배의 원칙으로서 오늘날 흔히 주장되는 것을 다음과 같은 다섯 가지로 나눴다. (1) 각자의 필요(needs)에 따라서 분배한다. (2) 각자의 가치(worth)에 따라서 분배한다. (3) 각자의 능력과 업적(merit)에 따라서 분배한다. (4) 각자의 일(work)에 따라서 분배한다. (5) 각자가 체결한 계약에 따라서 분배한다. (G. Vlastos "Justice and Equality," R. B. Brandt. *Social Justice,* New Jersey, 1962, p. 35 참조) 이상 다섯 가지 가운데서 특히 여기 말한 두 가지((1)과 (3))를 중요시하는 이유에 관해서는 김태길 저, 『새로운 가치관의 지향』, 1969, p. 330 참조.

"누구의 어떠한 필요를 **우선적으로** 대접하느냐?" 하는 물음이 불가피하게 되거니와, 이 물음에 대한 대답으로서 지지를 받고 있는 것이, "각자의 능력과 업적을 따라 분배하라" 하는 주장이다. 능력이 크고 업적이 많은 사람들이 필요로 하는 바에 대하여 우선권을 인정하자는 이 주장은 일단 사리에 맞는 것 같으며 여러 나라에 있어서 어느 정도 실천되고 있는 원칙이기도 하다. 그러나 이 원칙을 완전한 것으로 인정하기 어렵다는 것은, "사람은 누구나 행복하게 살 권리를 가진 바 귀중한 존재"라는 우리들의 더욱 큰 원칙에 비추어 볼 때 명백하다. 능력이 약하고 업적이 적은 사람이라도 생존의 권리와 행복을 누릴 자격은 가진 것으로 보아야 한다. 따라서 분배의 기준을 능력과 업적에만 둘 수도 없는 것이다.

"필요에 따라서 분배한다"는 원칙을 우리가 고집하지 못하는 이유는, 현실적으로 그것이 불가능하다는 사실에 있는 것이며, 하나의 이상으로서 그것은 어디까지나 인간적 노력의 정당한 목표가 아닐 수 없다. 하나의 이상으로서는 "필요에 따라서 분배한다"는 원칙을 버리지 않으면서 현실에 적응하기 위해서는 "능력과 업적을 따라서 분배한다"는 원칙을 받아들이지 않을 수 없는 것이 우리들의 기본적 견지인 것이다. 결국 우리는 공정의 원칙에 관해서 두 가지 기준을 마음속에 간직하고 있는 셈이며, 여기서 필연적으로 일어나는 문제는, 저 두 가지 원칙을 연결하여 하나의 원리로서 종합할 수 없겠느냐 하는 그것이다.

이 문제에 대하여 필자는, "각자의 필요를 따라서 분배한다" 하는 이상을 실현하기 위한 **방편으로서** "능력과 업적에 따르는 분배의 원칙"을 받아들이는 길이 있다고 생각한다. 모든 사람들에게 필요한 것을 되도록 풍족하게 공급하기 위해서는, 사람들의 능력을 최대한으로 활용하여 많은 업적을 올리도록 해야 한다. 그리고 유능한 사람들의 능력을 살려 그들의 업적을 높이기 위해서는 그들에 대한 지원을 우선적으로 실행할 필요가 있다. 다만 이러한 우대의 근거는, 그렇게 하는 것이 "각자의 필요에 따라서 분배한다"는 이상을 실현하는 지름길이라는 사실에 있는 것이며, 어떠한 능력과 어떠한 업적이 더욱더 중요시되어야 하느냐는 문제도 저 궁극 목적에 비추어서 풀려야 할 것이다.

"누구의 어떠한 필요에 대하여 우선권을 인정하느냐?" 하는 물음에 대해서 우리가 줄 수 있는 또 하나의 대답이 있다. "원초적이며 기본적인 욕구일수록 우선적으로 충족되어야 한다"는 대답이다. 의식주와 같은 기본적 욕구의 충족은 이른바 고상한 욕구의 충족보다도 앞서야 한다. 왜냐하면, 원초적이요 기본적인 욕구의 충족은 생존과 행복을 위한 필수 조건일 뿐 아니라, 더욱 고상한 욕구의 충족을 위한 토대가 되는 것이기 때문이다.

원초적 욕구에 대하여 우선권을 인정하는 것은, 모든 사람의 행복을 동등하게 존중한다는 평등의 이념에도 부합된다. 예술이나 학문 따위의 문화적 욕구는 기본 생활의 문제가 이미 해결된 사람들 가운데서 다시 특수한 개성을 가진 사람들에 의해서 발동되는 것이지만, 의식주와 같은 원초적 욕구는 각계각층의 모든 사람들이 갖는 것이다. 누구에게도 있는 이 보편적 욕구를 우선적으로 충족시켜야 한다는 것은 우리가 모든 사람에게 동등한 생존권을 인정하는 이상 당연한 일이다.

서민의 기본 생활을 보장하기에 필요한 분배가 자선 사업과 같은 선심의 발동이라는 형태로 주어지는 것은 바람직하지 않다. 선심을 통한 해결은 일시적 미봉책에 지나지 않으며, 또 듀이(J. Dewey)가 강조하여 지적한 바와 같이, 선심을 받는 사람의 자활 능력을 저해하기 때문이다.[10] 그러므로 환자와 노유(老幼) 같은 특수한 경우를 제외하고는 각자의 사회적 공헌에 대한 당연한 보수의 형태로 생활이 보장되어야 하며, 그렇게 하기 위해서는 일할 수 있는 능력을 가진 사람들에게 일할 기회가 균등하게 주어져야 한다.

공정의 문제를 물질의 분배에만 국한된 문제로 생각하는 것은 잘못이다. 인간은 물질 생활의 안정과 평준만으로 삶의 보람을 느낄 수는 없다. 사회 또는 국가의 한 성원으로서, 능력과 분수에 맞는 자리를 얻어, 자기의 소질을 발휘해 가며 공동의 사업에 적극적으로 참여할 때 사람들은 비로소 고독과 소외감을 벗어나 사는 보람을 느낀다. 그러므로 **물질의 분배**에 있어서 불공평이 없는 것만으로 한 사회가 충분히 공정하다고 평가될 수는 없으며, 모든 성원들에게 **일할 수 있는 기회와 자리**를 공평하게 나누어 주는 것도 공정한 사회를 위해서 중요한 필수 조건이 아닐 수 없다.

3) 우리는 앞 소절에서 합리적인 사고와 행동을 강조하고 사회 또는 국가 전체도 합리성의 원칙을 따라서 운영되어야

---

10) John Dewey, "The Economic Basis of New Society," *Intelligence in the modern World* (J. Retner ed.), 1939, pp. 417~418 참조.

한다고 주장하였다. 그러나 합리성을 강조하는 나머지 사람들이 항상 세세한 이해타산에 급급하고, 모든 일을 권리와 의무로 따지는 가운데, 개인들의 인품이 옹졸해지는 한편 사회 전체는 인정에 메마른 냉담한 집단으로 굳어져 버리는 것은, 우리들이 본래 소망하는 바가 아니다. 일찍이 합리주의적 사고와 행동이 발달한 서구 사회에 있어서, 근래 개인주의와 물질주의의 발달이 이에 보태졌음을 계기로 하여, 사람들 사이의 내면적 유대가 약화되는 동시에 사회 전반에 인정미가 결핍되어 가는 경향을 보였다는 사실이, 우리에게 주는 교훈은 매우 크고 또 깊다.

인간을 사회적 동물로 규정한 저 고전적 명제는 지극히 평범하면서도 무한히 깊은 뜻을 품었다. **사회적** 동물인 까닭에 사람들은 다른 사람들과 **섞여야** 하는 것이며, 원만하고 만족스럽게 섞일 수 있기 위해서는 단순한 이지와 논리를 초월하는 다른 요인의 작용이 필요하다. 그 필요한 다른 요인들 가운데서 가장 중요한 것이 우리 동양에서 전통을 자랑하는 **인정** 또는 **인간미**라고 필자는 믿는다. 우리는 앞서 한국인에게 가족주의적 전통이 아직도 강함을 지적하고 그 장점과 폐단을 살펴본 바 있거니와, 그 가족주의 속에 깃든 융화의 심정을 더욱 큰 공동체를 위한 내면적 유대의 원리로서 발전시키는 일은 앞으로 새 가치 체계를 모색함에 있어서 우리가 역점을 두어야 할 과제의 하나라고 보아야 할 것이다.

동양의 전통이 자랑하는 인정과 서양의 전통이 자랑하는 합리적 정신을 한층 높은 차원에서 변증법적으로 종합하는 일은 우리들의 새 가치 체계의 문제에 있어서 매우 중요한 과제의 하나이다. '나'에 대한 옹졸한 집착을 극복하고 더욱 큰 자아로서의 '우리'에로 탈피하게 하는 친화의 원리인 인정을 살리되, 정실(情實) 또는 편애로 흐르는 일이 없으며, 경위와 시비를 밝히고 능률과 실질을 높여 주는 합리적 정신을 살리되, 각박하고 고독한 인간 관계를 초래함이 없는 건강한 사회를 건설하는 것은, 비록 그것이 어려운 이상이라 할지라도, 우리들의 궁극적 목표가 아닐 수 없다.

여기서 우리에게 가장 절실한 문제는, 어떻게 하면 동양의 인정과 서양의 합리성의 단점을 극복하고 그 장점만을 높은 차원에서 아울러 살릴 수 있느냐 하는 실천적 원리의 문제이다. 생각컨대 지금 우리들의 논점이 되고 있는 변증법적 종합이 가능하기 위해서는, 우리들이 함께 지향하는 공동 목표에 대한 정열이 개인적 이해의 대립에서 오는 경쟁 의식을 압도할 수 있을 정도로 강해야 할 것이다. 다시 말하면 우리 모두가 자발적 정열로써 참여할 수 있는 미래 지향의 공동 목표가 뚜렷하게 의식되고 있는 한편, 대립된 이해 관계로 말미암은 경쟁 의식이, 공동 목표로 향한 정열에 비하여 훨씬 미약해야 한다. 만약 우리들의 의욕을 유발하는 미래 지향의 확고한 공동 목표가 없다면, 현재를 긍정하는 안이한 사회 생활 속에서 온유한 인정은 유지될 수 있을지 모르나, 능률과 업적 그리고 공정한 사회의 건설을 위한 합리적 노력의 기풍이 일어나기는 어려울 것이다. 한편 개인 또는 작은 집단의 이기적 목적을 위한 경쟁심이 우리 생활 태도의 주도권을 잡는다면, 대립된 권익 의식의 상호 견제와 세련된 이기심의 현명한 자제력을 통하여, 냉철한 합리주의 정신이 사회 질서를 위한 원리로서의 구실을 할 수는 있을 것이나, 인간 사회에 있어서 인정을 매개로 삼는 친화의 관계가 깊어 가기는 어려울 것이다.

문제의 관건은 온 국민이 정열을 기울여 행동할 수 있는 공동의 목표가 서느냐 아니냐에 달려 있다. 그러나 온 국민을 위한 공동 목표가 선다 함은 무슨 뜻이며, 우리의 공동 목표로서 바람직하다고 볼 수 있는 것은 대체로 어떠한 성격의 것일까?

여기서 필자가 말하는 공동 목표는 국민 각자가 그것의 실현을 위하여 정열로써 참여하기를 자원하게 될 어떤 미래상이며, 일반 국민의 자유 의사와는 관계없이 타율적으로 정해진 어떤 전체주의적 과업을 말하는 것은 아니다. 필자는 어디까지나 "사람 위에 사람 없고, 사람 아래 사람 없다"고 하는 인권 사상의 견지에 서서, 개인의 자아 실현과 국가의 번영을 상호 의존의 관계로서 정립하는 가운데, 온 국민을 위한 공동 목표가 추구되어야 한다고 믿는다. 개인의 희생을 대가로서 요구하는 전체의 목적은 민주 국가의 공동 목표로서는 적합하지 않으며, 오직 국민 각자의 뜻이 그 가운데서 이루어질 것을 약속하는 보다 공정하고 보다 건전한 미래상만이 우리들의 바람직한 공동 목표가 될 수 있다. [11]

11) 분단된 국토의 통일, 풍요한 경제의 건설 등은 우리 국민 모두가 염원하는 바이며, 또 그것이 실현되는 날에는 국민 각자가 받게 되는 혜택도 크리라는 뜻에서, 우리들의 바람직한 공동 목표의 알기 쉬운 측면이라 하겠다. 그러나 어떤 미래상을 우리의 공동 목표로서 논하기 위해서는 그 구현의 방안이 제시되어야 하거니와, 국토의 통일 또는 경제의 건설을 위한 방안의 문제는 사회 과학의 분야에 속하므로 이 소론에서는 직접 다루지 않는다. 다만 이 소론에서는 국토의 통일 및 경제의 건설을 포함한 여러 미래상을 실현하기 위해서도 요청되고, 또 그것들이

어떤 미래상의 실현을 우리가 염원하는 것만으로 그것이 곧 우리의 공동 목표가 되는 것은 아니다. 그 실현을 위하여 모두가 **단결**하고 **협동**할 때, 염원된 미래가 우리의 공동 목표로서 정립된다. 그런데 우리가 어떤 미래상을 위하여 단결하고 협동하는 일은 그것을 염원하기가 쉽듯이 쉬운 것은 아니다. 예컨대, 우리 모두가 나라의 평화적 통일을 염원하고 나라의 부강을 염원한다. 그러나 그 염원의 달성을 위해서 단결하고 협동하는 일은 생각하는 것처럼 쉬운 일이 아니다.

일반적으로 말해서 금전과 권력 그리고 관능의 쾌락 따위의 경쟁성이 강한 가치들을 가장 귀중한 삶의 목적처럼 추구하는 사회 풍토 속에서는, 단결과 협동이 이루어지기 어렵다. 단결하고 협동해야 한다는 당위 의식이 눈앞의 이익으로 달리는 욕심에 의해서 압도되는 까닭에, 구호만이 크게 외쳐지고 실천은 따르지 않는 사태가 계속되기 쉽다. 앞서 우리는 새 가치 체계의 첫째 요청으로서, 인간 및 인간적 가치가 체계의 가장 높은 곳을 차지해야 한다고 주장한 바 있거니와, 이제 우리는 그 주장이 공동 목표를 위한 협동의 문제와 직결됨을 본다. 왜냐하면 인간적 가치에는 경쟁성이 별로 없을 뿐 아니라, 그것은 협동의 풍토 안에서만 제대로 실현되는 가치이기 때문이다. 예컨대 어떤 사람이 매우 건강하고 학덕이 높아졌기 때문에 그 주위의 사람들이 허약하고 천박한 인물이 되는 일은 없으며, 건강과 학문과 도덕 그리고 예술 따위의 인간적 가치는 사람들이 서로 도움을 주고받는 가운데 수월하게 향상

실현된 뒤에도 계속 바람직한 새 인간상 내지 사회상의 대강만을 고찰하는 데 그 치기로 한다.

된다. 그리고 평화 또는 사회 정의 등 사회성이 강한 인간적 가치의 경우에 있어서 단결과 협동이 더 한층 절실하게 요청된다는 것은 삼척동자에게도 명백한 상식이다.

불공평과 부조리가 심한 국가나 사회에 있어서도 단결과 협동이 이루어지기 어렵다. 개인의 자아 의식이 미약했던 옛날의 신분 사회에 있어서는, 만사를 운명의 소치로서 체념했던 까닭에, 천대를 받은 사람들까지도 권위에 협력하는 경향이 있었다. 그러나 국민 각자의 권리 의식이 매우 높아진 현대 사회에 있어서는, 불공평과 부조리는 불평과 불만의 근원이며, 불평과 불만은 단결과 협동의 가장 큰 저해 요인이다. 앞서 우리는 새 가치 체계의 기본적 과제의 하나로서 사회 정의의 실현을 강조한 바 있거니와, 이제 저 사회 정의의 문제와 이 협동 및 단결의 요청 사이에도 밀접한 내면의 관계가 있음을 본다. 공정한 사회의 시민들은 개인의 행복을 약속하는 전체의 번영을 위해서 뜻을 모아 협동할 것이며, 사리와 사욕을 초월하여 공동체의 번영을 위해서 협동하는 풍토는 사회 정의실현의 귀중한 밑거름이 될 것이다.

인간에게 가장 귀중한 것은 인간 자신이다. 개인 각자가 타고난 생명을 향유하고 소질을 발휘하여 개성있는 인격으로서 성장하는 일은 개인적 견지에서 볼 때 매우 귀중한 일이다. 그런데 이 개인의 자아 실현을 위해서는 경제 생활의 안정, 사회 질서의 확립, 그리고 적절한 교육 훈련 등 여러 가지 갖추어진 조건이 그 개인의 뒤를 밀어 주어야 하는 것이며, 또 그러한 조건들이 갖추어지기 위해서는 공정하고 명랑한 사회 내지 국가가 건설되어야 한다. 그리고 공정하고 명랑한 나라를 건설함에 있어서 가장 절실히 요구되는 덕목으로서 정의, 협동 정신, 인간애 등이 중요하며, 특히 경제 생활의 안정을 위해서는 근면, 검소, 합리적 정신 따위의 덕목이 소중하다.

국가와 사회는 개인의 자아 실현을 위한 방편임에 그치는 것이 아니라 그 자체가 인간 생활의 중요한 모습이며, 공정한 사회의 건설, 자랑스러운 문화의 창조, 그리고 국경을 넘어서는 인류 평화의 실현 등은, 그 자체가 인간적 가치 실현의 크고 중요한 항목이다. 특히 민족 또는 인류 전체의 규모에 있어서 개성과 창의성있는 문화를 이룩하는 것은 사회적 존재로서의 인간이 그 자아를 실현하는 가장 크고 넓은 측면이다.

제 5 장
혁신의 주역과 그 전략

1) 한 국가를 주체로 삼고 가치 체계를 혁신하는 일은 단순한 이론의 문제가 아니며, 결의와 설득만으로 성취할 수 있는 관념적 작업에 그치는 것도 아니다. 그것은 한편으로는 우리들의 정신 자세를 새롭게 하는 주관의 사업인 동시에, 다른 한편으로는 사회 현실 그 자체를 개혁하는 실천의 사업이기도 하다. 그것은 부강한 나라를 건설하여 국민 각자에게 안녕과 행복의 터전을 마련해 주게 되고, 국민 각자는 타고난 소질 즉 잠재력을 충분히 발휘하여 빛나는 민족 문화를 수립하는 단계에까지 이르렀을 때, 비로소 완성을 보는 거창한 과제이다.

이 거창한 국가적 사업은, 자연의 변화 과정 또는 남의 힘에 의해서 도달하기를 기대할 수 있는 요행이 아님은 물론이요, 소수의 우국지사의 노력만으로도 큰 성과를 거두기 어려운 전체의 과업이다. 그리고 이 과업은 그 본질에 있어서 정신적 운동인 까닭에, 모든 국민의 **자발적** 참여가 아니면 성공하기 어렵다. 그러나 비록 자발적 참여를 요청하는 공동의 과제이기는 하나, 그것이 본래 무수한 사람들의 힘을 효과적으로 합쳐야 할 일인 까닭에, 치밀한 조직력과 과학적인 계획성이 뒤를 밀어야 한다. 치밀한 조직력과 과학적 계획성의 뒷받침이 있기 위해서는 슬기로운 지도 세력이 필요하거니와, 대중 사회를 지향하는 현대 민주주의 국가에 있어서는, 그리고 여러 분야에 걸친 전문가의 지식과 기술을 요구하는 종합적 사업을 위해서는, 소수의 지도자만으로는 부족한 것이며, 많은 사람들로 구성된 지도층의 형성이 필요한 것으로 보인다. 그렇다면 우리 나라의 경우에 있어서 그 지도층의 유력한 성원이 되어야 하고 또 될 수 있는 사람들은 어떠한 부류의 사람들일까?

위의 물음에 접근하는 길에 두 가지가 있는 것으로 보인다. 그 하나는 사람들의 직업 내지 사회적 지위를 중심으로 문제를 생각하는 길이요, 또 하나는 사람이 가진 능력과 인품을 중심으로 삼고 문제를 고찰하는 길이다. 이 두 가지 길 가운데서 전자의 견지에 입각하여 지도자의 문제를 다루는 것이 일반적 경향이나, 필자가 보기에는 후자의 견지가 보다 본질적인 각도에 가까울 것 같다. 따라서 우리는 가치 체계의 혁신이라는 역사적 과제를 위한 지도자 내지 주도적 인물이 갖추어야 할 자질과 능력 또는 인품은 어떠한 것인가 하는 문제부터 생각해 보기로 한다.
　가치 체계의 혁신을 위한 행진의 기수(旗手)로서 갖추어야 할 조건의 첫째는 개조에 대한 의지와 사명감을 갖는 일이다.

혁신을 향한 운동에는 항상 반대 세력의 저항이 따르게 마련이며, 따라서 그것은 고통스러운 모험으로서의 성격을 띠는 것이 보통이다. 그러므로 어려움을 무릅쓰는 강한 의지와 사명감이 없이는 장구한 세월과 인내력을 요청하는 이 일에 있어서 지도적인 소임을 감당할 수가 없다.

그러나 만약 그 의지와 사명감의 바탕을 이루는 것이 개인의 출세 또는 공명심 따위의 사사로운 동기라면, 그러한 의지와 사명감을 가지고는 진실로 훌륭한 지도자가 되기 어렵다. 이에 우리는 참된 지도자가 되기 위한 둘째 조건으로서, "지도자는 사심을 극복하려고 애쓰며 또 그것을 극복할 수 있는 사람이라야 한다"는 또 하나의 원칙을 얻게 된다. 인간에게 사심이 전혀 없기를 기대하기는 어려운 노릇이나, 항상 스스로 반성하여 사심의 발동을 억제할 수 있는 사람이 아니면, 대중은 그를 믿고 따르지 않을 것이다.

겉으로 지도자임을 자처하면서 속으로 사심을 품으면, 자연히 말과 행동이 달라지며, 어딘가에 위선이 개재하게 마련이다. 위선은 지도자를 위한 치명적 결격 사항이거니와, 지도자의 필수 조건으로 알려진 솔선수범도 위선이 없을 때 비로소 가능한 미덕이다. 위선자의 경우도 솔선수범을 **가장할** 수는 있을 것이나, 진정한 솔선수범과 위선은 본래 양립할 수 없는 두 개의 개념이다.

혁신의 주역에게 요청되는 또 하나의 정신 자세는, 사태를 **높은 관점**에서 바라봄으로써 항상 **넓은 시야**를 잃지 않는 동시에, 문제를 객관적이며 거시적인 견지에서 해결하고자 하는 합리적이며 공정한 태도이다. 부분만을 보고 전체를 망각하거나 한 측면에 애착하여 여러 측면을 도외시하는 사람은, 복잡다단한 오늘의 세계 정세 속에서 공정하고 번영된 나라를 건설하기에 요청되는 가치 체계 수립의 지도자로서는 부적합하다.

그러나 여러 가지 각도에서 사태를 신중히 고찰하는 태도가 우유부단하여 결단성없는 성격으로 굳어진다면, 혁신을 지향하는 공동 사업에서 큰 구실을 할 수가 없다. 여러 가지 사정을 고려하다 보면, 한 측면을 살리기 위해서는 다른 측면을 희생해야 할 딜레마에 빠지는 수가 많거니와, 이럴 때에 우왕좌왕하다 보면 두 측면을 모두 놓치는 결과에 이르기도 한다. 여기서 과감한 결단성이 실천의 세계를 위한 지도자에게 요청되는 특성의 하나임을 다시 확인하게 된다. 다만 그 결단이 객관적 타당성을 가져야 하는 까닭에, 넓은 시야를 아울러 고찰하는 폭넓은 태도가 요청되는 것이다.

여러 가지 측면을 고루 고려한 끝에 버릴 것을 버리고 취할 것을 취하는 마지막 결단을 타당성있게 내릴 수 있기 위해서는, 앞에서 말한 사심이 없어야 함은 물론이요 그 밖에도 사물의 경중을 올바로 비교할 수 있는 넓은 식견과 깊은 통찰력 그리고 사리의 시비를 바르게 가리는 날카로운 판단력이 있어야 한다.

합리적이며 날카로운 판단력은 지도자를 위한 중요한 조건이다. 그러나 차갑고 몰인정한 사람이라는 인상을 주는 것은 우리 나라와 같이 가족주의의 전통이 강한 사회에서는 큰 결함으로서 평가된다. 한국의 대중은 인정미 많은 사람을 따르는 경향이 현저히 강하거니와, 대중의 지지없는 지도자라는 것을 생각할 수 없음은 새삼스러운 설명이 필요치 않을 것이다.

그 밖에도 남의 말에 귀를 기울이는 아량, 스스로의 잘못을 솔직하게 인정하는 정직성, 어려움 앞에 위축되지 않는 신념과 용기, 간사와 아첨에 현혹되지 않는 통찰 등 민주 사회의 지도자에게 바람직한 덕목은 많이 있을 것이나, 그것들을 모두 망라해서 논할 필요는 없을 것이다. 그리고 한 사람이 바람직한 **모든** 미덕을 갖춘다는 것은 사실상 불가능한 것이며, 근본이 성실한 사람이라면 약간의 결점이 있더라도 그를 떠받들어 큰 지도자로 성장시키는 것이 민주 시민의 슬기로운 태도요 무거운 책임이다.

훌륭한 지도자가 탄생하고 안 하는 것은 지도자로서 지목된 그 개인에게만 달려 있는 문제가 아니다. 아무리 역량과 인품이 탁월한 사람이라 할지라도, 주위에서 그를 밀어 주지 않으면 훌륭한 지도자로서의 구실을 하지 못한다. 특히 대중 사회 내지 민주 사회를 지향하는 우리 나라의 경우에 있어서, 이 점은 깊이 반성되어야 할 것이다. 오랜 세월에 걸쳐 강대국의 간섭 내지 지배를 받은 불행한 역사를 가진 약소국의 국민에게 사대주의의 경향이 생기는 한편, 자기 나라의 인물 또는 사물을 과소 평가하고 저보다 나은 사람을 시기심으로 대하는 폐풍(弊風)이 생기는 것은 일반적인 현상이다. 이 점에 관해서는 우리 나라도 반드시 예외라고 보기 어려울 뿐 아니라, 특히 오늘의 우리 나라 실정이 좋은 지도자를 많이 요청하고 있다는 사실을 고려할 때, 우리 모두가 다같이 반성해야 할 문제가 여기에도 있다고 생각된다. 민주 사회에 있어서는, 오직 위대한 군중만이 위대한 지도자를 가질 수가 있다. 그리고 군중의 지지를 얻어 지도자가 된 사람은 그 군중을 주인으로서 아껴야 하며 군중의 소망을 위하여 충실하게 봉사해야 한다는 당연한 사리도 여기 아울러 강조해 둔다.

2) 앞 소절에서 우리는 훌륭한 지도자로서 갖추어야 할 여러 가지 능력과 덕성 또는 마음가짐을 열거해 보았으나, 거기에 열거한 모든 장점을 갖춘 사람이 아니면 지도자가 될 수 없다는 뜻은 아니다. 우리는 이상적 지도자상을 참고삼아 생각해 보았을 따름이며, 그 모든 조건이 완전히 갖추어진 사람을 실제로 만나기는 어렵다는 사실을 알고 있다. 앞에 열거한 조건들 가운데 다만 몇 가지라도 구비한 인물이라면, 그가 처해 있는 사회적 지위를 따라서 그 사람 나름의 지도적 임무를 수행할 수 있을 것이며, 자기에게 부족한 점을 반성하고 고쳐가는 것은 책임있는 위치에 놓인 사람이 항상 노력해야 할 수업의 과제일 것이다.

지도자가 갖추어야 할 능력만 가진 사람이라면, 그가 사회에서 어떠한 자리를 차지하고 있든지간에, 그에게 주어진 사회적 지위가 허락하는 범위 안에서, 어느 정도 지도적 소임을 다할 수 있을 것이다. 따라서 "어떠한 부류의 사람이 지도자가 될 수 있느냐?" 하는 물음은 직업의 종류나 사회적 지위와는 관계없는 문제라는 견해도 일단 성립할 수 있음직하다. 그러나 한편, 사람들 각자가 간직한 능력을 유감없이 발휘하기 위해서는 그에게 적합한 **자리**가 주어져야 하는 것도 사실이며, 지도자로서의 역량을 충분히 발휘하기에 더 적합한 자리와 그렇지 못한 자리가 있음을 부인하지 못한다. 이에 우리는 사람들이 차지한 직업 또는 사회적 지위와 관련시키는 또 하나의 각도에서 지도자의 문제를 고찰할 필요에 부딪치게 되었다.

일반적으로 말해서, 지도자로서의 구실을 해줄 것이 기대되고 있는 지위에 있는 사람들, 또는 그 사람의 말이나 행동이 다른 사람들에게 미치는 영향이 큰 직책을 가진 사람들에게, 지도자로서 손색이 없는 말과 행동을 할 책임이 따른다는 것은 의심의 여지가 없다. 다시 말하면, 우리의 통념이 '지도층'이라고 생각하는 지위에 있는 사람은, 그가 **사실상** 지도자로서의 능력과 인품을 갖추었느냐 못 갖추었느냐 하는 문제와는 관계없이, 하나의 **당위로서는** 그가 지도자답게 처신할 수 있는 능력을 가질 것이 요청되고 있으며, 또 실제로도 그렇게 처신할 것이 요청되고 있다. 만약 그러한 기대 또는 요청을 받고 있는 사람이 그 기대를 충족시킬 능력을 갖추지 못했다면, 그가 차지하고 있는 지위가 그에게 적합하지 않다는 이야기가 된다.

우리 나라의 통념에 의하면, 학자 또는 교육자 및 언론인이 대표하는 이른바 지성인은 가치 풍토 내지 정신적 자세의 문제에 관해서 지도자의 책임을 져야 할 것으로 간주되고 있다. 지금까지 우리 나라의 지성인들이 그 기대에 어울리는 활동을 충분히 했다고는 생각되지 않는다. 지성인들의 본산이라고 볼 수 있는 대학 사회는 대체로 상아탑주의를 지향해 온 까닭에 끊임없이 도전해 오는 현실의 문제에 대해서는 비교적 소극적인 태도를 취하는 경향이 우세하였다. 그리고 대중 매체를 통하여 일반 국민과 가장 광범위한 접촉을 하는 언론계도 어느 편이냐 하면 침체한 상태에 있다는 인상이 강하다. 그러나 지금까지의 현실이 그렇다 하더라도, 장차 지성인들이 감당해야 할 임무가 크다는 것은 부인하기 어려우며, 앞으로 서로 반성하고 연구해야 할 많은 문제들이 이에 관련하여 남아 있는 것으로 보인다.

다음은 정치계와 경제계에 있어서 유력한 지위를 차지한 사람들에게 지도층의 임무를 담당할 책임이 있다고 보는 것이 우리들의 통념이다. 현대 사회에 있어서 교육, 학문, 예술, 언론 등 모든 분야의 활동이 행정부와 경제력에 의존하는 바 크다는 사실과, 우리 나라 사회 문제의 대부분이 금전과 밀접한 관계를 가졌다는 사실을 고려할 때, 정치계와 경제계의 엘리트층이 갖는 가치관 여하에 우리 국가와 민족의 내일이 걸려 있다 하여도 과언이 아니라는 생각이 든다.

나라 전체의 문제를 다루는 중앙의 지도층도 중요하지만, 일선의 여러 지역 사회 및 단체의 중심 인물이 되고 있는 일꾼들의 역량과 책임도 결코 과소 평가할 성질의 것이 아니다. 각급 학교의 교사, 지방에 산재해 있는 각급 공무원, 여러 기업체의 간부 사원들, 그리고 특히 농어촌의 중심 인물들이 어떻게 행동하느냐에 따라서, 그들이 속해 있는 집단의 정신적 풍토가 달라지며, 나아가서는 그들 집단의 발전상이 결정된다. 온 나라 또는 온 겨레 전체의 생활 태도와 사회 현실을 단시일 안에 크게 혁신한다는 것은 매우 어려울 경우가 많다. 이에 비하면 한 부락과 같은 작은 집단이 탁월한 지도자를 중심으로 손쉬운 일부터 하나하나 고쳐 나가는 일은, 눈에 보이는 성과를 거두기가 어느 정도 용이하다. 눈에 보이는 성과를 한 부락이 거두면, 그 이웃의 부락들도 그것을 본받아 같은 기풍과 생활 태도가 점점 널리 파급될 것을 기대할 수 있다. 이러한 관점에서 볼 때, 소규모의 집단을 중심으로 한 혁신 운동의 의의는 매우 크다고 할 것이며, 지금 우리 나라 일부에서 전개되고 있는 독지가들의 생활 개선 운동도 만약 그 운동이 외면과 형식에 흐르는 일이 없이 **지혜롭고 성실하게 전개된다면**, 자못 큰 성과를 거둘 수 있을 것이다. 아마 가장 바람직한 것은, 하나의 커다란 청사진을 따라서 전체의 방향을 잡아 주고 전체의 뒤를 밀어 주는 중앙으로부터의 혁신 운동과, 여러 작은 집단들이 각각 그 특수성을 따라서 구체적인 일들을 차근차근 고쳐 나가는 지방으로부터의 운동이, 유기적 연결을 가지고 위와 아래에서 서로 접근하는 길일 것이다.

3) 우리 나라가 가진 장점의 하나는 인적 자원이 풍부하다는 사실이라고 지적하는 사람들이 많다. 과연 우리 나라는 일반적으로 교육 수준이 높으며, 각 방면에 인재가 적지 않은 것으로 알려졌다. 그러나 사람들을 하나하나 떼어서 볼 때에 상당히 유능한 인재가 많은데 비하면, 그 인적 자원이 전체로서 충분히 잘 활용되고 있는 편은 아니다. 인적 자원이 충분히 활용되기 위해서는 개별적 인재들이 어떤 공동 목표를 향해서 협동할 수 있도록 적절하게 조직화되어야 하거니와, 이 점에 있어서 미흡한 바가 많은 것으로 보인다. 그리고 개별적인 인재들이 한데 뭉쳐서 큰 힘을 발휘할 수 있도록 조직화를 이룩하는 것은 지도층의 가장 중대한 임무의 하나이다.

조직적 협동이 가장 절실히 요청되는 것은 지도층에 속하는 여러 계열의 사람들 **자체 내부**에 있어서이다. '지도층을 구성해야 할 사람들'이라는 기대를 국민 일반으로부터 받고 있는 계층 자체 내부의 단결과 협동이 되지 않는다면, 나라 전체의 인적 자원을 조직화하여 국력의 집결을 성취할 수 없음은 물론이요, 그것은 국민 전체를 여러 갈래로 분열시키는 근원이 될 염려조차 있다.

지도층의 융화 문제에 있어서 가장 긴요하고도 어려운 것은 권력층과 지식층의 협동의 문제이다. 특히 발전 도상에 있는 나라의 경우, 시야와 방향 감각 및 상황 판단에 있어서 앞선 지식인과 과단성 및 실천력에 있어서 앞선 집권층 내지 정치인이 높은 차원의 협동 관계를 실현하는 것은 매우 긴요하고 중대한 일이다. 그러나 기질과 관점의 차이가 많은 이 두 계층이 표면적 야합과 구별되는 진정한 협동 관계에 도달하기는 대체로 어렵다.

권력층과 지식층이 높은 차원의 협동을 할 수 있기 위해서는, 첫째로 사심을 떠나서 공익 우선의 견지에 서야 하고, 둘째로 편견을 버리고 역지사지(易之思之)하는 아량으로 서로를 대해야 하며, 셋째로 안이하고 무책임한 타협을 협동으로 오인함이 없어야 한다. 권력은 지성의 비판을 힘으로 눌러서는 안 되며, 지성은 권력을 비판함에 즈음하여 감정과 선입견에 좌우됨이 없어야 한다. 권력은 지성으로서 할 수 있는 최고의 협조는 성실하고 타당성있는 비판이라는 사실을 명심해야 하며, 지성은 비판자로서의 그들의 책임이, 부정(否定)의 선을 딛고 넘어서서, **보다 나은 대안**을 제시했을 때 비로소 끝난다는 사실을 명심해야 한다. 권력층에서 특히 명심해야 할 것은 사사로운 동기에서 아부하는 곡학(曲學)이며, 지식층에서 특히 명심해야 할 것은 사물의 일면만을 보고 경솔한 비판을 내리지 않도록 항상 공정을 기해야 한다는 사실이다.

지성과 권력의 관계에 관련해서 우리가 깊은 관심을 가져야 할 것은 학생 특히 대학생들의 존재이다. 우리 나라의 대학생 및 젊은 졸업생들은, 그 수와 질 어느모로 보나, 막대한 잠재력을 가진 큰 자원이다. 이 자원을 어떻게 살리느냐에 우리 한국의 장래가 달려 있다 하여도 과언이 아니며, 그것을 살리는 길은 그들에게 밝은 전망과 희망을 주어 그들로 하여금 기상을 펴게 하고 퇴폐의 길을 멀리하도록 도와줌에 있다.

지도층에 속하는 여러 계열의 협동은 모든 분야의 관계에 있어서 절실히 요청되고 있다. 이 점에 관련하여 일반적으로 명심해야 할 두 가지 교훈이 있다. 그 하나는 옹졸한 파벌 의식을 극복해야 한다는 것이며, 또 하나는 사리(私利)를 위한 결탁을 공적 협동과 혼동해서는 안 된다는 명백한 상식이다.

4) 우리들의 사회 현실과 생활 태도 사이에는 밀접한 상호 관계가 있다. 사회 현실이 우리들의 생활 태도에 깊은 영향을 주는 반면에, 우리들의 생활 태도는 다시 우리의 사회 현실을 결정하는 중요한 조건의 구실을 한다. 따라서 새 가치 체계를 모색하는 일과 사회 현실을 혁신하는 일은 반드시 병행해야 할 두 가지 과업이며, 그 어느 한쪽만을 성공적으로 수행할 수는 없다.

위에 말한 두 가지 과업 즉 현실의 개조와 가치관의 혁신은, 거대한 규모와 복잡한 구조를 가진 현대 국가에 있어서, 주먹구구식 계획과 단편적 노력으로는 도저히 성과를 거둘 수 없는 어려운 과제들이다. 따라서 우선 필요한 것은, 미래상에 대한 종합적 청사진을 과학적 근거와 슬기로운 통찰에 의거하여 작성하는 일이며, 그것을 작성하기 위해서는 여러 분야의 전문가들이 참여한 종합적인 공동 연구가 앞서야 한다. 이 공동 연구를 본격적으로 수행할 수 있는 상설 연구 기관을 마련하는 것이 바람직하며, 그 연구에는 사회 과학과 인문 과학 및 자연 과학의 유능한 학자들을 고루 참가시켜야 할 것이다. 그러나 명성과 전시 효과에 구애를 받아서는 안 되며, 이 연구는 항상 양보다 질에 치중하는 원칙을 따라야 할 것이다. 이상주의의 이름 아래, 막연한 목표만을 제시하는 데 그치는 연구는 쓸모가 없으며, 현실적인 실천 방안이 따르는 구체적 연구가 소망스럽다.

실천의 방안을 포함한 연구의 결과가 나타나면 그 이론을 실천에 옮기는 작업이 뒤따라야 할 것이다. 문제의 성질을 따라서, 때로는 일제히 전국적 운동을 바로 시작하는 것이 좋을 경우도 있을 것이며, 때로는 시범 부락 또는 시범 학교 등을 선정하여 실험적 단계를 먼저 밟는 편이 현명할 경우도 있을 것이다.

실험의 단계에 있어서나, 전국적 실시의 단계에 있어서나, 가장 중요한 것은 지도층의 솔선수범이다. 표어를 써붙이고 구호를 외치는 따위의 선전의 방법을 쓰는 것도 좋으나, 그러한 방법이 효과를 거두기 위해서 가장 필요한 것은 그 표어나

구호를 선창한 사람들이 우선 행동으로써 모범을 보이는 일이다. 새 인간상을 추구하는 우리들의 과업은 넓은 의미의 인간 교육을 통해서 성취될 목표이거니와, 이 인간 교육의 과정에 있어서 제일 먼저 시작해야 할 일은 지도층의 **자기 교육**이라고 믿는다.

다른 종류의 교육에 있어서와 마찬가지로, 인간 교육에 있어서도 우리는 충고와 설득 또는 훈화 따위의 언어를 사용하는 방법에 의존할 경우가 많다. 그런데 인간 교육에 있어서 언어를 사용하는 방법이 효과를 거두기 위해서는 한 가지 조건이 선행해야 한다. 그 조건이란, 말을 하는 사람이 그것을 듣는 사람들로부터 존경과 신뢰를 받고 있어야 한다는 것이다. 도덕적 발언이 남을 움직이는 힘을 갖는 것은 그 말 자체의 내용 때문이기보다도, 그 말을 한 사람에 대하여 그것을 듣는 사람이 평소에 느껴 오던 존경과 신뢰 때문이다. 그리고 존경과 신뢰를 받는 지도자로서의 인상을 남들에게 깊이 심어 주는 유일한 방법은 언행이 일치하도록 솔선수범함으로써 사람들로 하여금 가슴속에 뜨겁게 느끼는 바 있게 하는 실천이다.

도덕적 색채가 짙은 혁신 운동은 되도록 민간 운동으로서 전개되는 것이 바람직하다. 민주 사회의 도덕의 본질은 자율에 있으며, 관청에서 앞장을 서는 운동은 자율성을 손상시킬 염려가 많기 때문이다. 그러나 현재 우리 나라의 실정에 비추어 볼 때, 행정부의 지원이 없이 전국적 규모의 민간 운동을 크게 전개하기는 매우 어려울 것으로 보인다. 따라서 비록 민간이 주체가 되는 운동이라 할지라도 행정부의 적극적 지원이 있어야 하겠으며, 행정부의 지원에 관련하여 특히 유의해야 할 점이 두 가지 있다. 그 첫째는 지원을 받는 민간 운동은 끝까지 나라와 겨레 전체를 위한 **순수한** 정신 운동으로서 시종일관해야 한다는 것이며, 그 둘째는 행정부의 지원이 그것을 받는 단체의 능력과 업적에 따라서 적절하고 공정하게 베풀어져야 한다는 것이다. 특히 저 첫째 사항은 근본적인 것이며, 운동 전체의 성패를 좌우할 정도로 중요하다. 왜냐하면 새로운 가치 체계 내지 인간상의 문제는 단시일 안에 완결될 수 없는 장기적 과제로서 정부가 바뀌어도 계속되어야 할 민족적 사업이며, 만약 그것이 순수성을 잃고 정치적 색채를 띨 경우에는 정권의 교체와 더불어 와해될 우려가 크기 때문이다.

도의적 사회의 건설을 지향하는 혁신 운동이 민간 운동으로서 전개될 경우에 있어서 신문 및 방송을 주축으로 삼는 언론 기관의 사명과 역량은 매우 크다. 언론 기관은 그 자체가 혁신 운동의 주체 내지 중심이 될 수도 있고, 다른 기관 또는 단체가 전개하는 운동을 측면에서 지원할 수도 있다. 남이 주동이 된 운동을 측면에서 지원할 경우에는, 진실을 보도하고 선미(善美)를 권장하는 참된 언론의 정신만으로도 충분할 것이다. 그러나 직접 운동의 주체가 되고자 할 경우에는, 저널리즘이 갖는 한계를 극복할 수 있도록 연구와 실천에 전념할 전문적인 기관을 따로 부설하는 것이 바람직하다.

새로운 인간 교육을 위해서, 이미 설치되어 있는 교육 기관, 특히 각급의 학교를 잘 활용하도록 최선을 다해야 할 것이다. 현재까지의 우리 나라 학교 교육이 시험 준비와 지식 습득에 치중한 폐단을 시정해야 할 것이며, 전체로서의 **인간**을 길러 내겠다던 본래의 교육 목표에로 다시 접근해야 할 것이다. 이러한 목적을 위해서 교과 과정을 다시 조정하고 도덕적 표어를 써붙이며 웅변 대회를 여는 따위의 방법을 쓰는 것도 다소는 효과가 있을 것이다. 그러나 그러한 방법은 어느편이냐 하면 부차적 성질의 것이며, 가장 본질적인 것은 피교육자에 대한 교육자의 위상(位相)을 높이는 일이다. 다시 말하면 솔선수범하여 존경과 신뢰를 받을 수 있는 교사상을 세우는 일이 우선 앞서야 한다. 그리고 이 선결 문제를 해결하기 위해서는, 교육자들 자신의 자기 교육과 문교 행정 당국의 제도적인 조처와 노력이 병행해야 할 것이다.

교육을 넓은 의미로 이해할 때, 전체로서의 묵은 세대와 새 세대 사이에는 교육자와 피교육자의 관계가 존재한다고 볼 수 있다. 그리고 묵은 세대가 새 세대에 의하여 어떠한 도덕적 평가를 받느냐에 따라서 젊은 세대의 인간 교육의 성패가 거의 결정되며, 기성 세대에 대한 젊은이들의 도덕적 평가는 주로 기성 세대의 손에 달려 있는 사회 현실 전체가 어느 정도 정의로우며 만족스러우냐에 따라서 거의 결정된다. 만약 사회 현실이 크게 개선되어 공정한 사회로의 전망이 밝아진다면, 젊은이들이 기성 세대를 보는 눈은 크게 달라질 것이며, 자칫하면 부정적 자세를 취하기 쉬운 대학생들도 기꺼이 긍정의 길을 택할 것이다. 전국의 대학생들과 대학 졸업생들이 합심하여 그 정력을 오로지 건설에로 돌릴 수 있게 되는 날, 그 힘은 백만 대군보다도 강할 것이며, 우리의 장래는 태양처럼 밝을 것이다.

현재 우리 나라에도 개조를 염원하는 청년 단체와 여성 단체 또는 종교 단체 등의 사회 운동이 곳곳에서 전개되고 있다. 이러한 운동들이 꾸준한 연구와 성실한 노력으로 오래 지속하게 되면, 장차 큰 성과를 얻으리라고 기대할 수 있다. 다만 여기에도 몇 가지 명심해야 할 점이 있는 것으로 보인다. 그 첫째는 어디까지나 민간이 주동하는 정신 운동으로서의 순수성을 지켜야 한다는 것이고, 둘째는 외관과 형식을 물리치고 내면과 실질에 치중해야 한다는 것이며, 셋째는 모든 공명심과 전시 효과를 초월한 사람들의 손에 그 주도권이 머물러야 한다는 것이다. 그리고 비슷한 뜻을 바탕에 깔고 혁신 운동에 헌신하고 있는 여러 단체들이 횡적 연락을 가지고 서로 협조한다면 전체의 성과는 더욱 클 것이다.

5) 새로운 가치 풍토의 조성은 솔선수범으로 대중을 이끄는 지도층의 노력으로부터 시작되어야 한다. 그러나 이기주의의 극복을 지향하는 새로운 가치 체계를 위하여 앞장을 선다는 것은, 그 사람 자신에게는 **어떤 손실**을 각오해야 할 경우가 많다. 예컨대 현재 부조리한 사회 구조 속에서 특권을 누리는 사람이 그 부조리를 제거하는 운동에 앞장을 서자면, 그 특권을 포기할 각오가 서 있어야 하는 것이 보통이다. 이러한 사정은 유리한 사회적 지위에 있는 사람들로 하여금 현재를 그대로 긍정하는 심리를 자극하는 동시에 혁신에 대한 의욕을 둔화시킨다. 뿐만 아니라 일부 소수의 양심적 결심만으로 사회 풍조가 전반적으로 크게 달라질 수는 없으며, 많은 사람들

이 다같이 새로운 길을 실천할 때 비로소 새로운 가치 풍토의 실현을 기대할 수 있다. 그러므로 특권층을 포함한 여러 사람들을 새로운 실천의 길로 인도할 어떤 외적 자극의 도움이 필요하다. 그러한 자극의 구실을 할 수 있는 것 가운데서 가장 유력한 것은 아마 제도라는 법적 규범일 것이다. 어떤 새로운 실천이 바람직한 것으로 분명히 밝혀졌을 때에는, 그 실천을 누구나 하지 않을 수 없게 만들기 위한 타율의 원리로서, 적절한 새로운 제도가 확립되어야 한다. 예컨대 부정과 부패를 효과적으로 막을 수 있는 제도, 또는 근로자의 신분과 생활을 보장하기에 필요한 노동 조건에 관한 제도 등이 법적으로 확립될 필요가 있다.

가장 중요한 것은 사람들로 하여금 좌절과 소외의 불행을 당하지 않도록 하기에 필요한 제도를 수립하는 일이다. 장차 실현되어야 할 정당한 사회는, 에릭 프롬이 주장한 바와 같이, "아무도 다른 사람의 목적을 위한 수단이 아니고, 예외없이 자기 자신이 목적이며, 따라서 자기 자신의 인간적 능력의 발휘 이외의 다른 어떤 목적을 위해서 이용되거나 행동하는 일이 없는 사회이다."[12] 다시 말하면 인간이 가치 체계의 정상을 차지하고, 인간적 가치의 실현을 위하여 정치와 경제 및 그 밖의 것들이 봉사하는 사회가 우리들이 지향하는 정당한 사회이다. 그것은 사람들 모두가 국가의 발전 또는 문화의 창조와 같은 공동 과업에 자유로운 행위자로서 적극적으로 참여

---

12) E. Fromm, *The Sane Socity,* New York, 1955, p. 241. 여기 인용된 말과 같은 사상은 이미 Kant가 실천 이성의 기본 법칙의 한 형태로서 표명한 바 있는 인권 개념의 기본이다.

하는 사회이기도 하다. 그리고 이러한 의미의 건전한 사회를 실현하기에 필요한 제도를 수립하는 일은, 단순히 물질적 생활을 보장하는 데 그치는 사회 보장 제도의 문제보다도 더욱 근본적이다.

제도가 법조문 안에만 적혀 있고 현실 생활에서는 실행되지 않는다면, 그것은 진정한 의미의 제도가 아니다. 한갓 죽은 문서가 아닌 산 제도가 세워지기 위해서는, 관계하는 사람들의 성실한 마음이 그 제도를 받들어야 한다. 제도는 객관적 기준을 밝히는 하나의 형식이요, 그 형식에 충실한 내용을 담는 것은 성실한 마음이다. 그러므로 올바른 방안의 제도화와 그 제도를 존중하는 성실한 마음이 결합할 때 비로소 개선된 사회의 실현을 기대할 수 있다.

필요한 제도를 법으로 제정하는 일이 바르게 되기 위해서도 우선 관계 당국의 성실한 마음이 앞서야 한다는 사실을 생각한다면, 결국 가장 근본이 되는 것은 사람들의 성실성이라 하여도 지나치지 않을 것이다. 성실한 마음의 근본은 인간이 인간 자신의 본질에 충실하고자 하는 마음이며, 나와 남을 차별함이 없이 사람들의 인격을 존중히 여기는 마음이다. 만약 인간의 존엄성에 대한, 즉 나뿐 아니라 모든 사람이 그 바탕에 있어서 다같이 존귀하다는 사실에 대한, 투철한 인식이 있다면, 우리는 자연히 성실한 마음으로 사람을 대하게 될 것이다. 그리고 이미 유교의 선철들이 거듭 밝힌 바와 같이, 인간이 존귀하다고 인정되는 근본적 이유의 하나는 그가 성실한 마음을 가질 수 있다는 사실에 있다. [13]

---

13) 예컨대 유교의 고전인 『중용』에 나오는 "誠者天之道也, 誠之者人之道也"(제20

진실로, 인간의 존엄성에 대한 인식은 인간의 성실성을 촉구하는 실천의 원리이며, 인간이 성실한 마음을 가질 수 있다는 가능성은 인간의 존엄성을 뒷받침하는 이론적 근거이다. 요컨대 성실한 마음은 인간성의 회복을 위한 사회 제도를 안으로 여물게 하는 내실의 원리이며, 인간의 존엄성에 대한 인식은 우리를 성실한 마음으로 인도하는 반성의 원리이다. 그리고 성실한 마음으로 인간과 인생을 대하는 태도는, 그 자체가 인간이 그 본연의 모습으로 되돌아가는 근본이기도 하다.

장), "諸者自成也. 而道自道也. 誠者物之終始, 不誠無物"(제25장), "天地之道, 可一言而盡也"(제26장), "天命之謂性, 率性之謂道, 修道之謂敎)"(제1장) 등의 구절을 종합하면, 천지의 이법과 인간의 본성을 '誠'의 개념으로 파악한 것이 분명하다.

제 6 장
결 어

단 한 번밖에 없는 삶을 보람찬 것으로 만들고 싶어함은 우리가 인간이기에 갖는 소망의 가장 근본적인 것이다. 선과 악또는 행복과 불행의 구별 그 자체를 부질없는 망상으로서 부정하는 허무의 철학도 생각할 수 없는 것은 아니나, 우리가 스스로를 속이지 않고 자신에게 충실하게 살기를 단념하지 않는 한, 역시 더욱 나은 생활에 대한 포부를 버리지 못한다. 오늘날 식자들이 도덕 내지 가치의 문제를 심각하게 제기하는 것이나 우리가 이 소론을 시도하게 된 것도, 보람있는 삶에 대한 사랑과 의욕을 버리지 못하기 때문이다.

보람과 값어치가 있는 삶을 갖고자 하는 소망은 한 개인의 결의와 노력만으로 달성할 수 있는 단순한 목표가 아니다. 인간은 유사 이래 사회적 동물로 알려져 왔거니와, 개인과 국가의 관계가 더 한층 밀접한 현대에 있어서, 같은 나라의 국민이 된 우리들은 싫든 좋든 대체로 공통된 운명을 나누게 마련이다.

따라서 소수의 예외를 제외한다면, 개인이 스스로 만족할 수 있는 삶을 갖기 위해서는 국가의 질서와 번영이 요청되는 것이며, 이 요청은 몇몇 개인들의 결의와 노력만으로 달성될 수 있는 과제가 아닌 것이다.

우리가 말하는 보람찬 생활이란 경제 또는 물질의 힘만으로 얻을 수 있는 것이 아닌 까닭에, 도덕 또는 가치관의 문제가 중대한 관심사로서 제기되어 왔다. 이 도덕 또는 가치관의 문제도, 현대적 관점에서 볼 때, 개인적인 양심과 수양의 문제가 아니라 전체적인 사회 구조와 깊이 관련되어 있다. 그러므로 그것은 한두 사람의 성현이나 군자가 나타남으로써 해결될 수 있는 문제가 아니며, 국민 전체의 단결된 노력을 요청하는 사회 개조의 문제를 포함한다.

사회 개조가 **평화적으로** 실현될 수 있기 위해서는, 사람들의 정신 자세가 달라져야 한다. 머리 속에서 **생각**만 달라지면 되는 것이 아니라 겉으로 **행동**까지 달라져야 하는 것이다. 그런데 자기 자신의 이해 관계가 직결되어 있는 문제에 관련해서 사고 방식과 행동 양식을 바꾼다는 것은 결코 쉬운 일이 아니다. 그것은 현재 자기가 가지고 있으며 애지중지하는 것을 스스로 포기함을 의미할 경우가 많기 때문이다. 사회의 현실이 크게 달라져도 별로 잃을 것이 없는 가난하고 무력한 사람들의 경우도 오랜 습성 내지 타성으로 말미암아 생각과 행동을 고치기가 쉽지 않거니와, 하물며 가진 것이 많은 사람들의 경우에 있어서는 그것이 몇 갑절 더 어렵다.

평화적 사회 개조를 위해서 절실히 요청되는 것은, 영향력이 많은 사람들, 즉 지도층으로 불리는 사람들의 솔선수범이다. 이 경우에 있어서 솔선수범이란 자기 개조를 전제하는 것이니, 우선 자기 자신부터 생각과 행동을 달리한다는 뜻을 포함하고 있다. 그런데 현재 영향력이 많고 지도층에 속하는 사람들은 대부분의 경우 가진 것도 많은 것이 보통이며, 따라서 생활 태도를 고치기가 매우 어려운 사람들이다. 이것이 바로 우리의 문제를 미묘하고 어렵게 만드는 심각한 사정이다.

위에 말한 '심각한 사정'을 중요시하는 사람들 사이에는, 현재 특권을 누리고 있는 계층이 **거짓없는** 솔선수범을 한다는 것은 원칙적으로 불가능하다는 비관론도 있다. 평화적 사회 개혁 그 자체의 가능성을 부정하는 비관론이기도 하다. 이 비관론은 오늘날 상당한 세력을 가진 이론이며, 무시할 수 없을 정도의 경험적 근거도 가지고 있는 것으로 보인다. 그러나 필자는 저 비관론이 절대적 타당성을 가졌다고는 보지 않으며, 인간이 과거 어느 때보다도 현명한 삶의 길을 선택할 가능성은 아직도 남아 있다고 믿는다.

그렇게 믿는 이유의 첫째는, 현상을 타파하고 사회를 개혁하면 특권층의 손실이 크다는 계산 자체가 금력이나 권력을 인간적 가치보다도 높이 평가하는 그릇된 가치관에 입각한 것이며, 그것이 그릇된 가치관이라는 것을 깨닫기는 특권층에게도 불가능한 일은 아니라는 사실이다.

그 이유의 둘째는, 인간 또는 인간적 가치를 가장 소중한 것으로 보는 견지에 설 때, 부조리를 제거하고 공정한 사회를 건설하는 것은 특권층을 위해서도 잃는 것보다 얻는 것이 크다는 사실이다.

그리고 셋째로는, 만약 오늘의 과학과 기술을 평화 생산을 위하여 총동원하고 공정한 분배를 실현한다면 모든 사람들의 경제 생활이 안정될 수 있다는 것과, 대중의 앙양된 권리 의식이 큰 사회적 불안의 요인이 되고 있다는 것 등 현대의 상황을 두루 고려할 때, 설령 저속한 실리주의의 견지에서 본다 하더라도, 사회 정의의 실현을 위해서 노력하는 편이 **특권층을 포함한** 모든 사람들에게 다행한 결과를 가져올 공산이 크다는 사실을 들 수가 있다. [14]

가치관을 고친다는 것이 결코 용이한 일이 아니라는 사실을 우리는 잘 알고 있다. 사람이 오랫동안 버릇이 된 생활 태도를 갑자기 바꾼다는 것은 아주 드물게나 있을 수 있는 일이다. 그러나 오늘날 우리의 현실은 가치 체계의 혁신을 절실히 요청하고 있다.

절실한 요청인 까닭에, 비록 어렵다 하더라도 우리는 이 과제에 도전해야 하는 것이다. 그리고 어렵다는 것과 불가능하다는 것은 근본적으로 다르다. 새 가치 체계의 수립은 매우 어려운 일이기는 하나 불가능하지는 않다는 것이 우리의 신념이다. 훌륭한 지도층이 나타나 전문적 연구와 성실한 실천에 최선을 다하고, 이에 대중의 적극적 호응이 따른다면, 비록 우리의 이상이 완전히 실현되지 않을지라도, 노력에 어울리는 어느 정도의 성과는 있을 것이다.

세계와 인생을 새로운 각도에서 바라보는 십기일전의 계기가 필요한 것으로 보인다. 우리 모두가 조만간 죽음을 면치

---

14) 특권층이 자진해서 사회 개혁을 꾀해야 한다는 이론적 근거에 관한 보다 상세한 설명을 필자는 다른 논문에서 시도한 바 있다. Tae-kil Kim, "Problems of Development and Fundamental Value Assumptions" (『철학 연구』 제6집, 철학연구회, 1972) 참조.

못할 유한자라는 엄숙한 사실을 때때로 상기하는 것은, 우리가 옹졸한 소아를 초월하여 보다 큰 자아로의 눈을 뜨는 데 도움을 줄 것이다. 내 스스로 나에게 가한 구속을 벗어날 때, 참된 자유의 길이 열린다.

제 3 부
한국 사회 윤리의 근본 문제

1. 일에 관련된 윤리 문제

1. 일의 사회성

야생의 머루나 다래를 자기가 먹기 위해서 따는 행위와 같이 타인과의 관계가 별로 없는 '개인적인 일'도 간혹 있을 수 있다. 그러나 현대 사회에서 사람들이 하는 일의 대부분은 타인과 관계가 있는 '사회적인 일'이다. 하나의 물건을 만들기 위하여 여러 사람들이 참여하는 공장에서의 일은 말할 것도 없으며, 채소를 가꾸거나 가축을 기르는 행위와 같이 단순한 일의 경우도 가족 또는 그 밖의 사람들과 어떤 관계가 있게 마련이다. 일이 갖는 타인과의 관계란 넓은 의미의 이해 관계이다. '이해 관계'란 다소간의 대립이 내재하는 관계이며, 사람들의 이해 관계가 대립하는 곳에는 반드시 윤리의 문제가 발생한다. 윤리란 이해 관계의 대립에서 오는 갈등을 방지하거나 해결하는 올바른 처방을 위한 지혜에 해당한다.

일과 관련해서 생기는 기본적 윤리 문제의 첫째는 누가 어떤 일을 얼마나 해야 하느냐 하는 것이다. 일에는 무수하게 많은 종류가 있어서 어떤 것은 힘들고 어려우며, 어떤 것은 즐거움을 느끼며 쉽게 할 수 있다. 어떤 일은 일 그 자체에서 보람을 느끼기 쉬우나, 어떤 일은 그것을 느끼기 어렵다. 누구나 즐겁고 보람의 느낌이 강한 일을 하고자 원하는 것이 사람의 마음이나, 모두가 원하는 일만을 골라서 한다는 것은 개인의 생존을 위해서나 만족스러운 사회의 존속 내지 형성을 위해서나 현실적으로 불가능하다.

일에 대한 선호(選好)와 기피(忌避)는 일을 에워싼 경쟁과 갈등을 유발한다. 이 경쟁과 갈등의 상황을 어떻게 해결하느냐 하는 것은 인간이 사회적 존재이기에 부딪치는 불가피한 문제이다. 일부 사회주의 사상가들 가운데는 사회의 구조적 모순을 제거하면 각자의 능력에 따라서 원하는 일만 할 수 있는 시대가 도래하리라고 예언한 사람도 있고, 여러 가지 일을 교대해 가면서 다양하게 함으로써 같은 일에만 종사하는 지루함을 면할 수 있는 사회의 건설이 가능하다고 낙관한 사람도 있다. 그러나 그러한 예언과 낙관은 현재로서는 하나의 희망일 뿐이며, 설득력있는 구체적 방안은 아직 제시된 바 없는 것으로 안다.

우리 한국을 포함한 자유주의 국가에서는 일의 선택의 문제는 자유 경쟁에 맡기는 원칙을 따르고 있다. 예컨대 의사나 변호사의 일을 하고 싶은 사람들을 위해서는 일정한 자격 조건을 법으로 정하고, 누가 그 자격 조건을 갖춘 사람이 되느냐 하는 문제는 자유 경쟁에서의 승패로 판가름이 나도록 한다. 시를 쓰는 일이나 그림을 그리는 일 따위는 누구나 할 수 있도록 허용하되, 그 길에서 어느 정도의 인정을 받느냐 하는 문제는 자유 경쟁에 맡겨진다. 어떤 직장이나 직위를 얻어야 할 수 있는 일에 대해서는 그 직장 또는 직위를 얻는다는 것이 자유 경쟁의 대상이 된다.

자유 경쟁의 원칙이 성공을 거두기 위해서는 그 경쟁이 공정하게 이루어져야 한다. 어떤 자격을 얻기 위해서 필요한 실력을 기를 수 있는 교육의 기회가 그것을 원하는 모든 사람들에게 균등하게 주어져야 하며, 경쟁에서의 승패를 결정하는 판정의 과정도 공정하게 진행되어야 한다. 그런데 실력 양성을 위한 교육의 기회를 마련하는 데서부터 시작하여 경쟁의 승패를 결정하는 판단에 이르기까지는 전과정이 공정하게 이루어져야 한다는 주장을 이의없이 받아들인다 하더라도, 이 경우에 요구되는 '공정성'의 기준에 대해서는 견해의 대립이 있을 것이다. 우선 부유한 가정 또는 교육 정도가 높은 가정에 태어난 어린이들은 그렇지 못한 가정에서 태어난 어린이들에 비해서 지적(知的) 내지 예술적 능력을 양성하는 경쟁에서 유리한 출발점에 서게 마련이다. 여기서 가정 환경의 차이를 교육의 기회 균등에서의 '공정성'에 위배되는 사항으로 볼 것이냐, 그 공정성의 문제와는 무관한 것으로 볼 것이냐 하는 물음에 대하여 견해의 대립이 생길 것이다.

이 물음에 대한 견해의 대립은 가족 제도의 윤리성의 문제로 연결될 수 있으며, 사유 재산 제도의 정당성의 문제와도 연관을 가질 수 있을 것이다. 그러나 이러한 문제들에 대한 본격적인 탐구는 이 소론이 다루기에는 너무나 방대한 과제이다. 다만 이 자리에서는 가족 제도와 사유 재산 제도를 기정 사실로서 전제하고, 이러한 전제의 여건 안에서 우리가 추구해야 할 경쟁의 공정성의 문제만을 간단하게 살펴보는 것만으로 만족해야 할 것이다.

자기가 하고 싶은 일에 종사하면서 생계를 유지할 수 있기 위해서는 그 일에 대해서 어느 수준 이상의 실력을 갖추어야 한다. 사회인으로서 생활하기에 필요한 일에 대한 실력을 기를 수 있는 교육의 기회를 모든 사람들이 원하는 대로 충분히 마련하기는 어려울 것이다. 보람과 즐거움을 느껴 가며 할 수 있고 보수도 많은 일 쪽으로 사람들의 선택이 몰릴 것이므로, 인기가 높은 일을 하고자 희망하는 사람들이 누구나 그 길에서 성공할 수 있도록 교육의 기회를 만든다는 것은 불가능에 가까울 것이다. 우리가 현실적인 노력의 목표로 삼을 수 있는 것은 일정한 종류의 일에 대한 소질과 의지를 갖춘 사람에게 그 일을 하기에 필요한 실력을 쌓을 수 있는 기회를 만들어 주는 수준을 넘어설 수 없다. 과학자의 소질이 탁월한 사람으로서 과학자가 되고자 하는 의지가 강한 사람들에게 과학을 배울 수 있는 기회를 주고, 예술가의 소질이 탁월한 사람으로서 예술가가 되고자 하는 의지가 강한 사람들에게 예술을 배울 수 있는 기회를 만들어 주며, 그 밖의 일들에 대해서도 소질과 의지를 갖춘 사람들에게 각자에게 적합한 일을 배울 수 있는 기회를 마련하도록 최선을 다하는 것이 사회가 할 수 있는 일의 고작일 것이다.

소질에 따라서 실력을 양성할 수 있는 교육의 기회를 극대화하는 데 성공한다 하더라도 질이 좋은 교육을 받고자 하는 사람들의 경쟁이 아주 없어지지는 않을 것이다. 예컨대 의사가 되고 싶은 사람들이 많다는 사실을 감안하여 의과 대학을 많이 설립한다 하더라도 그 나라가 필요로 하는 의사의 수를 고려하지 않을 수 없으므로 의과 대학 입학생의 정원을 무제한으로 늘릴 수는 없을 것이며, 의과 대학 지망생이 그 정원보다 많으면 입학을 위한 경쟁은 불가피하다. 설령 의과 대학 지망생의 총수가 그 입학 정원을 초과하지 않는다 하더라도 의과 대학들 사이의 우열의 차이를 완전히 없앨 수는 없으므로 명문을 선호하는 경쟁은 막을 도리가 없을 것이다. 의과 대학에서 교육을 마치고 의사의 자격을 얻은 사람들 사이에서도 더 좋은 직장을 얻고자 하는 경쟁이 생길 것이다. 의사 이외의 다른 직업의 경우도 사정은 마찬가지다.

모든 종류의 사회 경쟁이 만인에게 개방되어야 함은 물론이요, 그 승패의 판정은 객관적 기준에 따라서 공정하게 내려져야 할 것이다. 적재적소의 원칙이 항상 지켜져야 할 것이며, 본인의 실력 이외의 요인이 승패 판정에 작용하지 않도록 합리적인 제도를 마련해야 할 것이다.

경쟁에서 승리함으로써 자기가 하고 싶은 일자리를 얻은 사람은 그 일을 열심히 할 의무를 지게 된다. 여러 사람들이 원하는 귀중한 자리만 하나 차지하고 그 자리가 요구하는 일을 게을리한다면, 그것은 사회와 타인에 대해서 피해를 가하는 무책임이 아닐 수 없다. 앞에서 말한 바와 같이 거의 모든 일에는 사회성이 있으며, 사회적으로 영향력이 강한 일자리일수록 그 자리를 맡은 사람의 책임이 무거워진다. 적어도 직업에 관계된 일은 개인의 생계를 위한 일이기에 앞서서 사회에 참여하여 사회에 이바지할 책임이 따르는 공공의 일이다.

경쟁에 패배하여 자기가 원하는 일자리를 얻지 못한 사람은 다른 일자리를 구할 수밖에 없을 것이다. 일자리가 경쟁의 대상이 된다는 것은 일자리에 대한 모든 사람들의 제1지망이 모두 달성될 수는 없다는 것을 의미한다. 그리고 아무 일도 하지 않고 산다는 것은 불가능하므로, 첫번째에 지망한 일자리를 얻는 데 실패한 사람은 불가불 제2지망의 일자리를 찾아야 하며, 제2지망에서도 실패하면 제3지망으로 다시 옮겨 갈 수밖에 없다.

비록 자신이 처음 원한 일자리가 아니더라도 하나의 일자리를 차지하게 되면 그 일자리를 능동적으로 지키는 것이 바람직하다. 처음에 원한 일자리를 위한 경쟁에서 진 것이 어떤 불공정 때문이라면 그 실패에 대한 책임을 사회가 져야 한다는 논리가 성립한다. 그러므로 사회 경쟁의 공정성의 문제는 항상 기본적인 문제로서 전제되어야 하며, 각 개인에게 각자의 의무를 다할 것을 떳떳하게 요구할 수 있는 사회를 건설하는 일이 앞서야 한다는 주장이 일단 성립한다. 그러나 여기서 공정한 사회가 실현되기 전에는 모든 책임이 사회에 있으므로 개인에게는 일에 대한 책임이 면제된다는 결론으로 비약해서는 안 된다. 사회라는 것도 개인들이 만드는 것이며, 우리 모두가 사회의 일원으로서 현재의 불완전한 사회에 대해서 책임을 나누어야 하기 때문이다. 여기서 불완전한 사회를 개조하는 일이 모든 사람들의 공동의 과제로서 문제가 된다. 그러나 모든 사람들이 우선 사회를 개조하는 일에 전력을 기울이고, 공정한 사회가 실현된 뒤에 각 개인에게 적합한 직업의 일을 분담하는 순서를 밟자는 전략은 성공할 가능성이 희박하다. 사회를 개조하는 일이 단시일 안에 실현될 수 있는 일이 아니며, 이상적인 사회의 건설이란 언제나 미래를 위한 목표로서 남게 된다. 국민 모두가 혁명가로 나서야 한다고 말하기는 어려우며, 대부분의 보통 사람들은 직업으로서 분담한 일을 수행해 가면서 사회를 개혁하는 일에도 응분의 기여를 해야 하는 것이 우리들의 현실이다.

자기가 처음에 갖고 싶었던 일자리를 얻는 사람보다는 그것을 얻지 못하는 사람이 더 많다. 그것을 얻지 못한 사람들은 자연히 다른 일자리로 방향을 돌리게 마련이거니와, 첫번째의 일자리가 아니라고 해서 다음에 얻은 일자리를 과소 평가하는 것은 현명한 태도가 아니다. 실제로 얻은 일이 도리어 적성에 맞을 확률이 높으며, 어떤 일이든 그 일에 대해서 높은 경지에 이르는 것은 보람된 일이다. 자기에게 주어진 일에 최선을 다하는 가운데 자아 실현의 길도 열리게 마련이다.

2. 일과 소득

우리가 어떤 일을 선호하는 것은 그 일 자체를 하고 싶은 충동 때문만은 아니며, 그 일을 통해서 얻을 수 있는 수입이 갖는 매력에 몰릴 경우도 적지 않다. 특히 직업으로서 어떤 일을 선택할 경우에는 그 일 자체의 매력보다도 그 일에 따르는 수입이 갖는 매력이 더 큰 동기로서 작용하는 사례가 많다. 적성에 따라서 직업을 선택하기보다는 직업에 따르는 수입을 따라서 선택할 경우가 더 많은 것이 우리들의 실정이다. 만일 어떤 일을 하더라도 수입에는 별로 차이가 없다면 오랜 교육 기간 내지 수련 기간이 필요한 의사나 법률가에 대한 선호가 오늘의 한국의 경우처럼 심한 경합을 보이지는 않을 것이다. 결국 일자리를 에워싼 경쟁은 일자리만의 경쟁으로 그 치는 것이 아니라 경제력에 대한 경쟁이요, 전체로서의 생존 경쟁의 뜻까지 함축하는 것이 우리의 현실이다.

힘이 많이 들고 괴로움이 큰 일일수록 수입이 많고, 즐겨 가며 쉽게 할 수 있는 일에는 보수가 적었다면 문제는 비교적 간단했을 것이다. 힘이 많이 드는 일은 많은 수입으로 보상이 되고, 보수가 적은 일은 일 그 자체가 쉽고 즐거움으로 보상을 받게 될 것이므로 심각한 사회 정의의 문제가 생길 소지는 크게 줄어들 것이다. 그러나 현실은 그와 반대여서, 힘이 많이 들고 괴로움이 큰 일보다도 그 자체에 즐거움과 보람이 느껴지는 일에 종사하는 사람이 더 좋은 대우를 받을 경우가 많다. 이에 두 가지 면에서 모두 유리한 일에 대한 선호와 두 가지 면에서 모두 불리한 일에 대한 기피가 불가피하게 되며, 불리한 일밖에 차지가 돌아오지 않는 계층의 사람들은 이중의 불만을 갖게 된다. 여기서 생기는 문제가 즐거움과 보람을 느끼기 쉬운 일에 종사하는 사람에게 많은 보수가 돌아가고, 힘든 고역으로서의 성격이 강한 일에 종사하는 사람에게는 적은 보수가 돌아간다는 것은 사리에 어긋나는 모순이 아니냐 하는 그것이며, 이러한 모순은 사회의 구조적 모순에 유래한다고 볼 때 이 문제는 곧 사회 정의의 문제로 연결된다.

어떤 일자리를 누가 차지하느냐 하는 것은 자유 경쟁을 통하여 결정되고, 어떤 일이 얼마나 많은 대가를 받느냐 하는 것은 수요와 공급의 관계가 지배하는 시장 경제의 원칙을 따라서 결정된다. 시장 경제에서의 물가의 형성도 결국은 자유 경쟁의 결과로서 이루어지는 것이므로, 누가 무슨 일을 하고 얼마나 보수를 받느냐 하는 문제는 전체가 자유 경쟁을 통해서 판가름이 나는 셈이다. 그 경쟁의 과정이 공정하게만 이루어졌다면, 자유 경쟁에서 패배한 사람은 그가 놓이게 될 불리한 처지를 불평없이 받아들일 의무가 있는 것일까.

문제의 핵심은 삶의 현장에서 일어나는 욕구의 대립을 오로지 당사자들의 자유 경쟁으로써 해결하는 것이 언제나 옳다고 볼 수 있느냐 하는 점에 있는 것으로 보인다. 우리가 인간 사회를 하나의 공동체로서 인정하는 이상, 개인 또는 집단 사이의 갈등을 '약육강식'의 원칙에 맡기는 것이 옳다고 볼 수 없음은 명백하다. 자유 경쟁에만 맡겼을 경우에 약자들이 놓이게 될 불리한 처지를 돕기 위한 어떤 사회적 조치가 있어야 마땅하다. 약자에게도 생존의 권리가 있다는 것을 부인하지 않는 한 약자에 대한 보호의 책임이 사회에 있음은 의심의 여지가 없다.

일자리를 에워싼 경쟁에서 패자의 위치로 밀려난 약자를 보호하는 길은 실력이 부족한 사람에게 감당하기 어려운 일자리를 맡기는 방향에서가 아니라, 약자에게 돌아간 일자리를 경제적으로 우대하는 방향에서 찾는 것이 합리적일 것이다. 의사로서의 자격을 갖추지 못한 선반공에게 환자를 맡기거나, 과학적 지식이 약한 미장공에게 연구실을 맡길 수는 없는 일이며, 다만 선반공이나 미장공이 하는 일에 대한 보수의 수준을 올리는 방향으로 불평등을 조정해야 할 것이다. 그러나 무엇을 기준으로 삼고, 어느 정도의 대우로써 약자에게 돌아간 일자리를 보호하는 것이 공정한가 하는 것은 매우 어려운 문제로서 남게 된다.

현재 우리 나라의 임금 지급의 실태는 고학력자와 저학력자, 관리직과 기능직, 숙련공과 단순 노동자 사이에 격차가 심하다. 같은 고학력자 사이에서도 직종에 따라서 수입의 격차가 크고, 같은 회사에 근무하는 관리직 가운데서도 중역과 평사원이 받는 대우 사이에는 현격한 차이가 있다. 전용 승용차와 판공비 등 부수적 혜택까지 계산에 넣을 경우, 고위직에 종사하는 사람들은 하위직에 종사하는 사람들에 비해서 5배 정도의 우대를 받을 경우가 허다하다. 기업주에게 돌아가는 이익금까지 계산한다면 고소득자와 저소득자의 차이는 더욱 벌어진다. 유흥 업소에서 노래를 부르거나 우스갯소리를 하는 사람의 하루 저녁 수입이 수레를 끌고 쓰레기를 치우는 환경 미화원의 한 달 수입보다 훨씬 많은 경우도 있다. 이러한 실정에 잘못된 점이 있다는 것을 우리는 직관적으로 느낀다. 그러나 무엇이 어디서부터 잘못되었으며, 무엇을 어떻게 고쳐야 옳은지에 대해서 만인이 수긍할 수 있는 원칙과 방법을 제시하기는 매우 어려운 문제이다. 여기서는 몇 가지 예비적 고찰을 통하여 문제의 핵심을 좀더 분명히 밝히기를 시도하는 것으로 만족하고자 한다.

일자리와 그 대우에 관한 문제를 완전한 자유 시장의 논리에 일임하는 것이 인간 사회를 하나의 공동체로 인정하는 견지에서 볼 때 사리에 맞지 않는다면, 일자리와 일의 성과를 만인에게 평등하게 분배하는 것은 인간 존재의 현실에 맞지 않는다. 일자리는 사람들의 능력에 따라서 맡겨야 일이 일같이 될 수 있으며, 일의 실적에 관계없이 만인을 평등하게 대우할 경우에는 탁월한 능력을 가진 사람들이 노고를 아끼게 되어 생산성이 크게 떨어질 염려가 있다. 따라서 우리가 취해야 할 길은 한편으로는 공개된 경쟁을 통하여 사람들의 능력 발휘를 촉진하고, 다른 한편으로는 경쟁력이 약한 사람들의 생존권을 보호하는 중간 노선에서 찾아야 할 것이다. 그 중간 노선의 바로 어느 지점이 가장 올바른 지점이냐 하는 것이 우리들 앞에 놓인 문제의 초점이다.

최저 임금 제도, 작업 환경의 개선 등을 규정하는 근로 기준법은 대부분의 국가가 도입하고 있는 약자 보호의 기본적 장치이다. 우리 한국에서도 이 기본적 장치를 도입하고 있으나, 그 실천이 미온적이어서 유명무실할 경우가 많다는 데 문제가 있다. 노동 3권의 보장을 주목적으로 삼는 노동 조합법도 그 입법의 기본 정신은 약자의 보호에 있다고 볼 수 있으나, 약자를 직접적으로 보호하기보다는 약자들 자신이 결합함으로써 강자에게 대항할 수 있는 길을 열어 주는 제도라는 점에 특색이 있다. 따라서 이 제도는 자유 시장 경쟁의 논리를 벗어나지 못하고 있다는 점에 그 한계가 있으며, 당사자 쌍방이 모두 합리적 태도를 취하지 않을 경우에는 큰 성과를 거두기가 어렵다는 약점을 가진다. 그리고 근로자들이 개별적으로 분산되어 있어서 조직적 단결을 하기 어려울 경우에는 이 제도를 가동하기 어렵다는 것도 또 하나의 문제점으로 지적될 수 있다.

윤리의 본질은 자율성(自律性)에 있다. 근로자들의 단결된 힘에 밀려서 마지못해 그들의 처우를 개선하는 것은 윤리적 해결이기보다는 힘의 논리에 의한 해결이다. 더욱 협동적이고 더욱 명랑한 사회의 실현을 위해서는 분배의 주도권을 장악한 강자의 편에서 자진하여 약자의 처지에 놓인 사람들의 정당한 몫을 나누어 주는 것이 이상적이다. 그러나 이상이란 본질상 먼 목표에 불과한 것이며, 강자 계층의 윤리적 자율만을 팔짱 끼고 앉아서 기다릴 수 없는 것이 우리들의 현실이다. 이러한 현실은 생활력이 약한 사람들 또는 유리한 일자리에서 밀려난 사람들의 생존권을 보다 적극적으로 보호할 수 있는 제도의 확립을 요청한다.

여러 나라에서 시도하고 있는 '복지 사회 정책'은 불우한 계층의 생존권을 보호하고자 하는 제도의 구현이라고 볼 수 있을 것이다. 복지 사회 정책을 실시하는 국가들에도 몇 가지 유형이 있다. 그 가운데서 가장 초보적인 것은 매우 소극적으로 복지 사회 정책을 강구하는 나라로서, 미국을 그 대표적 사례로 들 수 있다. 미국의 경우는 우선 기업을 살림으로써 국민의 총생산을 높이고 나서, 그것을 토대로 저소득층의 생활 보장 문제를 해결한다는 순서를 밟는다. 이와 같은 소극적 사회 복지 정책의 나라에서는 생산의 증대를 중요시하는 까닭에 고용 정책에 있어서도 생산성이 높은 고급 기술 요원의 완전 고용에 가장 우선적인 역점을 두고, 경제 성장을 위해서 그다지 크게 기여하지 않는 저임금 단순 노동자들의 고용 문제는 뒤로 미루는 경향이 있다. 요컨대 생산의 능률을 높임으로써 국민의 총생산을 늘린 다음에, 누진율의 세금 제도를 통하여 고소득층의 수입을 저소득층으로 다시 나누도록 한다는 것이 이 소극적 복지 사회 정책의 기본 방침이다.

복지 사회 정책을 실시하는 나라의 둘째 유형은 영국을 그 대표로 볼 수 있는 '사회 보장 국가(social security state)'이다. 이 둘째 유형의 나라에서는 저소득층의 복지 생활을 위하는 정도가 첫째 유형의 경우보다 강하며, 사유 재산권과 시장 기능에 대한 정부의 간섭도 첫째 경우보다 적극적이다. '사회보장 국가'가 가장 역점을 두는 것은 전국민의 기본 생활 보장과 기회의 균등이다. 기본적으로는 개인적 자유주의의 원칙을 고수하되, 국민 모두의 기본 생활만은 국가가 보장해야 한다는 것이 이 둘째 유형의 근본 입장이다.

복지 사회 정책을 실시하는 나라들의 셋째 유형은 덴마크나 스웨덴으로 대표되는 '사회 복지 국가(social welfare state)'이다. 좁은 의미의 '사회 복지 국가'는 전통적 의미의 자유보다 평등을 더욱 중요시하는 점이 앞에서 말한 사회 보장 국가와 다르다. 사회 보장 국가의 경우는 모든 국민에게 기본 생활만을 보장하되, 그 이상 높은 수준의 생활을 즐기는 문제는 각자의 능력에 의한 자유 경쟁에 맡긴다. 그러나 사회 복지 국가의 경우는 국민 전체의 빈부 격차를 되도록 좁힘으로써 경제적으로 평등한 사회로 접근하는 것을 목표로 삼는다. 다만 그 목표의 실현을 위하여 사유 재산 제도의 철폐가 필요하다고는 보지 않는 점에서 사회 복지 국가는 엄밀한 의미에서 사회주의 국가와 구별된다.

사회 복지 국가가 추구하는 평등은 경제적 평등이며, 개인적 성취(成就)의 평준화는 아니다. 사회 복지 국가에서도 개인이 소질을 계발하고 능력을 발휘하는 일에 대해서는 아무런 제한을 가하지 않을 뿐 아니라, 온 국민이 타고난 소질을 발휘하여 자아를 실현하도록 도와주는 것을 그 소임의 일부로 삼는다. 다만 개인들이 타고난 소질의 차이에서 오는 성취의 차이가 개인들의 수입의 차이를 크게 하여 계급의 대립을 초래하는 것은 바람직하지 않다고 보는 것이 사회 복지 국가의 기본적 견해이다.

3. 일을 대하는 사람들의 태도

일자리와 일에 따르는 소득을 에워싼 사회 경쟁에서 패배하고 불리한 처지에 놓이게 된 사람들을 돕기 위해서 어떠한 제도를 도입해야 하느냐 하는 물음에 대하여 보편적 타당성을 가진 해답을 주기는 어려울 것이다. 나라마다 구체적 상황에 차이가 많으며, 구체적 상황 여하에 따라서 각국에 적합한 제도에도 차이가 있게 마련이기 때문이다. 한 나라의 일과 관련된 구체적 상황 가운데서 가장 큰 비중을 차지하는 것은 그 나라 사람들의 일을 대하는 태도 또는 일에 대한 가치관이다. 일반적으로 말해서 이상적인 제도일수록 그것이 성공을 거두기 위해서는 높은 수준의 인간성을 요구하거니와, 일과 소득 분배에 관한 제도의 경우에는 그 제도 산하에 있는 사람들의 일을 대하는 태도 또는 일에 대한 가치관 여하에 그 성패가 달려 있다고 말할 수 있을 것이다.

일을 대하는 올바른 태도의 기반이 되는 것은 일의 사회성에 대한 투철한 인식이다. 우리는 누구나 사회 안에 살고 있으며, 모든 일은 사회 생활의 일부인 까닭에 우리가 하는 모든 일에는 자연히 사회성이 따르게 된다. 우리는 일을 통하여 사회에 참여하고, 일을 통하여 사회에 봉사한다. 일을 통하여 사회에 참여한다 함은 우리에게 일할 권리가 있음을 함축하며, 일을 통하여 사회에 봉사한다 함은 우리에게 일할 의무가 있음을 의미한다. 우리에게 일할 권리가 있다 함은 일할 능력을 가진 모든 사람들에게 일자리를 마련해 줄 책임이 사회에 있음을 함축하며, 우리에게 일할 의무가 있다 함은 일의 괴로움이 그것을 거부할 충분한 이유가 될 수 없음을 의미한다.

대부분의 일에는 노고(勞苦)가 따르게 마련이나, 그 노고의 정도는 일의 종류에 따라서 상당한 차이가 있다. 여기서 힘들고 괴로운 일을 피하고 그 반대의 일을 맡고자 하는 경쟁이 불가피하게 되거니와, 이 경쟁이 정정당당하고 규범을 따르도록 노력하는 것은 우리들 모두의 책임이다. 그리고 노고가 많은 일을 맡게 된 사람들이 일에 대한 보수에 있어서도 불리한 처지에 놓이게 되는 사회 현실의 모순을 시정하기 위하여 성실한 배려를 하는 것도 우리 모두의 책임이다.

자본주의 사회의 일터에서는 사용자와 근로자의 관계를 가지고 사람들이 만나는 경우가 많다. 기업의 목적을 이윤의 극대화에 두었던 자본주의 본래의 생리로 말미암아 근로자에 대한 푸대접의 사례가 많았고, 근로자 계층의 소외(疎外) 문제를 심각한 모순으로서 지적하고 나타난 마르크스주의 사상이 세계사에 큰 충격을 주었으며, 그 충격의 파문은 현재도 우리를 어려운 문제 상황으로 끌어 넣고 있다. 이 문제 상황의 극복은 우리들이 당면한 중대한 과제이며, 경제와 정치 분야의 제도적 개혁뿐 아니라 일에 관련된 윤리 의식에도 새로운 지평(地平)이 열려야 할 것으로 보인다.

한 가지 분명한 것은 19세기에 초기 자본주의자들이 가졌던 이기주의적 태도로는 오늘의 문제 상황을 극복하기 어렵다는 사실이다. 기업의 목적은 당연히 이윤의 극대화에 있다는 생각에 수정이 가해져야 할 것이며, 비록 사기업이라 하더라도 오로지 기업주만을 위한 것이 아니라 여러 사람들을 위한 공공 기관으로서의 측면을 아울러 가졌다는 인식도 널리 받아들여져야 할 것이다. 경영자뿐 아니라 일반 근로자들도 주인 의식을 가지고 '우리 회사'에 대한 애착을 느낄 수 있도록 여건을 조성해야 할 것이다. 특히 인간을 인간으로 대접함으로써 소외감을 느끼지 않도록 하는 것이 무엇보다도 중요하다. '노사(勞使)'라는 말 가운데 함축된 '사용자'라는 말이 현실에 맞지 않게 되어 한갓 폐어(廢語)로 전락하는 날이 바로 우리의 문제 상황이 해소되는 날에 해당할 것이다.

태도의 변화는 일반 근로자에게도 필요하다. 근로자로서도 일의 사회성을 염두에 두어야 할 것이다. 일이란 단순히 자기 개인 또는 가족의 생활을 위한 수단으로서 하는 것이 아니며, 고용주와 같은 어떤 특정인을 위해서 하는 것은 더욱 아니다. 생산과 관리, 유통과 봉사, 연구와 창조 등 여러 분야의 대부분의 일들은 사회 전체를 위한 일로서의 일면을 가졌으며, 일하는 사람 자신을 위해서는 단순한 경제적 소득을 위한 수단에 불과한 것이기보다도 삶 그 자체의 일부로서의 의미를 가져야 한다. (삶 그 자체의 일부로서의 의미를 가질 수 없고 단순한 생존의 수단으로밖에 의미를 부여할 수 없는 기계적 고역을 극소화하는 것은 사회 전체의 책임이다.) 따라서 어떤 일을 함으로써 얻을 수 있는 경제적 소득만을 계산하고 일의 종류와 일하는 태도를 결정하는 것은 일하는 사람으로서 취할 올바른 자세가 아니다. 자기가 하고자 하는 일이 사회를 위해서 어떠한 도움 또는 피해를 줄 것인가를 깊이 생각해야 할 것이며, 또 그 일이 자신의 삶의 일부로서 어떠한 의미를 가질 수 있는가도 충분히 고려해야 할 것이다. 이러한 원칙은 '노사 분규'와 같은 문제 상황에서도 쌍방이 함께 염두에 두어야 할 윤리의 원칙이다.

자기가 하는 일의 사회적 중요성을 인정하고, 그 일 자체가 자신의 삶의 일부로서도 보람이 있다는 것을 인정할 수 있기 위해서는 그가 하는 일이 실제로 사회를 위해서 바람직한 일이어야 하며, 일하는 본인이 자기가 하는 일의 전체적 맥락을 잘 알아야 한다. 예컨대 인체 건강에 해로운 식료품이나 약품을 제조하는 회사의 종업원 또는 인류의 멸망을 가져올 염려가 있는 무기를 제조하는 공장의 종업원은 자기가 하는 일의 사회적 의의를 긍정적으로 평가하기 어렵다. 그리고 공장에서의 작업 과정이 지나치게 세분화하여 한 사람이 하는 일이 기계적 행동의 반복에 불과할 경우에도 그 일의 의미를 감지하기 어렵다. 사회적 의의와 개인적 긍지를 느낄 수 있는 일만을 골라서 할 수 있는 여유가 없을 경우에는 사회적 의의와 개인적 긍지를 느껴 가며 일을 한다는 것이 개인의 노력만으로는 뜻대로 되지 않는다. 여기서도 사회 전체의 기본적 구조의 바탕이 중요하다는 것을 다시금 강조하게 된다.

같은 일이라 하더라도 외부의 강요나 불가피한 사정에 밀려서 마지못해 할 경우에는 괴로움이 앞서고, 스스로 자진해서 능동적으로 할 경우에는 즐거움과 보람을 느끼기 쉽다. 단순히 돈을 벌기 위한 수단으로서 하는 일은 외부의 강요로 인한 수동적 노동이 되기 쉽고, 일 그 자체가 중요하다는 인식이 동기로서 작용할 경우에는 자진해서 하는 능동적 활동이 되기 쉽다. 그런데 대부분의 일에는 돈벌이를 위한 수단으로서의 측면도 있고, 일의 성취 자체가 중요한 목적이 되는 측면도 있다. 일 자체의 의미에 담긴 중요성을 사랑하는 것은 보람을 느껴 가며 즐거운 마음으로 일을 하기에 적합한 슬기로운 심성이다.

영국의 격언에 "일할 때는 일하고 놀 때는 놀라"고 충고한 말이 있다. 일의 능률만을 생각한다면 아마 그렇게 하는 것이 좋을 것이다. 그러나 일과 놀이의 한계선을 명백하게 긋는 것이 언제나 현명한 태도는 아니다. 일도 그 자체를 즐겨 가며 하게 되면 놀이의 요소가 그 안에 생기고, 놀이도 그 가운데서 소중한 가치가 실현될 때는 일로서의 성격을 갖출 수도 있다. 일하는 가운데 놀이의 즐거움을 경험하고, 노는 가운데 일에 버금가는 가치를 실현하도록 노력하는 것은 지나친 분업으로 자칫 소외의 구렁으로 빠지기 쉬운 현대인을 위한 새로운 삶의 지혜가 될 수 있을 것이다.

일은 사람들 사이를 연결하는 중요한 유대의 하나이다. 일을 매개로 삼고 사람들이 관계를 맺게 될 때 그 관계는 경쟁의 관계일 수도 있고 협동의 관계일 수도 있다. 일의 결과로서 얻게 되는 재화의 많은 몫을 차지하고자 함에 사람들의 관심이 쏠릴 경우에는 경쟁의 관계가 지배적 비중을 차지할 것이며, 일 그 자체를 훌륭하게 성취하고자 함에 사람들의 관심이 쏠릴 경우에는 협동의 관계가 비교적 큰 비중을 차지하게 될 것이다. 일의 결과로서 얻게 되는 재화의 분배가 힘의 논리를 따라서 이루어질 때 당사자들은 더 큰 몫을 위한 싸움을 팔짱끼고 바라만 볼 수는 없을 것이다. 그러나 그 분배가 공정한 원칙을 따라서 이루어진다는 믿음이 있을 때는 사람들은 안심하고 일 자체를 훌륭하게 성취하는 문제에 열중할 수 있을 것이다. 사람들의 관계에 있어서 경쟁의 측면보다도 협동의 측면이 우세한 것이 바람직하다면, 공정한 분배의 원칙을 확립하는 일은 밝은 사회의 건설을 위한 급선무가 아닐 수 없다.

　그러나 공정한 분배의 원칙을 확립한다는 과제에는 여러 가지 어려움이 따른다. 공정한 분배의 원칙이 확립되기 위해서는 모두가 받아들이는 기준이 우선 정해져야 하며, 어떤 기준이 일반적으로 받아들여지기 위해서는 사람들이 사리사욕을 떠나서 상황을 공정하게 판단해야 한다. 그리고 어떤 기준이 일반적 합의를 얻어서 정해진다 하더라도 분배할 수 있는 재화의 총량이 넉넉하지 않으면 그 기준의 실천적 적용이 어렵게 되므로 일할 의무를 가진 사람들이 수고를 아끼지 않고 열심히 일함으로써 생산성을 높여야 한다는 과제가 앞선다. 결국 일을 대하는 사람들의 태도 또는 일에 대한 사람들의 가치관이 어느 정도 높은 수준에 이르지 않고서는 일과 분배에 관련된 갈등의 문제는 해결의 실마리를 찾기 어렵다는 명제로 되돌아오게 된다.

2. 왜 여성은 불리한가

1. 현상

정치와 경제를 비롯한 여러 가지 사회 분야 또는 크고 작은 단체에 있어서 우두머리의 자리는 대부분 남자들이 차지하고 있다. 최고 책임자의 자리뿐 아니라 여러 분야에서 이른바 '저명 인사'로 알려진 사람들의 수(數)도 남자가 여자보다 압도적으로 우세하다. 근래에 여성의 사회 진출이 활발하게 되어서 사정이 크게 달라지고는 있으나, 전체 인구로 볼 때 남자와 여자의 수가 비슷하다는 사실을 감안하면, 아직도 남자의 세력이 월등하게 우세함에는 변함이 없다.

여자가 남자에 비해서 열세에 놓이는 것은 주로 결정권이 따르는 지위 또는 그 밖에 여성과 남성이 함께 겨루는 경쟁의 마당에서이다. 자리가 높을수록 여러 사람들의 눈에 뜨이기 쉬운 일을 할 기회가 주어지게 마련이므로, 생색이 나거나 영광이 따르는 일에 관한 한 남자들의 활동이 더 활발한 것이 사실이며, 어렵고 값진 일은 주로 남성들에 의해서 이루어진다는 느낌을 가진 사람들이 허다하다. 그러나 눈에 잘 뜨이지 않고 별로 높은 평가의 대상이 되지 않는 일까지 계산에 넣을 경우에는, 여자들이 반드시 일을 적게 한다고 단정하기는 어렵다. 아기를 낳아서 기르는 일, 밥짓고 빨래하는 일, 주로 손을 많이 움직이는 공장일, 윗자리에 있는 사람들에게 도움을 주는 일 등에 있어서 여자들은 남자들보다 월등하게 많은 일을 하고 있다. 그리고 옛날에는 논과 밭에서 힘든 일을 하는 것은 사내[男]들이라는 것이 상식이었으나, 요즈음은 농삿일의 경우에도 여자들의 일손이 큰 비중을 차지한다.

여자가 남자보다 일을 적게 하거나 일할 기회가 적다는 데 문제가 있다기보다는, 일은 하되 높은 평가를 받지 못한다는 사실 또는 높은 평가를 받는 일을 할 수 있는 기회가 적다는 사실에 문제가 있다. 그렇다면 주로 여자들이 많이 하는 일은 남자들이 하는 일에 비하여 낮은 평가를 받게 되는 까닭은 무엇이며, 높이 평가되는 일을 할 수 있는 기회가 여자에게는 적게 돌아가는 사유는 무엇일까? 이 물음에 대한 해답은 이제까지 문화의 전통을 세움에 있어서 남성이 주도권을 잡았다는 사실과, 높은 평가를 받는 일의 기회가 따르는 지위에 대한 사회적 경쟁에서 여자가 남자보다 일반적으로 약하다는 사실에서 찾을 수 있을 것이다.

높은 평가와 명성이 따르는 일들 가운데서 여성들의 진출이 활발한 분야가 전혀 없는 것은 아니다. 섬세하고 풍부한 정서와 깊은 관계가 있는 예술의 분야 또는 여성은 여성끼리 힘과 기량을 겨루게 마련인 스포츠의 분야에 있어서 혁혁한 업적을 올리고 명성이 자자한 여성 인사들이 날로 늘어가는 추세에 있다. 교육에 있어서 남자 아이들을 우대하는 것이 당연하다고 생각하던 관념이 무너지고 여자 아이들에게도 거의 동등한 기회를 주는 경향이 강화됨에 따라서 여자들의 적성에 맞는 분야에 대한 여성의 진출은 앞으로 더욱 가속화할 것으로 보인다.

2. 원인

여성에 비해서 남성이 유리한 위치에서 우세한 삶을 영위한 것은 오랜 옛날부터 시작된 일이었다. 또 그것은 세계 도처에 거의 공통된 현상이었다. 도대체 이러한 차별 현상이 생기게 된 근원은 무엇이며, 그것이 세계의 공통된 현상으로서 그토록 오래 지속되어 온 사유는 무엇일까? 이 물음은 아마 여러 가지 원인의 복합을 통하여 대답되어야 할 것이다. 그러나 가장 근본적인 원인은 남녀의 체력의 차이에 있을 것으로 보인다.

무슨 조화 때문인지는 모르겠으나 아득한 옛날부터 인류의 남성은 여성보다 큰 체구와 우세한 체력을 갖게 되었다. 수렵과 목축 또는 농경 등 주로 근육 노동이 요구되는 일에 종사하며 생명을 유지하고 종족을 보존했던 원시 시대에 있어서 남성의 우세한 체력은 필요한 일을 보다 많이 함으로써 집단에서 강한 발언권을 갖기에 유리한 조건이었고, 강한 자가 약한 자를 지배하게 마련인 힘의 논리에 있어서도 유리한 조건이었다. 집단 생활에 대한 공로에 있어서나 물리적인 완력에 있어서나 우세한 조건을 갖춘 남성이 그렇지 못한 여성에 대해서 사회적 우위를 차지하게 된 것은 원시적 공동 생활에 있어서 자연스러운 귀추였을 것이다.

문화는 대체로 사회의 지배적 계층이 주도 세력이 되어 지배적 계층에게 유리하도록 형성되게 마련이다. 우세한 체력을 바탕으로 여성에 대한 사회적 우위를 차지하게 된 남성은 관습과 제도, 종교와 도덕 등 여러 분야의 문화를 형성함에 있어서 여성보다 강한 영향력을 행사했을 것이며, 따라서 남성과 여성의 이해 관계가 서로 어긋나는 문제를 안고 있는 관습과 도덕 또는 제도의 여러 국면은 남성에게 유리한 방향으로 형성되었을 공산이 크다. 남성의 혈통을 따라서 가계(家系)가 계승되는 우리 나라의 가족 제도나 삼종지도(三從之道)를 포함한 우리 나라의 전통 윤리는 그와 같이 남성에게 유리한 방향으로 형성된 문화의 대표적인 사례라고 볼 수 있을 것이다.

집단을 위해서 요긴하고 어려운 일을 많이 하여 발언권이 강할 뿐 아니라 직접적 대결에서도 우세한 체력을 폭력화하기에 유리한 조건을 갖춘 남성이 크고 작은 집단의 어른[長] 자리를 차지하게 된 것은 자연스러운 추세였을 것이다. 책임이 무겁고 결정권이 강한 자리에 앉게 된 남자들은 어렵고 힘든 일을 할 기회가 여자들보다 많았을 것이며, 일의 경험이 쌓여 가면서 지배적 위치에 적합한 통솔력과 판단력에 있어서 점점 더 여자들을 능가하는 경향으로 기울었을 것이다. 높은 자리를 지키기에 필요한 능력을 습득할 수 있는 교육의 기회도 자라나는 남아들에게 우선적으로 주어졌을 것이며, 제도적 교육을 통한 소질의 개발에 있어서도 여성은 남성보다 불리한 관행을 감수해야 했을 것이다. 이러한 원인들이 복합됨으로써 사회적으로 유리한 지위 또는 직업을 얻기에 필요한 경쟁력에 있어서 여성 일반보다 남성 일반이 현실적으로 우세할 수밖에 없는 결과를 초래했을 것이다.

사회적으로 유리한 고지들은 대부분 남자들이 차지하는 문화 속에서 남자들이 하는 일은 소중한 일로서 높이 평가되고, 여자들이 하는 일은 하찮은 일로서 낮게 평가되는 가치관이 형성되었을 것이다. 예컨대, 활을 쏘아 짐승을 잡거나 소를 몰아서 논밭을 경작하는 따위의 바깥일은 베틀에 앉아서 옷감을 짜거나 산고를 치르고 퉁퉁 부은 모습으로 갓난아기에게 젖을 먹이는 따위의 집안일보다 고귀하다는 가치관을 남자들은 물론이요, 여자들까지도 당연한 진리로서 받아들이게 되었을 것이다.

일에 대한 평가의 격차는 사람 자체의 평가의 격차에로 연장되었을 것이다. 즉 높은 평가를 받는 일이나 직책에 종사하는 남자들은 낮은 평가밖에 받지 못하는 일이나 직책을 맡게 마련인 여자들보다 고귀한 존재라는 고정 관념이 여자들 자신에게까지도 깊이 박히게 되었을 것이다. 그리고 이러한 고정 관념은 남아를 선호하는 경향의 근원 내지 촉진제의 구실을 했을 것이다.

사람들을 우세한 계층과 열세한 계층으로 나누는 계기가 되는 것 가운데서 성별이 차지하는 비중은 그리 큰 편이 아닐 것이다. 봉건 시대에는 문벌 또는 혈통이 계층의 우열을 나누는 가장 큰 계기가 되었고, 현대 자본주의 사회에서는 재산과 소득의 수준이 사람들의 계층적 좌표를 결정함에 있어서 성별보다도 강력한 영향력을 가졌다. 봉건 시대에는 귀족의 딸로 태어나는 편이 평민의 아들로 태어나는 편보다 사회적으로 유리하였고, 자본주의 사회에서는 부잣집 아가씨가 되는 편이 가난한 집 아들 노릇 하는 것보다 계층적 좌표에 있어서 유리하다. 그러나 같은 문벌 또는 같은 경제적 계층에 속하는 사람들 가운데서는 남자됨이 여자됨보다 유리하다는 뜻에서 성별은 시종일관 사회적 차별의 계기로서 작용해 왔다. 짧게 말해서, 인간의 성별은 예나 지금이나 개인이 사회 안에서 차지하는 계층적 좌표의 위치를 결정하는 요인의 하나로서 꾸준히 작용하였다.

사회의 지배권을 장악함에 있어서 결정적 구실을 했던 문벌, 재산, 정치, 권력, 종교적 신분 등은 혁명에 의하여 사회의 구조가 바뀜으로써 수포로 돌아가는 경우가 많았다. 이제까지는 지배 계층으로서의 영화를 누리기에 결정적으로 유리한 구실을 했던 조건이 뒤집히면서 일조일석에 도리어 불리한 조건으로 격하되는 경우가 흔히 있었다. 다시 말하면, 문벌, 재산, 종교적 신분 등이 사회적 지배의 조건으로서 작용한 것은 역사의 어느 시기에만 국한된 형상이었다. 그러나 남성이라는 것은 예나 지금이나 변함없이 유리한 조건이었고, 여성이라는 것은 예나 지금이나 변함없이 불리한 조건이었다. 여성이 남성을 타도하고 그 위에 군림하는 혁명은 아직 역사 위에 나타난 적이 없다. 다른 인간 관계에서는 '영원한 승자'라는 것이 없었으나, 유독 성(性)의 세계에서는 남성이 항상 그 자리를 지켜 왔다.

여성이 남성을 타도하는 혁명이 일어나지 않은 것은 전자가 후자의 멸망을 원할 수 없기 때문이며, 여성이 남성의 멸망을 원할 수 없는 것은 여성과 남성의 대립이 생사를 걸고 싸울 수 있는 그런 대립이 아니기 때문이다. 남성과 여성은 본래 서로를 원하고 서로가 필요한 관계에 있는 것이며, 그 사이의 갈등은 근본적 대립이 아니라 오직 피상적 대립에 지나지 않는다. 그러므로 남성과 여성 사이에서는 자질구레한 싸움을 통한 꾸준한 개혁은 있었으나, 생사를 결단하는 처절한 투쟁을 통한 과격한 혁명은 일어나지 않았고, 앞으로도 일어나기 어려울 것이다.

3. 전망

남성과 여성의 정상적 관계는 대립이나 투쟁의 관계가 아니라 협동과 상호 보완의 관계이다. 여성이 남성에 대한 순종과 희생을 미덕으로 믿었던 동안은 두 성 사이에 갈등이나 대립은 없었다. 그러나 여성들도 개인적 자아 의식에 도달하게 된 근세 이후에 있어서 '여권(女權)'에 대한 목소리가 높아졌고, 남녀는 동등한 대우를 받아야 마땅하다는 민주주의적 인식에 따라서 여성의 지위 향상을 위한 노력이 산발적으로 또는 조직적으로 이루어졌다. 그러한 결과로서 여성들의 사회적 지위가 올라가고 있기는 하나, 남성과의 완전한 동등이라는 목표와 견주어 볼 때는 전도가 아직도 요원하다.

남자에 비해서 체력이 약하다는 사실은 여성을 사회적으로 불리하게 대우할 정당한 이유가 될 수 없다. 여성이 사회적으로 불리한 위치를 오랫동안 감수할 수밖에 없었던 불합리한 과거에 대해서는 남성의 이기심에 상당한 책임이 있다는 것을 부인하기 어렵다. '약육강식'을 생물계의 일반적 원칙으로 받아들이는 견지에서 본다면, 여성이 받아 온 불리한 대우는 한갓 자연 현상에 불과할 것이다. 그러나 단순한 자연의 법칙을 수동적으로 따르는 원시의 생활을 거부하고, 이성의 판단을 따라서 인륜(人倫)의 길을 택함에 인간의 인간다움이 있다는 지성의 견지에서 본다면, 여성이 받아 왔으며 현재도 받고 있는 사회적 불이익에 대해서는 남성이 연대적 책임을 져야 할 것이다.

그러나 여성의 지위 향상을 신경질적 반발이나 감성적 동정으로 단시일 안에 실현하려고 드는 것은 근본적 문제 해결의 길이 아니다. 예컨대 여성에게 유리한 제도를 만든다거나 여성을 우대하는 방안을 강구함으로써 여성에게 유리한 고지를 점령할 수 있는 기회를 가질 수 있도록 일을 서두르는 따위는 문제를 근본적으로 해결하는 길이 못 될 것이다. 남성을 우대하는 것이 불합리하듯이, 여성을 특별히 우대하는 것도 역시 불합리하다.

문제를 근본적으로 해결하는 길은 여자에게 실력 향상의 기회를 열어 주는 데서부터 시작되어야 할 것이다. 요즈음은 일에 대한 능력과 의욕, 그리고 책임감 등에 있어서 남자에 비해 전혀 손색이 없다고 인정되는 사람을 단순히 여성이라는 이유로 푸대접하는 경우는 점차 줄어드는 것으로 안다. 사람을 채용하는 처지에 놓인 사람들이 남성을 선호하는 경향이 아직도 현저한 것은 사실이다. 그 이유는 주로 여성에게 일을 맡겼을 경우에 생길 결과에 대한 불안 때문이다. 여성의 능력에 대한 불신이 있는 것이다. 아마 이 불신이 편견에 근거를 두었을 경우도 많을 것이다. 그러나 그 불신 뒤에는 과거의 오랜 경험이 있다. 그 자리를 여자에게 맡겨도 훌륭하게 감당하리라는 믿음만 있다면 굳이 남자를 선호할 까닭이 없을 것이다. 따라서 우선 필요한 것은 여성의 능력에 대한 믿음이며, 이 믿음이 서기 위해서는 여성이 실천을 통하여 실력을 보여 주어야 한다. 지금까지 여성들이 실력에 대한 믿음을 얻지 못한 이유는 실력을 양성할 기회와 실력을 발휘할 기회를 충분히 갖지 못했음에 있다는 가설 위에서 여성에게도 남성과 평등하게 실력 양성의 기회를 주는 과정이 앞서야 할 것이다.

비록 동등한 기회를 남녀에게 고루 준다 하더라도 실력에 있어서 여성이 남성을 따르기 어려울 경우는 많을 것이다. 출산에 대한 부담을 여성이 져야 하고, 체격의 차이에서 오는 체력의 열세가 여성을 떠나지 않는 한, 여성이 남성을 따르기 어려운 분야는 여전히 남을 것이다. 그러나 선천적 차이로 인해서 남성을 따르기 어려운 분야에서까지 남성과 굳이 겨룰 필요는 없을 것이다. 남성에게 유리한 일은 남성에게 맡기고, 여성은 여성에게 유리한 길에서 두각을 나타내도록 꾀하는 것이 사리에 맞을 것이다. 다만 남자들이 잘하는 일은 높이 평가하고 여자들이 잘하는 일은 대수롭지 않게 생각해 온 지금까지의 남성 문화적 가치관만은 크게 달라져야 할 것이다.

3. 한국 사회 윤리의 근본 문제

1. 윤리적 혼란의 유래

30년 전과 비교한다면 한국의 경제 사정은 크게 호전되었다. 아직도 의식주의 기본 생활조차 여의치 않은 빈민층이 일부에 남아 있다고는 하나, 보릿고개를 초근목피로 연명하는 사람들이 도처에 산재했던 시절에 비하면 대부분의 한국인은 물질적 풍요 속에 살고 있다 하여도 거짓이 아닐 것이다.

그러나 물질 생활의 향상에도 불구하고 마음의 평화는 옛날에 비하여 도리어 퇴보했다는 느낌이 강하다. '마음 고생'이라는 새로운 말이 상징하듯이 우리들의 정신적 상황은 결코 순조롭지 못하다. 금력과 권력의 비리, 험악한 노사 분규, 흉악한 범죄 사건, 청소년의 방황 등 우리들의 마음을 어둡게 하는 사태가 끊이지 않고 우리 주변에서 일어나고 있다. 한마디로 말해서, 사회의 질서와 기강이 무너졌고, 이러한 혼란이 우리들의 마음에 큰 부담을 주고 있다.

공동체의 안녕과 질서를 유지하기 위한 장치로서 모든 사회는 사람들의 행위를 제약하는 규범을 가지고 있다. 관습과 도덕 그리고 법으로 나눌 수 있는 이 행위 제약의 규범을 묶어서 '사회 규범'이라고 부르거니와, 현재 한국 사회가 질서와 기강을 잃고 혼란에 빠져 있는 것은 사람들이 사회 규범을 지키지 않기 때문이라고 말할 수 있을 것이다. 어느 사회에서나 사회 규범을 지키지 않는 사람들이 다소간 있게 마련이지만, 특히 현대 한국의 경우 그것을 지키지 않는 사람들의 비율이 큰 데 문제가 있다고 하겠다. 도대체 오늘의 한국에 있어서 사회 규범이 이토록 지나치게 지켜지지 않는 원인이 어디에 있는 것일까? 이 원인을 밝히는 일이 문제의 핵심으로 접근하는 첩경이 될 것으로 보인다.

사람은 누구나 제멋대로 행동하고 싶은 충동 또는 욕망을 느끼는 심리를 가졌다. 이 충동 또는 욕망을 누르고 사회 규범에 따르는 것은 그 규범에 따르도록 억제하는 힘이 작용하기 때문이다. 그 억제의 힘은 외부에서 오기도 하고 행위자 자신의 내부로부터 오기도 한다. 외부로부터 오는 억제력의 대표적인 것은 법을 집행하는 국가의 공권력과 권위 또는 실력을 가진 개인이나 집단의 압력이다. 그리고 내부로부터 오는 억제력의 대표적인 것은 양심의 소리 또는 도덕적 의지의 명령이다. 현대 한국에 있어서 사회 규범이 잘 지켜지지 않는 것은 규범에 따르도록 억제하는 밖과 안의 힘이 약화되었기 때문이다.

조선조 시대의 우리 나라 사회는 위계 질서가 확립된 신분 사회였던 까닭에 사회 규범을 지키도록 만드는 외부로부터의 힘이 강하게 작용하였다. 그리고 가족주의적 유교 윤리가 사람들의 의식 구조 속에 깊이 침투했으므로, 사회 규범을 지키고자 하는 내부로부터의 힘도 비교적 강한 편이었다. 20세기에 들어서면서 봉건적 신분 사회는 붕괴하기 시작했으나, 일제(日帝)의 강력한 탄압이 사회 규범을 지키게 하는 타율의 힘으로서 작용하였고, 유교적 도덕 관념도 아직은 살아 있어서 자율의 힘으로서의 구실을 어느 정도 계속하였다.

그러나 8·15 해방을 계기로 상황은 돌변하였다. 일제가 물러가면서 공권력의 공백기가 생겼고, 미국 문화의 물결을 타고서 설익은 개인주의가 들이닥치며 가족주의에 입각한 유교 윤리의 권위마저 흔들리기 시작했던 것이다. 일제가 물러가고 미군이 주둔하면서 '자유'의 바람이 거세게 일기 시작했거니와, 그 당시의 '자유'는 방종과 거의 같은 뜻이었다. 일제의 탄압에 눌려 살았고 가족주의적 유교 윤리의 권위에 눌려 지내던 사람들이 졸지에 '자유의 시대'를 맞이하게 되었으며, 그 '자유'를 방종과 거의 같은 뜻으로 이해했던 것이다. 이를테면 윤리적 무정부 상태가 일어난 것이니, 사회 전체에 극심한 혼란이 온 것은 당연한 귀추였다.

사태를 더욱 악화시킨 것은 해방 직후에 상당한 세력을 얻은 좌익 사상의 부추김이었다. 마르크스 사상에 따르면 법과 윤리는 지배 계급의 이익을 보장하기 위한 장치에 불과하며, 정의로운 사회의 실현을 위해서는 마땅히 파기해야 할 구시대의 유물이다. 특히 유교 사상에 바탕을 둔 우리 나라의 전통 윤리는 구시대의 지배 계급을 옹호하기 위한 '낡은 도덕'이라고 진보적임을 자랑하는 좌경 인사들은 입을 모아서 매도하였다. 전통 윤리에 대한 이러한 평가절하는 윤리적 무정부 상태에 빠졌던 일반적 상황 속에서 좌익 노선 그 자체에 대해서는 공감을 느끼지 못하는 사람들에게까지 긍정적으로 받아들여졌다. 이러한 혼란의 와중에서 6·25 동란을 겪게 되었고, 전쟁은 질서와 윤리 의식을 더욱 파괴하는 방향으로 작용하였다. 공무원 사회와 장병들의 부패는 공공연한 사실이 되었고, 임시 수도였던 부산의 일부 특권층은 사치와 환락으로 세월을 보냈다. 어려운 사람들은 어려운 사람들대로 민생고에 시달리는 형편이었으니, 질서를 향한 움직임을 그들로부터 기대하기도 더욱 어려운 실정이었다.

법을 지키고 질서를 유지하는 일에 있어서 막중한 책임을 짊어진 정부가 도리어 법을 어기고 질서를 파괴하는 데 앞장섰다. 자유당 정권은 헌법도 마음대로 고치고, 부정 선거도 거침없이 자행했으며, 자기들이 하는 일에 반기를 드는 사람은 무고한 죄명을 씌워서 처벌하였다. 심지어 자기네의 정권을 연장할 목적을 위해서 폭력배 조직을 동원하는 비행까지 감행하였다. 그들의 비리는 1960년 3·15 부정 선거에서 절정에 달했고, 주권자를 철저하게 무시한 이 부정 선거는 4·19 학생 의거의 도화선이 되었다.

4·19 항쟁은 민주주의를 촉구하는 정치 운동으로서의 성격과, 부정을 규탄하는 윤리 운동으로서의 성격을 아울러 가지고 있다. 윤리적 무정부 상태는 극복되어야 할 문제 상황임을 국민의 일부가 자각하기 시작하였고, 우선 정부의 도덕성부터 회복되어야 한다는 인식이 4·19 운동 배후에 깔려 있었다. 우리 현실에 대한 도덕적 비판이 일어나기 시작한 것이며, 각자가 자신의 부도덕을 반성하기보다는 서로 남의 부도덕을 비난

하는 시각을 취하는 경향이 있었다.

4·19에서 장면 정권에 이르는 시기에는 학생을 위시한 국민 측에서 정부의 비리와 비행을 성토하는 소리가 높았다. 그러나 5·16 군부가 정권을 장악한 뒤에는 정부가 국민의 비행과 악덕을 규탄하면서 그 시정을 촉구하는 기세가 등등하였다. 국민교육헌장의 선포, 각급 학교에서의 국민 윤리 교육의 강화, 새마을 운동 등은 모두가 그러한 맥락에서 이해되어야 할 일련의 움직임이었다.

군부에 기반을 둔 5·16 정권은 막강한 통치력을 가지고 있었다. 그들의 막강한 통치력은 국민의 방종을 억제하는 타율의 힘으로서 작용했던 까닭에 제3공화국 18년 동안 국민 대중의 치안만은 비교적 잘 유지된 편이다. 그러나 정부의 고위직을 위시한 특권층의 비리와 횡포는 도리어 대형화했으며, 타율적 준법에 의존하여 겨우 유지된 약자층의 치안과 질서는 공권력만 약화되면 허무하게 무너질 수 있는 취약점을 가지고 있었다.

제5공화국의 정신 풍토는 제3공화국의 그것보다도 오히려 못한 편이었다. 정권의 정통성이 제3공화국의 경우보다도 더욱 문제가 되었고, 청와대 주변을 위시한 특권층의 비리와 부정도 과거의 그것을 능가하였다. 정부가 장악한 경찰력이 막강한 규모의 것이기는 하였으나, 많은 병력을 정치적 반대 세력을 억압하는 일에 투입했으므로, 민생 치안은 자연히 소홀하게 될 수밖에 없는 실정이었다.

우리 나라의 윤리적 취약성은 제6공화국에 이르러 더욱 현저하게 노출되었다. 6·29 민주화 선언을 앞세운 노태우 대통령은 질서와 치안을 유지하기 위해서 공권력을 발동시키기보다는 민주적 시민 의식에 호소하는 길을 택해야 할 부담을 지고 있었다. 게다가 국회에서의 세력 분포가 한때 여소야대(與小野大)로 열세에 몰렸다는 약점도 있었다. 이러한 상황에서 노태우 정권은 이를테면 부드러운 정부로 출발했던 것인데, 이 부드러운 정치의 틈을 타서 인신 매매, 어린이 유괴, 소녀 추행, 살인 강도 등 흉악한 범죄가 우후죽순처럼 도처에서 발생하는 형국을 이루었다.

2. 한국 사회 윤리의 근본적 문제점

이상에서 우리는 해방 이래의 한국 사회가 줄곧 윤리적 혼란에 시달려 왔음을 보았다. 때로는 강력한 정권이 나타나서 무단으로 치안과 질서를 유지하기도 했으나, 그것으로써 윤리적 혼란이 수습되었다고 보기는 어렵다. 사람들이 확고한 윤리 의식을 가지고 자율적으로 반사회적 행위를 자제할 때 비로소 윤리적 질서의 확립을 보거니와, 우리들의 경우는 막강한 공권력의 발동으로 사회의 혼란을 방지한 것이므로 윤리적 혼란이 제거된 것으로는 보기 어려운 것이다.

강력한 공권력에 의해서만 치안과 질서가 유지되고, 안으로부터의 윤리 의식에 따르는 자율의 힘으로는 혼란을 막을 수 없다는 것은 현대 한국의 사회 윤리가 안고 있는 가장 근본적인 문제점이다. 자율적 윤리 의식이 미약한 민도의 수준으로는 참된 민주주의 정권의 탄생을 기대하기 어려우므로, 강력한 공권력이 아니고는 치안과 질서를 유지하기 어려운 수준의 의식 구조의 나라가 질서와 안정을 누리기 위해서는 비민주적 전제 정권을 가져야 할 것이다. 그러므로 민주주의 사회의 실현을 갈망하면서 낮은 윤리 의식의 수준에 머물러 있다는 것은 불가능한 것을 바라는 자기 모순이라는 뜻에서 근본적 문제가 아닐 수 없다.

'윤리 의식이 미약하다' 함은 윤리 의식이 있기는 하나 불충분하다는 뜻이다. 한국 사회에서 남의 행위에 대한 왈가왈부 말이 많다는 사실은 우리에게 윤리 의식이 없지 않다는 것을 단적으로 말해 준다. 우리는 누구나 윤리 의식을 가지고 있으나, 그것이 매우 불충분하다. 불충분한 윤리 의식에는 두 가지 경우가 있다. 하나는 윤리 의식이 강도가 부족한 경우요, 또 하나는 윤리 의식의 내용이 타당성을 잃었을 경우이다.

윤리 의식의 강도가 약하다 함은 윤리 규범을 지키고자 하는 의지가 그 규범을 어김으로써 채울 수 있는 욕망보다 약함으로 인하여 윤리 규범을 따르고자 하는 의지가 실천에까지 이르지 못하는 경우를 말한다. 예컨대 평소에는 정직하게 살아야 한다는 윤리 의식을 가지고 있으나, 부정직한 행위를 통하여 물질적 이득을 얻을 수 있는 기회와 만나게 되면 물질에 대한 유혹에 쉽게 넘어가는 경우가 그것이다. 근로자를 후하게 대우해야 한다고 생각하며 그런 주장을 입 밖에 내기도 하는 기업주가 그 생각과 말을 실천에 옮기지 못하는 경우도 그것이다.

윤리 의식의 내용이 타당성을 잃었다 함은 옳고 그름에 대한 생각 자체에 잘못이 있을 경우를 말한다. 내가 번 돈 내 마음대로 쓰는 것은 나의 당연한 권리라고 믿으며 사치와 낭비를 일삼는 사람의 경우가 그것이다. 또 도스토옙스키의 『죄와 벌』의 주인공 라스콜리니코프가 고리 대금 업자인 노파를 살해하는 것이 옳은 일이라고 믿었던 윤리 의식도 같은 부류에 속한다.

한국인의 윤리 의식에는 위에서 말한 두 가지 약점이 모두 현저하게 있다고 필자는 보고 있다. 첫째로, 해방을 계기로 '윤리'라는 것을 무용지물로 보는 동시에 윤리의 권위를 의심하는 풍조가 널리 퍼졌을 뿐 아니라, 물질 만능과 향락 지향의 가치관이 우세한 가운데 금력 또는 권력 등 외면적 가치에 대한 욕망이 강화됨으로 인하여 윤리 규범을 따르고자 하는 도덕적 의지는 상대적으로 약화될 수밖에 없었다. 둘째로, 가족주의적 농경 사회를 배경으로 삼고 형성되었던 전통 윤리의 도덕률 가운데는 현대 사회에서는 적합성을 상실한 것이 생기게 되었으며, 급변하는 사회 환경의 새로운 인간 관계에서 일어나는 새로운 유형의 문제들을 해결하기에 적합한 시민 윤리의 도덕률이 정립되기 이전이므로, 사람들이 가지고 있는 윤리 의식의 내용에도 미흡한 점이 많을 수밖에 없는 형편이다. 짧게 말해서, 우리는 지금 사회 생활에서 서로 지켜야 할 행위의 규범이 무엇인지에 대해서 확고한 이론의 체계를 갖추지 못하고 있으며, 우리가 지켜야 할 행위의 법칙으로서 일반적으로 인정되고 있는 것조차도 그것을 실천하고자 하는 강한 도덕적 의지를 갖지 못했을 경우가 허다하다. 이와 같이 우리들의 윤리 의식이 그 강도와 내용에 있어서 몹시 불충분하다는 사실은 현대 한국의 사회 윤리가 안고 있는 근본적 문제점이 아닐 수 없다.

이 근본적 문제점을 바탕으로 삼고 다른 문제들이 다시 파생된다. 파생된 문제들 가운데서 가장 심각한 것은 각자가 자기만을 생각하고 타인과 공동체는 소홀하게 생각하는 이기성이다. 자기 자신을 위하는 마음의 열기에 비하여 타인과 공동체를 위하는 마음은 미온적인 까닭에, 현실적으로 나타나는 행위는 이기적임을 면하기 어렵다. 그리고 많은 사람들이 이기적으로 행동하는 결과로서 우리는 타인과 공동체에 피해를 줄 뿐 아니라, 필경은 자기 자신도 피해자가 된다는 역리에 빠진다.

자기를 아끼고 자신의 이익을 도모하는 것은 생물인 인간으로서는 너무나 자연스러운 심성이며 그 자체에 아무런 잘못도 없다. 다만 내가 나를 아끼고 내 이익을 도모할 자유와 권한을 가졌듯이 다른 사람들도 모두 같은 자유와 권한을 가졌다는 사실을 인정하는 한편, 우리가 함께 그 안에서 생활하는 공동체의 질서와 번영을 앞세울 때, 개인은 각자의 자유와 권익을 가장 효과적으로 누릴 수 있다는 인식에 입각한 것이 다름아닌 민주주의의 이념이다. 그리고 현대 민주 사회의 윤리도 이러한 인식에 기초를 두고 있다.

우리 한국은 이제까지 거의 반세기 동안 '민주주의'의 이름을 앞세워 왔음에도 불구하고 타인과 공동체에 대한 관념이 매우 약한 편이다. 우리의 '민주주의'가 내실을 얻지 못하고 겉도는 이유가 여기에 있으며, 우리가 공맹(孔孟)의 가르침을 되뇌이며 윤리의 전통을 자랑함에도 불구하고 윤리 부재에 가까운 현실을 벗어나지 못하는 것도 역시 같은 이유 때문이다.

윤리 의식이 미약하고 이기적 성향이 강함에서 파생하는 또 하나의 폐단은 한국 사회 전반에 확산되고 있는 불신의 풍조이다. 사람들이 이기적 충동을 자제하고 윤리의 규범을 따라서 행동하리라는 기대가 확고하지 못한 까닭에 우리는 서로를 믿지 않는다. 암묵리에 맺어진 계약의 성격을 가진 규범의 준수에 대한 믿음이 부족할 뿐 아니라, 명시적으로 공언한 약속의 이행조차도 믿지 않는 세상이다. 믿지 않는 불신의 심리가 먼저라기보다는 규범을 어기고 약속을 배반하는 행위가 먼저였다고 보는 편이 옳을 것이다.

불신 풍조를 조성함에 앞장선 것은 명성이 자자한 정치가들이었다. 국부(國父)로서 자처한 이승만 대통령은 제3대 대통령 선거에는 절대로 출마하지 않겠다고 누차 공언했음에도 불구하고, 사사오입 개헌까지 해가며 네 번이나 대통령직을 차지했다. 박정희 장군은 민정 이양을 철석같이 공약하고도 직접 권좌에 앉았을 뿐 아니라, 유신 헌법까지 만들어서 대통령직을 종신토록 차지할 수 있는 길을 열기까지 하였다. 제6공화국의 탄생을 앞두고도 여야의 수뇌부가 모두 국민 앞에 중대한 공약을 했으나, 그 가운데 많은 것을 식언하였다. 정치계의 정상을 차지한 사람들의 이러한 불성실은 정치인과 관료 전반에 대한 불신을 초래하였고, 정치인과 관료에 대한 국민의 불신은 정부가 주도하는 여러 가지 국민 윤리 운동에 치명적 부담이 되었다.

법 또는 도덕률이 일반적으로 지켜지기 위해서는 사람들끼지 믿을 수 있어야 한다. 다른 사람들은 법과 도덕률을 지키지 않는데 자기만 그것을 지키게 되면 지키는 사람은 당연히 손해를 보게 되므로, 다른 사람들도 법과 도덕률을 지킬 것이라는 신뢰가 앞서야 나도 마음놓고 사회 규범에 따를 수가 있다. 그러므로 사람들끼리 서로 믿지 못하는 풍조는 사회 윤리를 근본적으로 위협하는 치명적 난점이다.

3. 한국 사회 윤리의 선결 문제

한국의 사회 윤리가 제자리에 정립되기 위해서는 몇 가지 정지 작업이 선행해야 한다. 첫째로, 국민 대다수의 지지를 받는 민주적 정부를 갖게 되도록 모두가 노력하는 일이 선행해야 할 것이다. 해방 이후 지금까지 우리 나라의 사회 윤리가 정립되지 못한 기본적 사유의 하나가 민주적 정부를 갖지 못했다는 사실임을 상기할 때, 민주화의 노력이 사회 윤리의 정립을 위해서도 필수적임을 알 수 있을 것이다. 전제적 정부의 공권력 발동에 의해서만 겨우 치안이 유지되도록 길들여진 국민은 도덕적 의지의 자율로써 규범을 지키는 단계에 이르기가 매우 어렵다. 국가 권력의 강력한 제재가 아니더라도 국민 각자가 자율적으로 규범을 지키는 풍토가 어느 정도 조성될 때 비로소 그 나라의 사회 윤리가 궤도에 올랐다고 볼 수 있으며, 그렇게 되기 위해서는 국민에게 민주주의적 훈련의 기회를 충분히 줄 수 있는 민주적 정부의 수립이 앞서야 한다.

새로운 사회 윤리의 정립이 요청되는 과도기에 놓인 나라의 처지에서는 정부가 주도하는 국민 교육의 책임이 중대하다. 정부가 이 책임을 완수하기 위해서는 국민의 지지와 신뢰를 얻어야 하며, 우리 나라에서 비민주적 정부가 국민 대다수의 지지와 신뢰를 받기는 매우 어려운 실정이다.

우리가 지향하고 있는 민주주의 국가에서 사회 윤리가 궤도에 오른다 함은 국민의 대다수가 민주주의적으로 사유하고 행동함을 의미한다. 바꾸어 말하면, 민주적 사회 윤리의 정립과 민주적 인간상의 실현은 동전의 표리와 같이 불가분의 관계를 가진다. 그런데 국민의 대다수가 민주주의적 사유와 행동을 하기 위해서는 정치와 경제를 포함한 사회의 근간이 민주주의적 구조를 가져야 하며, 사회의 근간이 민주주의적 구조를 갖기 위해서는 우선 정부가 민주주의 원칙에 충실해야 하는 것이다. 정부가 폭력을 휘두르면 사회 전체에 폭력이 난무하고, 정부가 부패하면 사회 전체가 부패한다는 사실을 우리는 거듭 체험하였다.

도덕률이 일반적으로 지켜지기 위해서는 도덕률을 지켜도 그것이 행위자에게 불이익을 초래하지 않는다는 전망이 서야 한다. 바꾸어 말하면, 도덕률을 지키는 사람은 손해를 보고 지키지 않는 사람은 이익을 볼 공산이 큰 사회에서는 도덕률이 지켜지기 어렵다. 일반적으로 말해서, 구조적 모순이 많은 사회일수록 정직하고 선량한 사람보다는 부도덕한 사람이 세속적인 의미로 잘사는 사례가 많다. 그러므로 사람들로 하여금 도덕의 길을 선택하도록 만들기 위해서는 사회의 구조적 모순을 극소화해야 하며, 사회의 구조적 모순을 조장 또는 제거함에 있어서 가장 큰 영향력을 가진 것은 정부이다. 그리고 비민주적인 정부일수록 사회의 구조적 모순을 조장하는 반면에, 참된 민주주의에 가까운 정부일수록 사회의 구조적 모순을 극소화한다고 믿는 까닭에 우리는 민주적 정부의 수립이 사회 윤리의 정립을 위해서 긴요한 조건이라고 보는 것이다.

사회 윤리의 정립을 위한 정지 작업의 둘째는 민주주의에 입각한 윤리 교육을 힘주어 실시하는 일이다. 인간 존중, 약속 이행, 공정성, 준법 정신, 공동체 의식, 정의감 등 민주 사회가 요구하는 기본 덕목을 가정과 학교, 그리고 사회 교육 기구를 통하여 거듭 가르쳐야 한다. 우선 민주주의 사회가 요구하는 윤리의 이론적 정리를 해야 할 것이며, 다음에는 민주 사회의 윤리 의식이 몸에 배도록 어린 시절부터 인간 교육에 주력해야 할 것이다.

사회 윤리의 정립을 위해서는 가정 교육이 매우 중요하다. 가정 교육이 바람직한 수준으로 접근하기 위해서는 부모들의 윤리 의식이 높아져야 하므로, 부모 세대의 윤리 의식 향상을 위한 광범위한 노력이 있어야 할 것이다. 부모들의 윤리 의식 향상을 위해서 크게 기여할 수 있는 것은 신문과 잡지 그리고 전파 매체이다. 신문과 텔레비전 등 영향력이 막대한 대중 매체가 사회 교육의 기능을 발휘하기 위해서는 이제까지 당연한 것으로 간주되어 온 상업주의를 지양하는 새로운 지평을 열어야 할 것이다. 언론과 방송 기관이 사회 교육의 기능을 다하기 위해서 또 하나 중요한 것은 정치적 편향성을 벗어나는 일이다.

사회 윤리의 정립을 위한 정지 작업의 셋째는 많은 돈을 벌어서 높은 소비 생활을 하는 것을 삶의 가장 높은 목표로 여기는 오늘의 풍조를 시정하는 일이다. 많은 돈과 높은 소비 생활을 삶의 최고 목표로 삼는 오늘의 풍조는 우리를 끝없이 치열한 경쟁 속으로 몰아넣는다. 돈과 소비 생활에 대한 욕구는 분수없이 무한히 커가는 심리이며, 자본주의 경제 제도 아래서 극도에 달한 상업주의는 광고를 통하여 이 심리를 계속 조장하고 있다. 따라서 돈은 아무리 많아도 부족하고, 소비 생활은 아무리 높은 수준에 이르러도 그것으로 만족하기 어렵다. 그러므로 물질 생활의 풍요를 삶의 최고 목표로 여기는 가치 풍토 속에서는 금력과 권력, 그리고 사치에 대한 욕망은 상한선을 모르고 커가게 마련이어서, 사회 규범을 지키고자 하는 윤리적 의지와 사치에 대한 욕망이 대립할 경우에는 항상 윤리적 의지가 압도를 당하게 마련이다. 결국 윤리 의식은 마음의 갈등을 일으키는 구실을 할 뿐 이기적 행동을 자제하는 실천력을 발휘하기에는 이르지 못하고 만다.

돈과 물질 또는 소비와 향락에 대한 욕망을 비난하거나 부정하는 방법으로 가치 풍토를 개선하기는 어려울 것이다. 더욱 중요한 것은 돈과 물질 또는 소비와 향락보다도 더 소중한 삶의 목표를 세우는 일이다. 물질적 가치와는 구별되는 어떤 내면적 가치를 가진 삶의 목표를 세우고, 이 목표의 달성이 돈과 물질 또는 향락 따위의 외면적 가치의 획득보다도 더욱 소중하다는 인식 아래, 저 내면적 가치 실현에 정열을 기울일 때 비로소 물질 만능의 가치 풍토를 시정할 수 있는 실마리를 찾게 될 것이다.

가치 풍토라는 것은 여러 사람들의 생활 태도가 집합함으로써 생기는 사회 현상이므로, 몇몇 개인의 힘으로 그것을 좌우할 수 있는 성질의 것이 아니다. 또 전체주의를 배격하는 우리 나라의 경우는 정부의 획일적 통제 정책을 통하여 가치 풍토의 조성을 꾀할 수 있는 처지도 아니다. 그렇다면 오늘의 불건전한 가치 풍토를 쇄신하기 위해서 우리가 의존할 수 있는 방법이 도대체 무엇이냐 하는 매우 난감한 물음과 여기서 우리는 만나게 된다.

한 사회의 가치 풍토가 어떤 특색을 가졌다고 말할 때, 그 사회의 모든 사람들이 동일한 가치 태도를 가졌다는 뜻은 아니며, 다만 많은 사람들의 가치 태도에 일정한 경향이 있음을 의미한다. 한국 사회의 가치 풍토가 향락주의적이요, 물질주의적이라고 말할 때 그것은 한국인의 모두가 배금과 향락을 일삼는다는 뜻이 아니라, 그러한 생활 태도를 가진 사람들이 우세하다는 뜻이다. 한국에도 배금과 향락의 가치 풍토가 병든 가치 풍토임을 알고 있는 사람들이 적지 않으며, 그들은 실천에 있어서도 이 병든 풍토에 휩쓸리지 않기를 시도한다. 다만 그들은 병든 풍토의 대세에 밀리고 있다.

현재의 가치 풍토의 병폐를 알고 있는 사람들이 대세에 체념하지 말고 서로 협력하며 조직적 운동을 전개하는 일이 매우 중요하다. 오늘의 가치 풍토에 문제가 있음을 아는 사람들은 언론계에도 있을 것이고, 종교계에도 있을 것이며, 교육계와 그 밖에도 있을 것이다. 각계각층에 흩어져 있는 뜻있는 사람들이 가치 풍토 개선을 위한 조직적 노력을 한다는 것은 불가능한 일이 아니다. 이러한 조직적 노력이 단시일 안에 가치 풍토의 대세를 뒤집어 놓으리라고는 기대하기 어렵다. 그러나 포기하지 말고 꾸준히 노력하면 점차 형세의 변화가 올 것이다. 오늘의 가치 풍토에 문제가 있다는 것을 전적으로 부인하는 사람은 적을 것이며, 어렴풋한 의식을 가진 데 불과했던 사람들도 언젠가는 그 의식이 뚜렷해지면서 호응하게 될 것이다. 가치 풍토를 개선하고 사회 윤리를 정립하는 문제는 본래 크나큰 인내력을 요구하는 장기적 안목의 과제이다.

4. 산업 사회와 우리들의 공동 과제

1. 인류의 공동 과제

서양 세계에서 시작하여 지구 전체로 번져 가고 있는 산업 사회 문화에 인간 생활의 근본을 위협하는 심각한 문제들이 내재한다는 사실이 밝혀진 지는 이미 오래다. 소홀히 생각해서는 안 될 중대한 문제들이 많다는 사실이 알려진 뒤에도 산업화는 쉬지 않고 진행되었으며, 산업화의 수준이 높아질수록 그에 따르는 문제들도 더욱 심각함을 드러냈다. 위험스러운 문제들을 수반하는 산업화의 거대한 물결을 어떻게 처리하느냐 하는 것은 현대의 인류가 당면한 가장 근본적 공동 과제라 하겠다. 모든 나라와 대부분의 개인들이 각각 자기네의 이익을 추구하기에 여념이 없는 가운데, 오늘의 역사적 현실은 이기심을 초월한 위대하고 슬기로운 선택을 우리 인간에게 요구하고 있다.

대부분의 동남아 국가들이 그렇듯이 뒤늦게 산업화 대열에 끼여든 이른바 '개발 도상의 국가'들의 형편은 더욱 난처하다.

이들 뒤떨어진 나라들은 그들에게 가장 긴급한 문제가 우선 살아 남는 일인 까닭에, 많은 부작용과 문제점이 있다는 것을 알면서도 산업화를 서둘러야 하는 막다른 골목으로 몰리고 있다. 부작용을 제거하고 문제점을 극복해 가며 산업화의 길을 매진하자고 다짐을 하기도 하지만, 이 점에 있어서 그들의 현실적 상황은 공업 선진국들에 비하여 몹시 불리한 조건들로 가득 차 있는 것이다.

과학 기술과 자본 축적에 있어서 뒤떨어진 나라들은 선진국에서는 쓸모가 없는 낡은 기계를 비싸게 사들여야 하고, 부강한 나라로부터 막대한 이자로 돈을 빌리거나 불리한 조건의 합작 투자를 환영해야 한다. 이러한 악조건 아래서 강대한 선진국과 국제 경쟁을 해야 하는 후진국이 노동자의 임금을 올림으로써 사회적 불균형의 문제를 해결하거나, 자연 보호를 위한 시설에 막대한 투자를 강행함으로써 환경 오염의 부작용을 막는다는 것은 사실상 매우 어려운 일이다.

어려운 여건 속에서도 여러 후진국들은 살아 남기 위한 불가피한 과정으로서 각각 그 나라의 실정에 따르는 산업화를 추진해 왔고, 앞으로도 계속 추진해야 할 형편이다. 앞뒤를 돌아볼 여유도 없이 오로지 경제 발전을 당면 목표로 삼고 열심히 노력한 나라들은 '개발 도상국' 또는 '중진국'의 호칭을 얻게 되었고, 아직도 개발국의 범주를 벗어나지 못한 나라들은 저들 중진국을 성공적 모델로 삼고 그 뒤를 좇고 있다.

개발 도상국 또는 중진국으로 성장한 나라들은 많은 대가를 치르어야 했다. 자연은 도처에 파괴되고 환경은 크게 오염되었다. 빈부의 차이가 벌어지면서 사회는 균형을 잃었고, 사치와 낭비의 풍조, 삶을 위한 지주(支柱)의 상실, 소년 범죄 등 많은 사회 문제가 머리를 들었다. 전통적 가치 체계가 무너지고, 다정스럽던 인간 관계에 금이 가기 시작하였다. 이러한 어두운 현상들은 앞으로 더욱 가속화될 추세이며, 오늘의 저개발 국가들도 중진국 또는 산업국으로 발돋움하는 가운데 조만간 같은 불행에 부딪칠 공산이 크다.

요컨대 산업 시대의 문제로 알려진 심각한 문제들은 일부 공업 선진국들만의 문제가 아니라 저개발국을 포함한 전세계의 문제이며, 이 문제들을 극복함에 있어서 공업 후진국들은 선진국들보다 오히려 더 많은 어려움을 안고 있다. 아무리 어려움이 크다 하더라도 이 문제들은 극복되어야 하며, 그것들이 어려운 문제라는 사실은 오늘의 사태가 우리에게 매우 슬기롭고 용감한 선택을 요구하고 있음을 의미한다.

2. 한국의 경우

1960년대 초반부터 한국은 '근대화'라는 구호를 앞세우고 공업화를 추진해 왔다. 의식주(衣食住)를 위시한 기본 생활의 안정이 급선무라는 판단에 의견의 일치를 본 한국의 정부와 국민은 우선 경제 발전부터 성취하자는 목표를 향하여 줄기차게 노력하였다.

공업화의 추진에 있어서 한국은 일단 성공을 거두었다고 일반적으로 평가되고 있다. 자전거도 제대로 만들지 못하고 대부분의 공산품을 외국에서 수입하던 나라가 불과 20여 년 만에 자동차를 제조하여 수출하는 나라가 되었다. 근년에는 전자 공학과 같은 첨단 산업에도 손을 대어 특수 분야에서 선진국과 어깨를 겨루게 되었고, 지속적 고도 성장을 이룩하여 일인당 국민 소득이 10,000달러 선을 넘기에 이르렀다. '하면 된다!'는 표어가 강한 매력을 지닌 교훈으로서 국민들 사이에 널리 받아들여졌고, 미국 또는 일본과 같은 공업 선진국으로부터 만만치 않은 경쟁자로서 경계를 받기도 하였다.

그러나 이 과정에서 한국은 많은 대가를 지불하였다. 자연 자원도 크게 빈약하고 기술 축적도 별로 없는 바탕을 가지고 단시일 안에 산업화를 성취하려고 서둘러 온 한국이 치른 대가는 다른 나라들의 경우보다 한층 더 큰 것이었다. 인구의 도시 집중, 환경의 오염과 자연의 파괴, 물질주의의 만연과 지나친 금전 숭배 등 산업화에 따르는 일반적 현상이 일어났을 뿐 아니라, 그 밖에 한국의 특수 사정과 관련된 심각한 문제들이 모습을 드러냈다.

한국의 특수 사정과 관련된 심각한 문제로서 첫째로 지적할 수 있는 것은 빈부의 격차가 한국의 특수성과 결합함으로써 어려운 사회 문제를 빚어 내고 있다는 사실이다. 산업화와 자본주의의 제휴가 지나친 빈부의 차이를 결과하는 것은 일반적 경향이거니와, 한국의 특수한 상황은 산업화 과정이 초래한 빈부의 격차를 다른 나라들의 경우보다도 더욱 복잡하고 난처한 문제로 만든 것이다.

자연 자원이 부실하고 과학 기술도 뒤떨어진 한국이 수출을 둘러싼 국제 경쟁에서, 80년대 중반까지는, 좋은 성과를 올릴 수 있었던 것은 풍부한 인력과 노동에 대한 저임금 덕분이었다. 그리고 국제 경쟁을 우선적으로 고려한 한국 정부는 중소 기업의 육성보다는 대기업을 지원하는 정책을 선택하였다. 그 결과로서 자연히 빈부의 격차가 벌어졌거니와, 이 빈부의 격차가 한국의 특수 상황 속에서 심각한 문제로서의 성격을 더욱 크게 띠지 않을 수 없었다.

한국은 전통적으로 교육열이 강한 나라였고, 이 교육열은 한국을 경제적 수준에 비하여 지적(知的) 수준이 월등하게 높은 나라로 만들었다. 한국은 문맹률이 낮기로는 세계에서 가장 앞선 나라이며, 대학생과 대학 졸업생이 많기로도 선진국 대열에 손색이 없다. 뿐만 아니라 한국은 동양의 여러 나라들 가운데서는 '평등'에 대한 관념이 비교적 우세한 전통을 가지고 있었다. 이러한 일련의 사정은 근래에 심화된 빈부의 차이에 대해서 매우 민감하게 반응하는 풍토를 조성하였고, 특히 젊은 지성인으로 자처하는 대학생들 가운데 공정한 분배의 문제를 가장 근본적인 윤리와 정치의 문제로서 의식하는 사람들이 만만치 않은 세력의 집단을 형성했다.

일반적인 경우에 있어서 공정한 분배의 문제를 제기하고 사회 정의의 실현을 요구하는 세력 집단이 대두하는 것은 자연스러운 일이며, 그것은 오히려 건전한 사회 현상으로서 평가될 수도 있다. 그러나 한국의 경우에서는 국토가 남북으로 양단되어 북쪽을 호전적 공산주의 집단이 지배하고 있다는 사실이 남한의 일부 비판 세력을 급진주의의 방향으로 부채질하는 심리적 영향을 미친다는 것은 충분히 있을 수 있는 일이며, 남한의 일부 비판 세력과 북한의 공산 세력 사이에 어떤 역학적 함수 관계가 생길 수 있는 가능성도 전적으로 배제할 수가 없었다. 뿐만 아니라 작금의 세계적 불경기는 한국의 산업 경제를 매우 어려운 상황으로 몰고 가는 실정이므로 대담한 재

분배 정책을 채택함으로써 불만 세력의 예봉(銳鋒)을 꺾는다는 것도 현실적으로 어려운 일이었다.

상황이 이러한 까닭에 남한의 정부와 보수 세력은 느긋한 여유를 가지고 일부의 급진 세력이 제기하는 문제에 대해서 타협적으로 대처하기가 사실상 어려운 형편이었다. 따라서 남한의 정부도 시행착오를 거듭하는 가운데 결국은 강경한 자세로 맞서는 정책으로 낙착하는 경우가 많았다. 강경한 태도는 강경한 태도를 불러일으키는 악순환에 빠지기 쉬운 것은 일반적 추세여서 한국의 학원과 노동의 문제는 상당히 심각한 문제로서의 성격을 띠게 되었다.

한국의 특수 사정으로 인하여 더욱 좋지 않은 양상을 띠는 문제로서 둘째로 지적할 수 있는 것은 사치와 낭비를 포함한 높은 소비 풍조이다. 단시일 안에 산업화가 시도되는 과정에서 한국에는 최근 30여 년 동안에 많은 벼락 부자가 생겼다. 더러는 별로 힘들이지 않고 큰돈을 벌어들이는 경우도 있었다. 벼락 부자가 된 사람들 또는 힘 안 들이고 돈을 번 사람들이 사치와 낭비로 흐르는 것은 일반적 경향이거니와, 특히 외화(外華)를 숭상하는 기풍이 강한 한국인의 경우는 이 경향이 더욱 심한 형태로 나타났다. 일부 특수층뿐 아니라 일반 서민층의 경우도 분수에 넘는 소비 생활을 즐기는 경향이 생겼다. 빈부의 격차가 벌어지는 가운데도 서민층의 소득이 전체적으로 상승한 것은 사실이며, 상류 계층에 대한 모방의 심리와 구매 충동을 자극하는 상품 선전의 광고 효과 등이 작용함으로써 일반 서민층까지도 분수에 맞지 않는 소비 수준을 연출하는 경향을 보이게 된 것이다.

소비 수준이 지나치게 상승하게 된 데는 역대 행정부에도 책임이 있었다. 역대 행정부는 검소와 절약을 권장하면서도 한국의 산업화가 주로 외채에 의존하고 있다는 사실을 국민에게 알리는 데는 매우 소극적이었다. 뿐만 아니라 행정부의 관리들은 한국의 경제 성장을 사실 이상으로 선전하기에 모든 대중 매체를 동원하기도 하였다. 이에 대부분의 국민들은 한국이 정말 부자 나라가 된 것으로 착각하고 분수를 망각한 소비 생활로 부지불식간에 빠져 들게 된 것이다.

오늘날 한국 경제의 가장 큰 문제점이 막대한 외채 부담에 있다는 것은 경제학자들의 공통된 의견이며, 국민 대중도 한국의 외채가 얼마나 되는지 이제는 대략 알게 되었다. 그러나 일단 형성된 소비 생활의 습관을 갑자기 고치기는 어려운 일이어서 한국의 소비 수준은 여전히 분수를 능가하는 폐단을 극복하지 못하고 있는 실정이다.

산업화 과정이 몰고 온 문제들 가운데서 한국의 특수 사정과 관련해서 세번째로 지적할 것은 전통적 가치관과의 갈등에 관계되는 문제들이다. 산업화 과정에 수반하는 여러 가지 새로운 사태가 전통적 가치관과 갈등을 일으키고, 이 갈등으로 인하여 많은 문제가 생기는 것은 어느 나라의 산업화 과정에서나 일반적으로 발견되는 공통된 현상이나, 한국의 경우는 전통적 가치관의 뿌리가 깊고 산업화의 속도가 유난히 빨랐다는 사실로 말미암아 새로운 사태와 옛 가치관의 갈등의 충격이 일반적인 경우보다도 더욱 심한 편이다.

한국인은 문화의 역사가 유구한 민족의 하나로서 특히 도덕의 영역에 있어서 특색이 있는 오랜 전통을 세웠고 그 전통을 자랑으로 여겨 왔다. 농경 사회로서의 역사가 긴 한국은 옛날부터 대가족 제도를 유지해 왔고, 가족 생활이 생활 전체에 있어서 압도적 비중을 차지해 왔다. 따라서 가족적 윤리가 윤리의 근간을 이루게 되었고, 자녀의 효(孝)와 여자의 정절(貞節)을 기본적인 덕목으로서 숭상해 왔다.

그러나 산업화의 과정은 한국을 농경 사회에서 공업 사회로 전환하지 않을 수 없게 하였고, 종전의 대가족 제도 및 가족 주의적 윤리와는 조화되기 어려운 여러 가지 새로운 조건에 부딪치게 하였다. 여기서 전통적 가족주의에 애착을 느끼는 보수적인 사람들과 그것을 청산해야 할 봉건적 잔재라고 생각하는 급진적인 사람들 사이에 갈등이 심각하게 야기되고 여러 가지 사회 문제의 근원이 되고 있다.

한국의 상황을 더욱 복잡하게 만드는 것은 오늘의 한국에는 여러 문화가 함께 존재하고 있다는 사실이다. 『제3의 물결』의 저자인 앨빈 토플러의 용어를 빌리면, 지금 한국에는 제1의 물결과 제2의 물결이 충돌을 일으키며 흐르고 있을 뿐 아니라, 제3의 물결도 이미 들어와서 조금씩 세력을 키워 가고 있다. 한국의 대기업과 한국의 대도시가 산업 문화의 여러 특징을 갖추고 있다는 것은 의심의 여지가 없으며, 한국의 일부 농어촌과 늙은 세대의 의식 구조 속에 농경 문화적 요소가 남아 있다는 것은 명백한 사실이다. 그리고 한국의 대기업 가운데 전자 공학과 유전 공학 같은 첨단 산업으로 관심을 기울이는 사례가 있으며, 전문적 정보 산업을 위한 회사가 설립되고 있다는 사실은 한국에 이미 토플러가 말하는 '제3의 물결'도 상륙하고 있음을 의미한다. 이와 같이 서로 다른 세 가지의 문화적 요소가 함께 만나고 있다는 사실은 앞으로 한국이 경험하게 될 문화적 갈등이 매우 복잡할 것임을 예고하는 동시에, 그 갈등이 빚어 내는 문제들을 해결하는 일이 용이한 과제가 아님을 암시한다.

3. 산업 사회의 문제점들과 그 극복

산업 사회 또는 산업화 과정에서 우리가 부딪치게 되는 문제들 가운데 중요한 것들을 간추리면 대략 다음과 같이 정리할 수 있을 것이다.

(1) 공업화와 도시화에 따라서 생기는 환경의 오염과 자연의 파괴를 어떻게 방지 내지 시정할 것인가?

(2) 기계 문명이 초래하기 쉬운 인간의 기계화를 어떻게 막을 것인가? 바꾸어 말하면 기계 문명이 인간을 전인 (全人)이 아닌 기능인 (機能人)으로 전락시키기 쉬운 위험성을 어떻게 극복할 것인가?

(3) 산업화 과정에서 흔히 일어나는 빈부의 격차의 문제를 어떻게 처리할 것인가? 즉 산업 사회 또는 산업화 과정에서 야기되는 '공정한 분배'의 문제를 어떻게 처리할 것인가?

(4) 산업 사회 또는 산업화 과정에서 일어나는 전통적 가치의 붕괴에 대해서 어떠한 태도를 취해야 할 것인가? 산업화를 지향하는 과도기에 있어서 전통적 가치에 애착을 느끼는 보수적 태도와 전통적 가치를 물리치는 급진적 태도의 갈등이 생기는 것은 일반적 현상이거니와, 이 갈등의 해소를 위해서 우리가 의거해야 할 기본적 준거 (準據)는 무엇인가?

(5) 앞으로 예상되는 과학과 기술의 놀라운 발달이 야기할

가능성이 있는 새로운 문제들에 대해서 어떠한 선택으로 대처할 것인가? 예컨대 유전 공학의 발달이 새로운 종(種)의 생물을 마음대로 만들 수 있게 되고, 새로운 유형의 인간까지도 탄생시킬 수 있게 되었을 때 일어나게 될 '생명의 윤리'의 문제에 어떻게 대처할 것인가? 장기 이식 또는 시험관 아기 등에 관한 의학의 발달이 극도에 달했을 경우에 생길 수 있는 문제들, 예컨대 '복사 인간'의 문제 따위에 어떠한 대비책을 강구할 것인가?

자연 과학과 사회 과학 그리고 철학을 포함한 여러 분야의 전문적 지식과 지혜의 동원이 요구되는 이들 거창한 문제에 대해서 어떠한 개인도 시원스러운 해답을 주지 못할 것이다. 또 설령 모든 분야에 능통한 초인적 석학이 있다 하더라도 짧은 시간과 좁은 지면을 가지고 이 어려운 문제들을 제대로 다룰 수는 없을 것이다. 이 자리에서 우리가 할 수 있는 것은 간단한 예비적 고찰을 시도함으로써 앞으로의 본격적 접근을 위한 실마리를 마련하는 정도가 고작이 아닐까 한다.

우리가 첫째로 염두에 두어야 할 것은 우리의 문제가 인류 전체에 관련되는 세계적인 문제라는 사실이다. 다시 말해서 산업 시대의 문제는 국가적 차원의 문제임을 넘어서서 국제적 차원의 문제이며, 그것은 자국(自國)의 이익 추구를 앞세우는 종전의 태도로는 해결되기 어려운 국제적 협력의 문제이다. 남의 나라의 권익을 무시하는 국가적 이기주의가 필경은 자기 나라를 포함한 전세계를 파괴할 가능성이 높다는 사실을 충분히 고려하여, 거시적이요 장기적인 안목으로 상황을 판단해야 할 문제이다.

과학 기술의 개발과 그 응용의 문제를 다룸에 있어서 지금까지 세계의 거의 모든 나라들이 판단의 기준으로 삼은 것은 '경제적 이익이 있을 것인가, 또는 군비를 위해서 도움이 될 것인가?' 하는 관점이었다. 그러나 앞으로는 '자연 환경과 인류의 장래에 어떠한 영향이 있을 것인가?'라는 관점에서도 문제를 고찰해야 한다. 대기와 바닷물은 국경선을 무시하고 넘나드는 까닭에 한 나라의 자연 환경이 오염되었을 때, 그 피해는 조만간 전세계로 퍼지게 마련이고, 자기 나라만을 피해 예외국(被害例外國)으로 만들 수는 없다. 따라서 전세계가 지구를 함께 지킨다는 기본적 자세가 요청된다.

여기서 우리는 매우 어려운 실천적 문제에 부딪친다. 세계의 여러 나라들이 각각 자국의 이익에 치중하는 현실 속에서 내 나라만이 어떻게 '인류의 장래를 위해서'라는 비이기적 원칙을 따를 수 있느냐 하는 문제이다. 국가적 이기주의를 견제할 수 있는 국제적 실력 기구가 결여된 상태에서 '인류의 장래를 위해서'라는 기준은 한갓 탁상공론에 불과하다는 반론이 가능하다. 특히 경제적으로 뒤떨어진 동남아의 여러 나라는 우선 산업화부터 서둘러야 할 긴박한 처지에 놓여 있다는 사실을 감안할 때 우리의 논의는 더욱 공허하게 들린다.

물론 국가적 이기주의의 극복이 가까운 장래에 실현될 수 있다고 믿는 사람은 아무도 없다. 다만 긴밀한 국제적 협동을 요구하는 시대라는 사실에는 의심의 여지가 없으며, 이 사실은 세계 모든 나라의 지도자들이 잘 알고 있는 사실이기도 하다. 그리고 장기적 안목으로 볼 때는 지구 전체를 살리는 길이 자기 나라에도 이익이 된다는 사실도 부인하기 어렵다. 자기 나라의 불이익이 예견되는 국제적 협력이라면 있을 수 없을 것이나, 장기적 안목의 국가 이익을 위한 국제적 협력은 반드시 비현실적인 공상이 아니다. 우리의 문제는 국제적 이타주의와 국가적 이기주의 사이에서 하나를 선택하는 그것이 아니라, 원대한 안목의 이기주의와 근시안적 이기주의 사이에서 하나의 길을 선택하는 그것이다.

저개발 국가 또는 개발 도상 국가의 견지에서도 당장 실천에 반영시켜야 하고, 또 반영시킬 수 있는 전략의 문제가 있다. 즉, 당장 공업화와 경제 성장이 시급하다는 실정에 지나친 역점을 두고 환경의 오염 내지 자연의 파괴를 소홀히 생각하는 어리석음을 범하지 말아야 한다는 말이다. 지금 여러 공업 선진국들은 자기네 나라의 환경과 자연을 보호하기 위하여 심한 오염과 파괴를 수반하는 공업은 후진국으로 떠넘기려는 전략을 쓰고 있으며, 자기 나라의 산업 쓰레기를 후진국에 팔아 넘기려는 계략도 부리고 있다. 당장의 어려움을 인내와 용기로써 극복하는 한편, 선진국들의 계략에 굴복하는 일이 없도록 후진국들은 힘을 합해야 할 것이다.

산업 사회 또는 산업화 과정의 문제를 고찰함에 있어서 우리가 둘째로 유의해야 할 것은 과학 기술의 발달과 산업화의 추구가 인간의 비인간화를 가져와서는 안 된다는 상식화된 경고를 성실한 실천으로써 받아들여야 한다는 사실이다.

인간의 비인간화의 경향을 자본주의 경제 제도의 산물로 보는 견해도 있으나, 이 경향은 자본주의 사회에 특유한 현상이 아니라 산업 사회의 일반적 현상이라고 보아야 할 것이다. 고도로 산업화된 사회에 있어서는 그 나라의 경제 체제가 자본주의적이든 사회주의적이든, 대부분의 사람들이 공장과 비슷한 환경 속에서 기계와 조직을 상대로 많은 시간을 보내게 된다. 산업 사회의 개인들은 중앙 집권적 조직 속에서 규격화되고 분업화된 활동을 하게 마련이다. 산업 사회의 개인들은 거대한 정치적, 경제적, 사회적 체계의 복잡한 얽힘 속에서 마치 작은 부품처럼 움직여야 하며, 주어진 일과에 따라서 시간에 쫓기며 뛰어다녀야 한다. 이와 같은 생활 방식은 기계적으로 움직이는 조직의 부품과 같은 성격의 인간을 만들어 낼 공산이 크다. 인간의 본성이 자유와 자주성에 있다면 이는 산업 사회가 인간의 비인간화를 초래할 염려가 크다는 것을 의미하며, 이러한 염려가 현실화된 사례를 역사는 도처에서 증언하고 있다.

기계와 공장, 정부와 조직, 그리고 그 밖의 모든 인위적 산물은 본래 인간다운 삶을 위해서 인간이 만들어 낸 것이다. 인간을 위해서 인간이 만든 것이 인간을 해친다면 그것은 크나큰 자기 모순이 아닐 수 없다. 그러나 인간의 비인간화가 산업 사회의 불가피한 현상은 아니다. 그것은 인간의 지혜와 의지로써 막을 수 있는 불행이라고 생각된다. 이미 활발하게 일어나고 있는 산업 문명에 대한 반성과 비판은 인간의 비인간화를 막는 데 큰 도움이 될 것이며, 일부 선진국에서 일고 있는 탈산업화의 물결도 인간성의 회복을 위한 광명의 구실을 할 수 있을 것이다.

산업 사회의 문제를 고찰함에 있어서 우리가 셋째로 강조해 두어야 할 것은 사회적 불균형의 시정을 위해서 더욱 적극적이며 더욱 이성적인 노력이 있어야 한다는 사실이다. 추상적 이론의 차원에 있어서 자유와 평등의 원리가 부동의 진리로서 공인된 지는 이미 오래이나, 실천의 세계에 있어서는 아직도 불공정과 불균형이 여전히 남아 있는 것이 오늘의 현실이다. 그리고 이 불공정과 불균형은 앞에서 말한 인간의 비인간화와 불가분의 관계에 있으며, 현재를 갈등과 불안의 시대로 만드는 주요 원인이 되고 있다.

인간을 위한 가장 귀중하고 보람된 가치는 인간다운 삶의 과정에서 실현된다. 쉽게 말해서, 인간을 위해서 가장 소망스러운 것은 인간답게 사는 일이다. 그런데 인간답게 살기 위해서 막대한 재산과 막강한 권력이 필요한 것은 아니다. 인간다운 삶을 위해서 우선적으로 필요한 것은 기본 생활의 안정을 보장할 정도의 물질과 자기의 문제를 스스로 결정할 수 있는 자유, 그리고 타인에 대한 사랑과 공동체 의식이다. 지나친 욕심과 속물 근성의 산물인 과대한 재산과 과대한 권력은 인간다운 삶을 위해서 불필요할 뿐 아니라, 그것들이 부도덕한 의지와 결합할 경우에는 자기를 포함한 여러 사람들의 사람다운 삶을 파괴하는 원인으로 작용한다. 풍부한 경제력과 강대한 권력은 사회 전체를 위해서 공정하게 활용될 경우에만 정당화된다.

우리가 네번째로 고찰해야 할 중대한 문제는 산업화와 전통적 가치의 갈등을 어떻게 해소하느냐 하는 그것이다. 이 문제를 고찰함에 있어서 우리가 전제로 해야 할 것은 싫든 좋든 산업화는 추진해야 하며, 농경 사회로 되돌아간다는 발상은 비현실적이라는 사실이다. 우리에게 첫째로 필요한 것은 살아 남는 일이며, 많은 인구를 가진 공업 후진국이 살아 남기 위해서 산업화는 불가피한 실정이다.

일단 산업화를 피치 못할 과정으로 받아들이게 되면 우리에게 남은 선택의 폭은 크게 줄어든다. 다시 말하면 산업화의 길을 선택했다는 사실이 전통적 가치들 가운데서 많은 것을 단념하지 않을 수 없게 만든다. 예컨대 대가족 제도와 이에 입각한 전통 윤리를 산업 사회에서 옛 모습 그대로 되살리기는 어려울 것이다. 농경 시대를 배경으로 삼고 형성되었던 미풍양속을 공업화된 대도시에서 그대로 살리는 일도 많은 경우에 매우 어렵다. 우리는 전통적 가치들에 대해서 감상적 미화(美化)의 심리로 애착할 것이 아니라, 산업 사회에서 살릴 수 있는 전통적 가치와 그렇지 못한 것을 냉철하게 구별해야 할 것이다. 꿩도 먹고 알도 먹고 꿩의 병아리도 기른다는 것은 실현성없는 욕심에 불과하다. 우리는 현명한 선택을 위한 우선 순위를 정하고 가장 중요한 것부터 살려야 할 것이다.

우리에게 가장 중요한 것은 사람다운 삶을 사는 일이다. 사람다운 삶을 위해서 가장 필요한 조건은 기본 생활의 안정과 정신 생활의 지주(支柱)이다. 모든 사람들에게 기본 생활의 안정을 보장하고 정신 생활의 지주를 마련해 줄 수 있는 공정하고 건전한 사회를 건설하는 일에 최우선의 역점이 주어져야 할 것이다.

기본 생활의 안정을 위해서 우선적으로 해야 할 일의 하나는 국민 생활에 필요한 물품을 생산하여 공정하게 분배하는 일이며, 그 또 하나는 환경을 오염으로부터 지키고 파괴로부터 지키는 일이다. 그런데 국민 생활에 필요한 물품을 생산하는 일과 환경 내지 자연을 수호하는 일 사이에는 양립을 방해하는 긴장과 갈등이 있다. 많은 인구의 기본 생활에 필요한 물자를 공급하기 위해서는 공업화가 불가피하고, 공업화는 환경의 오염과 자연의 파괴를 수반한다.

공업화와 자연의 파괴 사이의 갈등을 어떻게 해소할 것이냐 하는 것은 인류가 보편적으로 당면한 어려운 문제의 하나이다. 심각한 딜레마의 성격을 띤 이 어려운 문제를 위한 기적적 묘방은 없을 것이다. 다만 여기서 우선 시사할 수 있는 것은 검소와 절약이 새 시대를 위한 매우 귀중한 미덕이 될 수 있다는 사실과, 사치와 낭비의 대담한 억제가 공정한 분배와 아울러 상류 계층 내지 지도층에게 요구되는 가장 도덕성 높은 행위라는 사실이다. 토플러가 말하는 '제3의 물결' 즉 탈산업화를 가능케 할 새로운 과학 기술의 발달도 우리의 문제를 위한 서광이 될 수 있을 것이다.

정신 생활의 지주를 갖는다는 것은 인간이 인간다운 삶을 살기 위해서 필요한 또 하나의 기본 조건이다. 산업 사회의 일반적인 문제로서 지적되고 있는 청소년의 타락, 마약의 복용, 유사 종교의 범람 등은 지나친 물질 문명 속에서 사람들이 정신 생활의 지주를 상실하기 때문에 생기는 불행의 여러 가지 형태의 사회 현상이라고 볼 수 있다.

혼자서 즐길 수 있는 취미 생활과 같은 개인적 관심사도 생활의 지주의 구실을 할 수가 있을 것이다. 그러나 생활의 지주로서 더욱 적절한 것은 여러 사람들과 함께 접근할 수 있는 공동 목표 또는 여러 사람들과 함께 나눌 수 있는 학문이나 예술과 같은 사회성이 강한 가치들이다. 현대인이 공통으로 안고 있는 과제의 하나는 고독을 극복하는 일이며, 여러 사람들과 더불어 참여할 수 있는 일을 생활의 지주로 삼는다는 것은 일석이조의 처방이 될 것이다.

생활의 지주와 관련해서 매우 중요한 것은 지나친 개인주의로부터 공동체를 지키는 일이다. 안정된 소속감을 가지고 애착을 느낄 수 있는 공동체는 개인주의자들을 위해서도 매우 중요하다. 인간은 현대에도 여전히 사회적 존재이며, 사회적 존재인 까닭에 긍지와 정열로써 애착할 수 있는 공동체는 지금도 만인을 위해서 필요하다.

가족은 공동체의 원형이다. 산업 사회의 와중에서 가족 공동체가 와해의 추세를 보이는 것은 크게 불행한 일이다. 가족 공동체의 재건이 매우 중요한 과제이거니와, 옛날 농경 시대를 배경으로 삼고 형성된 전통적 가족 제도를 다시 회복하려는 전략은 성공하기 어려울 것이다. 현대의 도시 생활과 조화되기 쉬운 새로운 유형의 가족 제도를 정립하는 방향으로 목표를 수정하는 편이 바람직하다.

학교와 직장 그리고 지역 사회와 같은 그 밖의 집단에 있어서도 공동체적 요소를 강화하도록 노력해야 할 것이다. 가족이 현대인을 위한 공동체의 전부를 대신할 수는 없으며, 가정 생활에서 함양된 공동체 의식이 가족보다도 더 큰 집단으로 확대 파급되어 가족주의적 이기주의를 극복하고 더욱 큰 자아(自我)의 형성으로 연결되도록 하는 것은 우리 모두를 위해서 매우 중요한 일이다.

4. 맺는 말

우리의 문제는 필경 선택의 문제이다. 모든 것 가운데서 아무엇이나 선택할 수 있는 자유가 우리에게 주어진 것은 아니며, 살아 남기 위해서는 거부할 수 없는 조건들의 제약을 이미 받고 있다. 여기서 우리가 첫째로 해야 할 것은 선택이 가능한 것과 불가능한 것을 냉철하게 구별하는 일이며, 불가능한 일에 대한 감상적인 미련을 포기하는 일이다.

선택에는 기준이 서 있어야 한다. 우리들을 위한 선택 기준의 첫째는 생존이요, 그 둘째는 인간다운 삶이다. 모든 사람들에게 인간다운 삶의 길이 열릴 수 있도록 과학 기술의 개발, 정치와 경제 제도의 수립, 민족 문화의 발전 등 여러 가지 문제에 관해서 공정하고 슬기로운 선택을 해야 할 것이다.

우리 동남아의 여러 나라들의 경우와 같이 과학 기술과 그 밖의 국력에서 뒤떨어진 나라들은 강대국들보다도 훨씬 불리한 처지에서 어려운 선택을 해야 한다. 불리한 처지에서 어려운 선택을 해야 한다는 사실은 우리의 선택이 그만큼 더 신중하고 더 현명해야 한다는 것을 의미하는 동시에, 어려운 처지에 놓인 나라들끼리 긴밀하고 적극적인 협동을 할 것을 요청한다.

후진국이나 선진국을 막론하고 현대에 공통된 가장 근본적 문제는 가치관의 혼란이다. 경제적 가치를 가치 체계의 정상으로 끌어올린 것은 자본주의적 산업 사회가 범한 잘못 가운데서 가장 큰 잘못의 하나이다. 인간의 평가까지도 소유의 다과(多寡)나 소득의 다과로써 측정하는 풍토는 현대가 경험하는 여러 가지 불행의 원인이다.

소유나 소득의 다과보다도 무엇인가 뜻있는 일을 할 수 있는 능력을 더욱 높이 평가하는 가치 풍토를 조성해야 할 것이다. 경제적 약소국들이 경제적 강대국 앞에 위축되지 않고, 소유가 적은 개인들이 소유가 많은 개인들 앞에 비굴함이 없이 당당한 자세나 자존심을 지키는 것은 새로운 가치 풍토의 조성을 위해서 매우 소중한 힘이 될 것이다. *

---

* 이 글은 후진국의 산업화 문제를 다룬 국제학술회의 (대한민국 학술원 주최)에서 발표한 내용을 정리한 것이다.

5. 빗나가는 청소년과 그 대응책

1. 왜 청소년이 빗나가는가?

많은 청소년들이 마음을 잡지 못하고 빗나가는 현상은 우리 나라의 산업화 과정과 깊이 관련되어 있다고 생각된다. 우리 나라가 농업 경제에 의존하며 가난하게 살았던 시절에는 청소 년의 방황은 예외적 현상이었고, 산업화가 진행되면서 물질적 풍요를 누릴수록 비행 청소년의 수가 늘어가고 있다는 사실은 청소년 문제와 산업화 과정 사이에 밀접한 관계가 있음을 강 력하게 시사한다.

경제가 성장하여 물질 생활이 풍요롭게 되면 정신 생활도 더욱 만족스러워야 정상적이라고 볼 수 있을 것이다. 그러나 우리의 현실은 그 반대의 길을 가고 있다. 청소년뿐만 아니라 성인들의 경우에도 물질 생활의 풍요에 발맞추어서 정신적 불 안은 도리어 더욱 심화되는 경향을 보이는 것이 오늘의 현실 이다. 다만 정신적 불안을 견디어 내는 힘이 약한 청소년의 경우에 문제의 심각성이 더욱 현저하게 나타날 뿐이다.

갓난아이의 마음은 백지와도 같은 것이어서 그가 자라는 환경 여하에 따라서 성장한 뒤의 인품이 좌우된다. 오늘날 한국의 청소년들 가운데 빗나가는 사람들이 많은 것은 그들이 자라는 환경에 문제가 있음을 말해 준다. 그리고 우리들의 사회 환경은 기성 세대에 의해서 만들어지는 것이므로, 우리들의 환경에 문제가 있다 함은 기성 세대의 가치관 내지 생활 태도에 문제가 있음을 의미한다.

우리들이 청소년의 방황 내지 비행 문제를 고찰함에 즈음하여 제일 먼저 해야 할 일은 우리들의 사회 환경 가운데서 무엇이 청소년들을 빗나가게 만들고 있는가를 반성하는 그것이다. 청소년들이 빗나가는 구체적 현상에 대한 대증 요법 (對症療法)도 물론 강구해야 할 것이나, 더욱 중요한 것은 청소년들을 방황하게 만드는 그 근본을 고치는 대책을 마련하는 일이 아닐 수 없다.

청소년이 빗나간다 함은 청소년이 가야 할 바른 길이 있음을 전제하고, 그 길 밖으로 이탈한다는 뜻일 것이다. 그렇다면 그 바른 길이 무엇이냐 하는 문제를 일단 짚고 넘어가야 한다. 그 '바른 길'에 대한 해석에 여러 가지가 있을 수 있을 것이나, 알기 쉽게 말해서 사회 전체의 질서와 번영을 초래하는 동시에 그 사람 본인에게도 행복을 가져다 주기에 적합한 삶의 길을 '바른 길'이라고 보는 것이 옳을 것으로 생각된다.

사회 전체의 질서와 번영을 초래하는 동시에 본인의 행복도 약속하는 삶의 길이 준비되어 있고 그 길이 알려져 있다면 누구나 기꺼이 그 길을 걸을 것이다. 다시 말해서, 개인의 행복과 사회의 번영을 가져올 길이 뚫려 있고 그 길이 무엇인지 정확하게 안다면 빗나가는 사람들은 거의 없을 것이다. 어른이나 아이나 빗나가는 사람들이 많다는 것은 개인의 행복과 사회의 번영을 아울러 가져올 길이 현실적으로 준비되어 있지 않거나, 그 길이 무엇인지를 확실하게 모르는 사람이 많다는 것을 강력하게 시사한다.

개인적 자아 의식이 강한 현대인의 의식 구조를 전제로 할 때 사람들이 일차적으로 추구하는 것은 사회의 번영이기보다는 개인의 행복이다. 오늘의 개인주의자들은 사회의 번영을 도모하기에 앞서서 자신의 행복을 추구한다. 다만 나의 행복이 확고한 것이 되기 위해서는 사회의 질서와 번영이 앞서야 한다는 사실을 인식한 사람들은 나의 행복뿐만 아니라 사회의 질서와 번영을 동시에 추구한다.

각자가 성실하게 열심히 노력을 하면 누구나 행복을 얻을 수 있는 가능성이 있을 때 우리는 그 사회를 공정하고 건전한 사회라고 말할 수 있다. 아무리 노력을 해도 행복하게 될 전망이 서지 않을 경우에는 사람들은 실망과 좌절을 느끼게 되고 사회에 대해서 반감을 품게 된다. 삶에 대한 실망과 좌절을 느끼고 사회에 대해서 반감을 품고 있음에도 불구하고 '바른 길'을 걷는다는 것은 매우 어려운 일이다. 어른들의 경우는 그래도 참아 가며 자중할 수도 있지만, 자기 통제가 어려운 청소년의 경우는 정도(正道)로부터 이탈하는 것이 일반적 현상이다.

오늘날 한국의 청소년들 가운데 빗나가는 사례가 많은 근본 이유는 삶에 대한 밝은 전망을 갖지 못하고 사회에 대해서 불만을 품는 사람들이 많다는 사실에서 찾아야 한다. 다시 말해서, 내일의 행복에 대한 기대를 갖지 못하는 까닭에 청소년들은 자포자기하게 되고 정도 밖으로 빗나가게 된다.

현대의 사회 구조와 현대의 가치관에 획기적 변화가 없는 한 많은 사람들의 삶에 대한 좌절감과 사회에 대한 불만은 불가피한 현상에 가까울 것이다. 왜냐하면 현재 우리들의 사회 현실과 가치관은 오직 소수에게만 행복한 내일을 예고하기 때문이다. 사회 구조와 가치관 사이에는 밀접한 상관 관계가 있거니와 무엇보다도 우리들의 가치관 내지 의식 구조에 심각한 문제가 있는 것으로 보인다.

현재 한국인의 생활 태도를 살펴볼 때, 우리는 두 가지의 기본적 공통점을 발견한다. 첫째는 각자의 개인적 행복을 우선적으로 추구한다는 점이요, 둘째는 외면적 가치(外面的 價値)의 획득에서 행복을 구한다는 점이다. 바꾸어 말하면, 사람들은 각각 자신의 행복을 추구하기에 골몰하며, 그 행복이 외면적 가치의 획득에서 실현된다고 믿는 경향이 강하다.

여기서 '외면적 가치'라 함은 금력과 권력 또는 관능적 쾌락과 같이 그것을 얻느냐 못 얻느냐가 나 밖에 있는 타자(他者)에 의존하는 비율이 큰 가치를 말한다. 인격과 생명, 학문과 예술, 사랑과 우정 등은 주로 그 사람 자신의 육체적 정신적 조건들에 의해서 좌우되는 반면에, 재산과 지위 또는 관능적 쾌락 등은 그것을 가지거나 누리는 사람 밖에 있는 타자의 조건들에 의존함이 크다. 따라서 전자의 부류를 '내면적 가치'라고 부르고, 후자를 '외면적 가치'라고 불러도 무방할 것이다.

어떤 사회가 일정한 시기에 가지거나 누릴 수 있는 외면적 가치는 그 총량(總量)이 함부로 늘어날 수 없다는 한계를 가지고 있다. 구체적으로 말해서 우리 한국이 1997년에 가지고 있는 총재산과 생산력은 일정한 수치를 넘어서기 어려우며, 1997년 현재 한국인이 차지할 수 있는 '높은 자리'와 명문교의 수용 능력도 그 수치에 뚜렷한 한계가 있다. 관능적 쾌락의 기회도 돈을 주고 사야 할 뿐 아니라 체력의 소모를 수반하게 마련이므로 얼마든지 누릴 수 있는 성질의 것은 아니다.

외면적 가치의 총량은 일정한 수치에 머물러 있음에도 불구하고 그것을 희구하는 사람들의 욕망에는 한계가 없다. 외면적 가치 그 자체의 획득에 행복이 달려 있다고 보는 사람들은 외면적 가치에 대해서 절제없는 욕심을 부린다. 돈이든 지위든 쾌락이든 어떤 선에서 만족할 줄을 모르고, 가지면 가질수록 더 많은 것을 갖고자 희망한다. 오늘의 상업주의도 외면적 가치에 대한 한정없는 욕심을 부채질한다.

총량에 한도가 있는 외면적 가치를 되도록 많이 차지하려는 사람들의 욕심은 지나치게 치열한 사회 경쟁을 초래한다. 이 치열한 경쟁에서는 승리자보다도 패배자의 수가 더 많이 나타나게 마련이며, 패배자는 상대적 빈곤감 속에 자신을 불행한 사람으로 평가한다.

치열한 사회 경쟁에서 당당하게 승부를 겨루기도 전에 미리부터 전의(戰意)를 상실하고 좌절감을 느끼는 젊은이들이 생길 수 있다. 가정이 빈곤하거나 원만하지 못하여 불리한 조건에서 경쟁에 임해야 하는 청소년들 가운데서도 그런 사람들이 나타나기 쉽고, 두뇌가 나쁘거나 의지력이 약해서 입학 경쟁에서 자신을 잃은 청소년들 가운데서도 그런 사람들이 나타나기 쉽다. 그리고 미리부터 전의를 상실하고 좌절감에 빠진 젊은이들이 정도(正道)를 이탈하고 빗나가는 것은 흔히 있을 수 있는 일이다.

2. 어떠한 대응책을 강구할 것인가?

외면적 가치를 무제한으로 추구하는 생활 태도는 개인적 행복과 사회의 번영을 아울러 달성하기 위한 바른 길이 결코 아니다. 그러므로 우리가 외면적 가치를 과다하게 추구해 왔다는 사실은 젊은 세대가 바른 길 밖으로 빗나가기 이전에 이미 기성 세대가 정도를 벗어났음을 의미한다. 기성 세대의 잘못된 가치관 내지 생활 태도를 예민하게 받아들여서 그것을 더욱 심한 형태로 나타낸 것이 이른바 '청소년의 비행'이라는 현상이다.

기성 세대의 가치관 내지 생활 태도에 근본적인 변화가 없는 한, 젊은 세대의 정도 이탈의 현상을 원천적으로 막기는 어려울 것이다. 새로운 가치 풍토를 형성하는 일이 단시일 안에 달성될 수 있는 과제가 아니므로, 청소년들의 '약물 남용', '폭력화' 등 심한 비행 문제에 대해서 응급 대응책을 강구할 필요가 있을 것이며, 그 응급 대응책이 적절할 경우에는 문제의 심각도를 다소간 경감하는 효과를 거둘 수도 있을 것이다. 그러나 응급 대응책이 근본 대책을 대신하기는 어려울 것으로 보인다.

문제의 근원은 기성 세대의 잘못된 가치관 내지 생활 태도에 있다고 하였다. 그러므로 청소년 문제에 대한 기본 대책은 기성 세대의 가치관 내지 생활 태도를 바꾸는 일에서부터 출발해야 할 것이다. 여기서 우리는 기성 세대의 가치관 내지 생활 태도를 바꾸는 방안이 도대체 무엇이냐 하는 어려운 문제에 부딪친다.

기성 세대의 가치관 내지 생활 태도가 가진 문제의 핵심은 이기주의와 물질 만능주의에 있다고 볼 수 있다. 이것은 우리 한국에만 국한된 문제가 아니라 현대의 인류가 공통적으로 가지고 있는 문제이다.

마르크스는 사람들의 이기주의와 물질 만능주의를 극도에 이르도록 만든 근본 원인은 사유 재산 제도에 입각한 자본주의 경제 체제에 있다고 진단하였다. 그러므로 이기주의적이며 물질주의적인 사람들의 의식 구조를 개혁하는 길은 사유 재산 제도를 없애고 자본주의 체제를 분쇄하는 그것뿐이라는 결론에 이르렀다. 그것이 마르크스 혁명 이론의 출발점이라는 것은 널리 알려진 사실이다.

마르크스의 혁명 이론은 하나의 이론에 그치지 않고 실천에 옮겨졌다. 그의 혁명 이론은 러시아에서부터 실천에 옮겨지기 시작하여 세계 여러 나라로 그 세력을 확장하였다. 아직 결론을 내리기에는 때가 이를지 모르나, 혁명을 통하여 사회 구조를 일신하면 사람들의 의식 구조도 따라서 쇄신되리라던 마르크스의 예상이 크게 적중했다고 보기는 어렵다는 것이 요즈음 동구의 변혁을 통하여 우리가 받은 인상이다. 사유 재산 제도의 말살이 인간의 이기심을 일거에 뿌리뽑지 못한 것은 의심의 여지가 없는 사실이다.

사회 체제의 혁명을 통한 의식 구조 혁신의 길이 예상했던 결과를 초래하지 못하고 도리어 많은 부작용을 일으켰다면, 우리는 그 다음에 어떠한 대안(代案)을 생각할 수 있을까?

사회의 구조와 의식의 구조를 상호 연관시켜 가면서 두 가지를 함께 서서히 고쳐 가는 점진적 개혁의 길을 생각할 수 있을 것이다. 다시 말하면 사람들의 가치관과 생활 태도의 점진적 개혁을 통하여 사회의 구조적 모순을 단계적으로 시정하는 한편, 단계적으로 시정된 사회 현실을 다시 의식 구조의 점진적 개혁에 반영시키는 방법이다.

'오늘의 한국인은 이기적이고 물질주의적이다'라는 명제는 한국인의 생활 태도에 대한 일반적 경향에 대한 서술로서는 참일 수 있으나, 모든 한국인의 생활 태도에 대한 보편적 주장으로서는 참일 수가 없다. 다시 말하면, 오늘의 한국인 가운데 '이기적이고 물질주의적'이 아닌 사람들도 일부는 있다고 보아야 할 것이며, 자신의 이기적이고 물질주의적 측면을 반성하며 이를 극복하려고 애쓰는 사람들도 있다고 보아야 할 것이다.

오늘의 한국인 가운데도 '이기주의적이며 물질주의적인' 우리들의 정신 풍토를 극복해야 한다고 믿는 사람들이 적지 않다. 그렇게 믿으면서도 대세(大勢)에 밀려서 본의 아닌 생활 태도를 벗어나지 못하는 사람들도 있다. 오늘의 정신 풍토를 걱정하는 뜻있는 사람들이 상당수 있으나, 그들을 결속하는 조직력이 없으므로 대세에 밀리고 있는 것이 오늘의 실정이다.

뜻있는 사람들의 힘을 모을 필요가 있으며, 흩어져 있는 힘을 모으기 위해서는 조직적 운동이 필요하다. 조직적 운동을 통하여 뜻있는 사람들의 분산된 힘을 모으고, 그 조직된 힘을 주위에도 확산시키는 운동을 펴야 한다. 재 속에 여기저기 흩어져 있는 불씨를 하나로 모으고, 모아진 불씨 위에 다시 숯을 얹음으로써 화력을 키워 가는 이치를 우리는 가치 풍토 내지 정신 풍토 개조에 원용할 수 있을 것이다.

과거에도 정신 풍토 개조를 위한 조직적 운동이 전혀 없었던 것은 아니다. 제3공화국 시절에 활발하게 전개되었던 '새마을 운동'은 그 대표적인 것으로 볼 수 있을 것이다. '새마을 운동'은 본래 농촌의 물질적인 잘살기 운동으로서 시작된 것이었으나, 정신 풍토 개조의 운동도 부분적으로 겸행하였다. 5·16 직후의 '재건국민운동본부' 또는 제5공화국 정부가 추진한 '국민 의식 개혁 운동'에 비하면, '새마을 운동'은 한때 비교적 성공을 거둔 편이다. 그러나 전체적으로 볼 때, 새마을 운동이 정신 풍토의 개조 운동으로서 성공했다고 보기는 어려운 결과에 이르렀다.

'새마을 운동'이 정신 풍토 개조 운동으로서 성공하지 못한 사유는 그것이 물질적인 '잘살기 운동'에 치중했다는 사실에만 있는 것은 아니다. '새마을 운동'이 한계에 부딪친 가장 근본적인 사유는 그 운동의 실질적 주체가 정부에 가까웠다는 사실에 있었다고 생각된다. '새마을 운동'은 정부에 가까운 사람들이 주도한 사업 가운데서는 국민의 호응을 받은 편이었으나, 학자들의 전폭적 지지를 받는 데는 성공하지 못하였다. 의식 구조 내지 정신 풍토의 개혁을 위한 사회 운동은 높은 수준의 철학적 사상을 바탕에 깔아야 하거니와, 학자들의 전폭적 호응을 받지 못할 경우에는 높은 수준의 철학적 사상의 바탕을 얻기가 매우 어렵다.

의식 개혁 또는 정신 풍토 개조 운동을 정부가 주도하면 반드시 실패하기 쉽다는 뜻은 아니다. 전국민의 신뢰를 받는 민주적 정부의 경우는 정부가 앞장서는 편이 효과적일 수도 있다. 다만 정부가 국민의 신임을 얻지 못하고 있을 경우에는 정부가 교육자의 입장에 서는 국민 교육 운동은 좋은 성과를 거두기 어렵다는 뜻이다. 민주적 성격이 약한 정부의 입김이 국민 교육 운동을 망칠 가능성이 크다는 것은 제5공화국 시절에 '새마을 운동'이 그나마의 성과도 유지하지 못했다는 사실이 웅변으로 말해 주고 있다.

정부가 국민의 존경과 신뢰를 받고 있을 경우에는 정신 풍토를 개조하는 운동에 있어서도 정부가 주도적 소임을 맡는 것이 바람직하다. 그렇지 않을 경우에는 민간 사업으로서 그 일을 추진하는 편이 효과적일 것이다. 그 일을 추진할 수 있는 단체로서 여러 가지를 생각할 수가 있다. 언론 기관과 종교 단체 등 기존의 조직체가 그 임무를 맡을 수도 있을 것이고, 그 일을 위한 새로운 단체가 창립될 수도 있을 것이다.

국공립과 사립을 막론하고 기존의 학교가 전인 교육을 통하여 젊은 세대에게 건전한 가치관을 심어 주는 일이 적극적으로 추진되어야 할 것이다. 이 점에 있어서 크게 부족한 오늘의 한국 교육이 그 본연의 모습을 찾기 위해서는 정부의 문교 정책에도 획기적 전환이 있어야 할 것이다. 정부가 새로운 기관을 설립하여 국민의 정신 교육을 시도하기에 앞서서 기존의 학교 교육을 바람직한 방향으로 전환시키는 방안을 강력하게 추진하는 일이 시급하다.

가치관 교육 내지 전인 교육은 유년기부터 시작하는 것이 바람직하다. 이것은 학교 교육에 앞서서 가정 교육부터 바른 궤도에 올려놓아야 한다는 것을 의미한다. 가정 교육이 바른 궤도에 오르기 위해서는 부모들이 교육자로서의 식견을 갖추도록 준비하는 일이 매우 중요하다. 평생 교육의 일환으로서 부모들을 재교육하는 문제가 여기에 대두되거니와, 특히 자녀들과 함께 생활하는 시간이 많은 어머니의 가치관을 바로잡기 위한 여러 가지 방안이 강구되고 실천되어야 할 것이다.

　이제까지 우리는 청소년의 정도 이탈 문제를 근원적 시각에서 검토하고 매우 장기적인 시각에서 대응책을 고찰하였다. 그러나 우리 나라의 청소년 문제는 당장에 어떤 구체적 대응책을 강구해야 할 시급한 문제이기도 하다. 청소년의 약물 남용, 폭력 범행, 적응 실패 등 심각한 문제들이 당장에 꺼야 할 발등의 불로서 다가오고 있다. 시급한 문제들에 대해서는 우선 응급 대책을 세워야 할 것이다. 시급한 문제들에 대한 진단과 응급 대책에 대한 고찰은 따로 그 방면 전문가들에게 맡겨질 문제이다.